浙江省普通高校“十三五”新形态教材
浙江省会计优势专业规划教材
全国高等教育财务会计类专业规划教材

企业会计综合实训

手工、电算化一体化

李　华　主编
陈燕燕　费含笑　孙成龙　副主编

Comprehensive Training for Enterprise Accounting

东北财经大学出版社
Dongbei University of Finance & Economics Press
大连

图书在版编目（CIP）数据

企业会计综合实训（手工、电算化一体化）/李华主编. —大连：东北财经大学出版社，2017.4（2018.7重印）
（全国高等教育财务会计类专业规划教材）
ISBN 978-7-5654-2497-7

Ⅰ. 企… Ⅱ. 李… Ⅲ. 企业会计-高等职业教育-教材 Ⅳ. F275.2

中国版本图书馆CIP数据核字（2016）第222273号

东北财经大学出版社出版
（大连市黑石礁尖山街217号 邮政编码 116025）
网 址：http://www.dufep.cn
读者信箱：dufep@dufe.edu.cn
大连图腾彩色印刷有限公司印刷 东北财经大学出版社发行

幅面尺寸：205mm×285mm 字数：526千字 印张：24.25 插页：1
2017年4月第1版 2018年7月第4次印刷

责任编辑：包利华 责任校对：亿 心 冯志慧
封面设计：冀贵收 版式设计：钟福建

定价：46.00元

教学支持 售后服务 联系电话：（0411）84710309

如有印装质量问题，请联系营销部：（0411）84710711

前　言

随着“互联网+教育”的教学改革创新不断深入推进，面向广大职业教育教师、学生和社会学习者，依托现代信息技术，能有效地支持教学与学习服务的“一体化”教材共享系统，成为当前教材研究、开发与建设的主要方向与发展趋势。新形态“一体化”教材是以纸质教材为核心，以互联网为载体，以信息技术为手段，将数字资源与纸质教材充分融合，并通过多种终端形式应用的新型教材产品。

《企业会计综合实训（手工、电算化一体化）》教材汲取新形态“一体化”教材的设计理念，将传统纸质教材编撰方法与现代化数字资源有效结合，教材内容新颖、体例创新、数字资源丰富、突出能力培养、注重业务规范、旨在实践应用，充分体现了内容新、体例新、结构新等特点，具体如下：

第一，岗位工作任务与会计行业政策同步升级。本教材内容新颖，紧跟会计行业财税改革的新成果。教材结合“营改增”的税收改革新要求、企业财务业务一体化的会计改革新方向，合理设计与编排教材的核心内容，实现“手工+信息化”的双重实训目标。按照企业会计业务处理的时间轴，划分为企业设立事项、日常会计核算、期末会计事项等三大模块。其中，企业设立事项主要包括工商登记、期初建账、银行业务、涉税事项等4个工作项目与12项工作任务；日常会计核算主要包括出纳岗位、财产物资岗位、往来结算岗位、资金岗位、财务成果岗位的会计核算等5个工作项目与16项工作任务；期末会计事项主要包括会计报表、财务分析、纳税申报等3个工作项目与12项工作任务。通过一系列相对独立、分层递进的实训，养成学习者会计专业的逻辑思维能力，提升职业判断与分析能力，为学习者会计职业成长奠定扎实的基础。

第二，实训任务单、操作单、评价单环环相扣。本教材体例新颖，强调“教学做”一体化。通过实训任务单，明确实训项目、业务清单和实训要求，有效规划实训的相关准备工作。通过实训操作单，再现企业会计工作业务全貌，全面地记录学习者的实训过程，加大对其职业分析与判断能力的培养。通过实训评价单，提供学习者与教师的双重评价，合理评定学习者职业能力的综合水平。“三单”环环相扣、紧密结合，不断提升会计实训效果。

第三，纸质训练项目与数字学习资源相互融合。本教材结构新颖，注重发挥在线资源辅助学习的功能。教材以项目、任务为资源节点，以技能点为载体，利用“云空间”等现代信息技术，关联对应的数字资源内容。整个教材共涵盖业务单据填写范本、记账凭证填制标准、业务操作基本规范、专业能力分析示例、重难点解析视频、会计报表编制范例等100项实训类数字资源。同时，教材提供了清晰的二维码学习导航，随扫随学、边学边练，不断提升学习者的学习效果。

本教材由长期从事教学与科研的骨干教师和行业企业实务专家共同编写，由浙江金融职业学院会计专业李华副教授担任主编，拟定编写大纲，完成项目一、项目二、项目三、项目五、项目九（部分任务）、项目十、项目十一等单元的编撰以及全书的修改、定稿工作。陈燕燕老师、费含笑老师、孙成龙老师担任副主编，其中，陈燕燕老师完成项目六、项目七等单元的编撰工作；费含笑老师完成项目八、项目九（部分任务）等单元的编撰工作；孙成龙老师完成项目四、项目十二等单元的编撰工作。同时，浙江经贸职业技术学院张会莉副教授、浙江经济职业技术学院宋波副教授对本教材的编写提供了很多宝贵意见，在此一并表示感谢！

由于作者专业水平和实践经验有限，本书难免存在错误和不当之处，恳请读者批评指正。

李　华

2018年1月

目 录

模块一 企业设立事项

项目一 工商登记 / 2
- 任务1 企业名称预先核准 / 2
- 任务2 制定公司章程 / 3
- 任务3 申请设立登记 / 4

项目二 期初建账 / 6
- 任务1 系统创建账套 / 6
- 任务2 设置基础档案 / 8
- 任务3 启用总账系统 / 16

项目三 银行业务 / 21
- 任务1 开立银行账户 / 21
- 任务2 购买银行票据 / 22
- 任务3 办理企业网银 / 25

项目四 涉税事项 / 27
- 任务1 办理税种认定 / 27
- 任务2 增值税纳税人资格认定 / 28
- 任务3 申领税务发票 / 29

模块二 日常会计核算

项目五 出纳岗位 / 33
- 任务1 库存现金业务核算 / 33
- 任务2 银行存款业务核算 / 37
- 任务3 其他货币资金业务核算 / 41

项目六 财产物资岗位 / 45
- 任务1 材料物资业务核算 / 46
- 任务2 固定资产业务核算 / 50
- 任务3 无形资产业务核算 / 54
- 任务4 投资性房地产业务核算 / 57

项目七 往来结算岗位 / 61
- 任务1 应收款项业务核算 / 62
- 任务2 应付款项业务核算 / 66
- 任务3 应付职工薪酬业务核算 / 69

项目八 资金岗位 / 74
- 任务1 债务资金业务核算 / 75
- 任务2 投资资金业务核算 / 80
- 任务3 权益资金业务核算 / 85

项目九　财务成果岗位／88
任务1　收入业务核算／89
任务2　费用业务核算／94
任务3　利润业务核算／100

模块三　期末会计事项

项目十　会计报表／105
任务1　资产负债表编制／105
任务2　利润表编制／106
任务3　所有者权益变动表编制／107
任务4　现金流量表编制／108
项目十一　财务分析／109
任务1　偿债能力分析／109
任务2　营运能力分析／110
任务3　盈利能力分析／112
任务4　发展能力分析／113
任务5　现金流量分析／114
项目十二　纳税申报／116
任务1　企业增值税纳税申报／116
任务2　企业所得税纳税申报／117
任务3　个人所得税纳税申报／119

主要参考文献

附　件　原始凭证

模块一　企业设立事项

背景资料：

李振华、张宏光、黄晓敏等三位投资者共同出资1 000万元，拟投资设立浙江阳光服饰有限责任公司，主要从事服装的设计、生产和销售。公司下设办公室、财务部、人力资源部、采购部、生产部、销售部、后勤部等组织机构。

公司设立初期，指定法定代表人冯勇，由办公室王晓磊具体经办公司工商登记相关业务，由财务经理徐敏具体经办相关会计系统建账工作，由出纳张晓霞具体经办相关银行业务，由会计陈瑞刚具体经办相关涉税业务。

项目一　工商登记

实训目标

- 掌握公司设立登记的基本流程
- 能正确进行企业名称预先核准的相关工作
- 能正确进行公司章程制定的相关工作
- 能正确进行申请公司设立登记的相关工作

任务1　企业名称预先核准

实训任务单

一、实训项目

- 企业名称预先核准实训

二、业务清单

业务1：2015年10月10日，办理企业名称预先核准工作。（操作指引见表1-1）

表1-1　操作指引

经办人	指定法定代表人	投资人
1.填写授权委托书、承诺书 2.填写企业名称预先核准申请书 3.准备相关申请资料 6.向申请机关提交相关申请资料	4.审核相关申请资料	5.签署授权委托书、承诺书等相关文件资料

三、实训要求

采取1人独立实训的方式，由学生扮演公司设立业务的经办人员，完成相关企业名称预先核准的工作任务。

实训操作单

1.办理企业名称预先核准，填写“指定代表或者共同委托代理人授权委托书”（附件1-1-1）。

2.办理企业名称预先核准，填写“承诺书”（附件1-1-2）。

企业名称预先核准

业务操作基本规范

- 指定代表或委托代理人或经办人：王晓磊（身份证号码：330502198802168952；电话：0571-87651122，18611092276）
- 指定法定代表人/申请人：冯勇（身份证号码：330102197109110456）
- 业务受理机关：浙江省杭州市工商行政管理局江干分局
- 委托事项：办理公司名称预先核准、设立等事项（期限2015年10月10日至2015年12月31日）。
- 经办人员的授权权限：核对登记材料中的复印件并签署核对意见；修改企业自备文件的错误；修改有关表格的填写错误；领取营业执照和有关文书

3.办理企业名称预先核准，填写“企业名称预先核准申请书”（附件1-1-3）。

- 指定代表或共同委托代理人或经办人：王晓磊（基本信息同前）

➤ 申请企业名称：浙江阳光服饰有限责任公司（备选企业字号：浙江星海服饰有限责任公司、浙江美华服饰有限责任公司、浙江秋韵服饰有限责任公司）

➤ 企业住所地：浙江省杭州市钱塘路118号，电话：0571-86736598

➤ 注册资本：1 000万元

➤ 企业类型：有限责任公司

➤ 经营范围：主要从事服装的设计、生产和销售

➤ 投资人基本信息：李振华（身份证号码：330802196803231126）
张宏光（身份证号码：32110119701109895X）
黄晓敏（身份证号码：380102197106215875）

➤ 指定法定代表人：冯勇（身份证号码：330102197109110456）

➤ 经办人员的授权权限：核对登记材料中的复印件并签署核对意见；修改有关表格的填写错误；领取“企业名称预先核准通知书”

4. 准备企业名称预先核准申请的相关文件（附件1-1-4）。

➤ 有限责任公司的全体股东签署的“企业名称预先核准申请书”

➤ 有限责任公司的全体股东签署的“授权委托书”

➤ 有限责任公司的全体股东签署的“承诺书”

➤ 全体股东或者发起人指定代表或者共同委托代理人的身份证件复印件

➤ 国家工商行政管理总局规定要求提交的其他文件

实训评价单

企业名称预先核准工作能力评分表见表1-2。

表1-2 企业名称预先核准工作能力评分表

序号	评分项目	学生自评
1	企业名称预先核准工作	□优秀 □良好 □中等 □合格 □不合格
教师评语	教师签字：	
评价成绩	□优秀 □良好 □中等 □合格 □不合格	

任务2 制定公司章程

实训任务单

一、实训项目

➤ 制定公司章程实训

二、业务清单

业务1：2015年10月10日—15日，制定公司章程，一式三份。（操作指引见表1-3）

表1-3 操作指引

经办人	指定法定代表人	投资人
1. 起草公司章程	2. 审核与修改公司章程	3. 审议公司章程

三、实训要求

采取1人独立实训的方式，由学生扮演公司设立业务的经办人员，完成制定公司章程的工作任务。

实训操作单

制定公司章程
业务操作基本规范

制定公司章程，公司章程相关必要记载内容主要包括：公司名称和住所；公司经营范围；公司注册资本；股东的姓名或名称；股东的权利和义务；股东的出资方式和出资额（具体见表1-4）、股东转让出资的条件；公司的机构及其产生办法、职权、议事规则；公司的法定代表人；公司的解散事由与清算办法；股东会认为需要记载的其他事项（附件1-2-1）。

表1-4 股东出资情况一览表

股东姓名	身份证号码	缴纳出资期限	认缴注册资本金额	出资方式
李振华	330802196803231126	3年	300万元	货币资金、厂房
张宏光	32110119701109895X	5年	450万元	货币资金、设备
黄晓敏	380102197106215875	5年	250万元	货币资金、技术

实训评价单

制定公司章程工作能力评分表见表1-5。

表1-5 制定公司章程工作能力评分表

序号	评分项目	学生自评
1	制定公司章程工作	□优秀 □良好 □中等 □合格 □不合格
教师评语	教师签字：	
评价成绩	□优秀 □良好 □中等 □合格 □不合格	

任务3 申请设立登记

实训任务单

一、实训项目

➢ 申请设立登记实训

二、业务清单

业务1：2015年10月25日，办理企业设立登记工作。（操作指引见表1-6）

表1-6 操作指引

经办人	指定法定代表人	投资人
1.填写公司设立登记申请书 2.准备相关申报资料 5.向申请机关提交相关申报资料	3.审核相关申请资料	4.签署相关文件资料

三、实训要求

采取1人独立实训的方式，由学生扮演公司设立业务的经办人员，完成申请设立登记的工作任务。

实训操作单

申请设立登记
业务操作基本规范

1.办理企业设立登记，填写“公司设立登记申请书”（附件1-3-1）。

➢ 公司名称：浙江阳光服饰有限责任公司

➢ 名称预先核准文号：（浙江）名预核内字【2015】第10228号

➢ 公司类型：有限责任公司，无任何分支机构、总机构

➢ 公司住所/生产经营地：浙江省杭州市钱塘路118号，电话：0571-86736598，邮编：310018

- 法定代表人/总经理：冯勇（身份证号码：330102197109110456）
- 经营范围：主要从事服装的设计、生产和销售
- 经营期限：30年
- 申请设立登记时间：2015年10月25日
- 申请执照副本数量：3个
- 股东基本信息：沿用任务1相关信息
- 企业适用会计制度：企业会计准则，采取独立核算方式
- 财务人员信息：财务负责人徐敏（身份证号码330801197611092347，电话18812126652）；办税人员陈瑞刚（身份证号码330801198206121945，电话13833661917）

2.准备申请企业设立登记的相关资料（附件1-3-2）。

- 公司法定代表人签署的“公司设立登记申请书”
- “指定代表或者共同委托代理人授权委托书”及指定代表或委托代理人的身份证件复印件
- 全体股东签署的公司章程
- 股东的主体资格证明或者自然人身份证件复印件
- 董事、监事、经理的任职文件及身份证件复印件
- 法定代表人任职文件和身份证件复印件
- 住所使用证明
- “企业名称预先核准申请书”和“企业名称预先核准通知书”
- 其他相关法律、行政法规和国务院规定设立公司必须提交的文件

实训评价单

申请设立登记工作能力评分表见表1-7。

表1-7 申请设立登记工作能力评分表

序号	评分项目	学生自评
1	申请设立登记工作	□优秀 □良好 □中等 □合格 □不合格
教师评语	教师签字：	
评价成绩	□优秀 □良好 □中等 □合格 □不合格	

实训小结

工商登记实训项目结构图如图1-1所示。

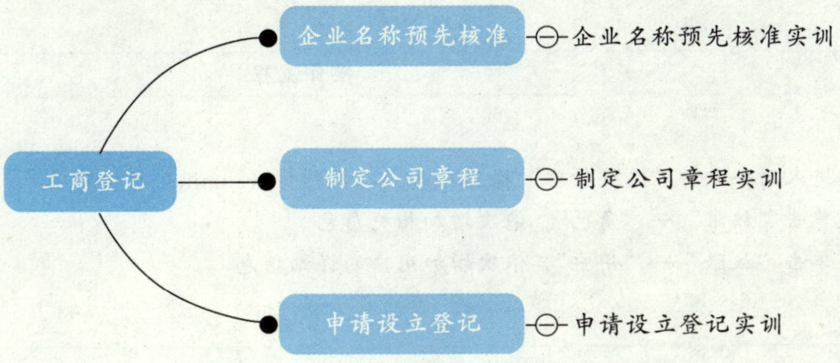

图1-1 工商登记实训项目结构图

项目二　期初建账①

实训目标

- 掌握财务软件期初建账的基本流程
- 能正确进行系统创建账套的相关工作
- 能正确进行设置基础档案的相关工作
- 能正确进行启用总账系统的相关工作

任务1　系统创建账套

实训任务单

一、实训项目

- 系统建立账套实训
- 系统增加用户实训
- 系统设置用户权限实训
- 系统设置自动备份计划实训

二、业务清单

业务1： 2015年11月15日，建立公司账套。（操作指引见表2-1）

表2-1　**操作指引**

工作项目	操作流程
建立账套 重难点解析视频	1.进入财务软件"系统管理"操作界面，以操作员（admin）身份登录 2.单击"账套"—"建立"，按照系统提示，录入相关信息，完成账套的建立工作 3.完成"编码方案"、"数据精度"的设置工作 4.进入"系统启用"界面，录入启用日期，启用总账系统，完成账套创建工作

业务2： 2015年11月15日，增加软件用户。（操作指引见表2-2）

表2-2　**操作指引**

工作项目	操作流程
增加用户 重难点解析视频	1.进入财务软件"系统管理"操作界面，以操作员（admin）身份登录 2.单击"权限"—"角色"，依次增加相关角色 3.单击"权限"—"用户"，依次增加用户的详细信息

业务3： 2015年11月16日，设置用户权限。（操作指引见表2-3）

① 学习者如果不具备本项目单元训练所需的财务信息化软件，仍可以沿用本项目的业务资料，采用会计手工建账方式完成相应的学习任务。后续项目单元如涉及此类问题，处理方法相同，不再赘述。

表 2-3 操作指引

工作项目	操作流程
增加用户权限 重难点解析视频	1.进入财务软件“系统管理”操作界面，以操作员（admin）身份登录 2.单击“权限”—“操作员权限”，依次修改不同用户权限，完成相关设置工作

业务4：2015年11月16日，设置自动备份计划。（操作指引见表2-4）

表 2-4 操作指引

工作项目	操作流程
设置自动备份计划 重难点解析视频	1.进入财务软件“系统管理”操作界面，以操作员（admin）身份登录 2.单击“系统”—“设置备份计划”，录入相关信息，选择备份路径及相应账套，完成相关设置工作

三、实训要求

采取1人独立实训的方式，由学生扮演公司期初建账的经办人员，完成相关公司系统创建账套的工作任务。

实训操作单

1.使用财务软件建立公司账套。

- 账套名称：浙江阳光服饰有限责任公司
- 单位名称：浙江阳光服饰有限责任公司
- 单位简称：阳光服饰
- 账套号：001；本币代码：RMB；本币名称：人民币
- 启动会计期：2015年12月
- 企业类型：工业；行业性质：2007年新会计制度科目
- 账套主管：徐敏
- 存货、客户、供应商均分类核算，无外币业务
- 科目编码级次：4-2-2-2-2；客户及供应商分类编码级次：2-2-3；其余分类编码及数据精确度均采用系统默认值。

2.使用财务软件增加用户（见表2-5）。

表 2-5 用户信息表

用户编号	用户名	所属角色	口令	所属部门
01	徐敏	账套主管	01	财务部
02	黄莹莹	会计主管	02	财务部
03	张晓霞	出纳	03	财务部
04	陈瑞刚	制单会计	04	财务部
05	李晓芳	稽核会计	05	财务部

3.使用财务软件设置用户权限（见表2-6）。

表 2-6 用户权限表

用户编号	用户名	操作权限
01	徐敏	账套所有权限
02	黄莹莹	总账系统除“凭证处理”及“出纳签字”外的所有权限
03	张晓霞	总账系统下“出纳”及“凭证”—“出纳签字”权限
04	陈瑞刚	总账系统下“凭证”—“凭证处理”权限
05	李晓芳	总账系统下“凭证”—“审核凭证”权限

4.使用财务软件设置自动备份计划。

- 计划编号：01
- 计划名称：001账套备份
- 备份类型：账套备份
- 发生频率：每周
- 发生天数：6天
- 开始时间：17:00
- 有效触发：2小时
- 保留天数：10天

实训评价单

系统创建账套工作能力评分表见表2-7。

表 2-7 系统创建账套工作能力评分表

序号	评分项目	学生自评
1	系统建立账套工作	□优秀 □良好 □中等 □合格 □不合格
2	系统增加用户工作	□优秀 □良好 □中等 □合格 □不合格
3	系统设置用户权限工作	□优秀 □良好 □中等 □合格 □不合格
4	系统设置自动备份计划工作	□优秀 □良好 □中等 □合格 □不合格
教师评语	教师签字：	
评价成绩	□优秀 □良好 □中等 □合格 □不合格	

任务2 设置基础档案

实训任务单

一、实训项目

- 建立部门档案实训
- 建立人员档案实训
- 建立供应商档案实训
- 建立客户档案实训
- 设置会计科目实训
- 设定凭证类型实训
- 建立项目档案实训
- 设置结算方式实训

二、业务清单

业务1： 2015年11月17日，建立部门档案。（操作指引见表2-8）

表2-8

操作指引

工作项目	操作流程
建立部门档案 重难点解析视频	1.进入财务软件“企业应用平台”操作界面，以账套主管身份登录，点击进入“基础设置”界面 2.双击“基础档案”—“机构人员”—“部门档案”，进入录入界面，完成相关部门档案设置工作

业务2： 2015年11月17日，建立人员档案。（操作指引见表2-9）

表2-9

操作指引

工作项目	操作流程
建立人员档案 重难点解析视频	1.进入财务软件“企业应用平台”操作界面，以账套主管身份登录，点击进入“基础设置”界面 2.双击“基础档案”—“机构人员”—“人员档案”，进入录入界面，完成相关人员档案设置工作

业务3： 2015年11月18日，建立供应商档案。（操作指引见表2-10）

表2-10

操作指引

工作项目	操作流程
建立供应商档案 重难点解析视频	1.进入财务软件“企业应用平台”操作界面，以账套主管身份登录，点击进入“基础设置”界面 2.双击“基础档案”—“客商信息”—“供应商分类”，进入录入界面，完成相关供应商分类的添加工作 3.双击“基础档案”—“客商信息”—“供应商档案”，进入录入界面，完成相关供应商档案的添加工作

业务4： 2015年11月18日，建立客户档案。（操作指引见表2-11）

表2-11

操作指引

工作项目	操作流程
建立客户档案 重难点解析视频	1.进入财务软件“企业应用平台”操作界面，以账套主管身份登录，点击进入“基础设置”界面 2.双击“基础档案”—“客商信息”—“客户分类”，进入录入界面，完成相关客户分类的添加工作 3.双击“基础档案”—“客商信息”—“客户档案”，进入录入界面，完成相关客户档案的添加工作

业务5： 2015年11月19日，设置会计科目。（操作指引见表2-12）

表2-12

操作指引

工作项目	操作流程
设置会计科目 重难点解析视频	1.进入财务软件“企业应用平台”操作界面，以账套主管身份登录，点击进入“基础设置”界面 2.双击“基础档案”—“财务”—“会计科目”，进入“会计科目”界面，完成会计科目的属性修改、增加、删除等工作 3.进入“会计科目”界面，单击“编辑”—“指定科目”，完成指定出纳专管科目——现金总账科目（1001库存现金、1002银行存款）

业务6：2015年11月19日，设定凭证类型。（操作指引见表2-13）

表2-13

操作指引

工作项目	操作流程
设定凭证类型 重难点解析视频	1.进入财务软件“企业应用平台”操作界面，以账套主管身份登录，点击进入“基础设置”界面 2.双击“基础档案”—“财务”—“凭证类别”，进入“凭证类别预置”界面，选择凭证类型，完成设置工作

业务7：2015年11月20日，建立项目档案。（操作指引见表2-14）

表2-14

操作指引

工作项目	操作流程
建立项目档案 重难点解析视频	1.进入财务软件“企业应用平台”操作界面，以账套主管身份登录，点击进入“基础设置”界面 2.双击“基础档案”—“财务”—“项目目录”，进入“项目档案”界面，完成项目大类的设置工作 3.在“项目档案”界面，选择对应的会计科目，完成核算科目设置工作 4.在“项目档案”界面，单击“项目分类定义”标签，录入项目分类编码和分类名称 5.在“项目档案”界面，单击“项目目录”标签，点击“维护”，进入“项目目录维护”窗口，录入相关信息，完成项目档案设置工作

业务8：2015年11月20日，设置结算方式。（操作指引见表2-15）

表2-15

操作指引

工作项目	操作流程
设置结算方式 重难点解析视频	1.进入财务软件“企业应用平台”操作界面，以账套主管身份登录，点击进入“基础设置”界面 2.双击“基础档案”—“收付结算”—“结算方式”，依次添加结算方式，完成相关设置工作

三、实训要求

采取1人独立实训的方式，由学生扮演公司期初建账的经办人员，完成相关公司设置基础档案的工作任务。

实训操作单

1.系统建立部门档案（见表2-16）。

表2-16

部门档案信息表

部门编码	部门名称	负责人
1	办公室	张一山
2	财务部	徐敏
3	人力资源部	石明明
4	采购部	李凡韵
5	生产部	黄梦达
6	销售部	任星星
7	后勤部	姜红

2.系统建立人员档案（见表2-17）。

表 2-17 部门档案信息表

职员编码	性别	职员名称	所属部门	人员类别	是否操作员	是否业务员
01	男	冯勇	办公室	在职人员	否	是
02	男	张一山	办公室	在职人员	否	是
03	女	张丹	办公室	在职人员	否	是
04	男	徐敏	财务部	在职人员	是	是
05	女	黄莹莹	财务部	在职人员	是	是
06	女	张晓霞	财务部	在职人员	是	是
07	男	陈瑞刚	财务部	在职人员	是	是
08	女	李晓芳	财务部	在职人员	是	是
09	女	曹珊珊	财务部	在职人员	否	是
10	男	石明明	人力资源部	在职人员	否	是
11	女	梁悦	人力资源部	在职人员	否	是
12	女	李凡韵	采购部	在职人员	否	是
13	男	王洪亮	采购部	在职人员	否	是
14	男	黄梦达	生产部	在职人员	否	是
15	女	陈丽华	生产部	在职人员	否	是
16	男	宋刚	生产部	在职人员	否	是
17	女	王亚芬	生产部	在职人员	否	是
18	男	刘一天	生产部	在职人员	否	是
19	男	任星星	销售部	在职人员	否	是
20	男	张伟	销售部	在职人员	否	是
21	女	张云	销售部	在职人员	否	是
22	女	姜红	后勤部	在职人员	否	是
23	男	左明明	后勤部	在职人员	否	是

3.系统建立供应商档案（见表2-18和表2-19）。

表 2-18 供应商分类信息表

类别编码	类别名称
01	浙江供应商
02	上海供应商
03	江苏供应商

表 2-19 供应商档案明细表

供应商编码	供应商名称	供应商简称	所属分类
001	浙江美华服装面料公司	美华服装公司	01
002	上海广利服装辅料公司	广利服装公司	02
003	江苏正和服装面料公司	正和服装公司	03

4.系统建立客户档案（见表2-20和表2-21）。

表 2-20 客户分类信息表

类别编码	类别名称
01	浙江客户
02	上海客户
03	江苏客户

表2-21 客户档案明细表

客户编码	客户名称	客户简称	所属分类
001	浙江英泰服饰公司	英泰服饰公司	01
002	上海三元服饰集团	三元服饰集团	02
003	江苏方辉服饰公司	方辉服饰公司	03

5.系统设置会计科目（含指定科目设置）（见表2-22）。

表2-22 会计科目表

科目编码	科目名称	账页格式	辅助核算 受控系统	余额方向
1001	库存现金*	金额式	日记账	借方
100101	人民币户	金额式	日记账	借方
1002	银行存款*	金额式	日记账、银行账	借方
100201	人民币户	金额式	日记账、银行账	借方
1012	其他货币资金	金额式		借方
101201	存出投资款	金额式		借方
101202	银行汇票	金额式		借方
101203	银行本票	金额式		借方
1101	交易性金融资产	金额式		借方
110101	成本	金额式		借方
110102	公允价值变动	金额式		借方
1121	应收票据	金额式	客户往来、无受控系统	借方
112101	银行承兑汇票	金额式	客户往来、无受控系统	借方
112102	商业承兑汇票	金额式	客户往来、无受控系统	借方
1122	应收账款	金额式	客户往来、无受控系统	借方
1221	其他应收款	金额式		借方
122101	备用金	金额式	部门核算	借方
122102	应收个人款	金额式	个人往来	借方
1231	坏账准备	金额式		贷方
1403	原材料	数量金额式	面料、拉链单位：米 纽扣单位：个 缝纫线单位：千克 辅料单位：捆	借方
1411	周转材料	金额式		借方
141101	低值易耗品	数量金额式	单位：个	借方
141102	包装物	数量金额式	单位：个	借方
1404	材料成本差异	金额式		借方
140401	原材料成本差异	金额式		借方
1405	库存商品	金额式		借方
140501	男式高级西服	数量金额式	单位：件	借方

续表

科目编码	科目名称	账页格式	辅助核算 受控系统	余额方向
140502	女式高级西服	数量金额式	单位：件	借方
140503	男式衬衣	数量金额式	单位：件	借方
140504	女式衬衣	数量金额式	单位：件	借方
1511	长期股权投资	金额式		借方
1601	固定资产	金额式		借方
1602	累计折旧	金额式		贷方
1604	在建工程	金额式		借方
1701	无形资产	金额式		借方
2001	短期借款	金额式		贷方
2201	应付票据	金额式	供应商往来、无受控系统	贷方
220101	商业承兑汇票	金额式	供应商往来、无受控系统	贷方
220102	银行承兑汇票	金额式	供应商往来、无受控系统	贷方
2202	应付账款	金额式	供应商往来、无受控系统	贷方
2203	预收账款	金额式	客户往来、无受控系统	贷方
2211	应付职工薪酬	金额式		贷方
221101	职工工资	金额式		贷方
221102	职工福利费	金额式		贷方
221103	社会保险费	金额式		贷方
221104	住房公积金	金额式		贷方
221105	工会经费	金额式		贷方
221106	职工教育经费	金额式		贷方
2221	应交税费	金额式		贷方
222101	应交增值税	金额式		贷方
22210101	进项税额	金额式		贷方
22210102	销项税额	金额式		贷方
22210103	转出未交增值税	金额式		贷方
22210104	转出多交增值税	金额式		贷方
222102	未交增值税	金额式		贷方
222103	应交所得税	金额式		贷方
222104	应交城建税	金额式		贷方
222105	应交教育费附加	金额式		贷方
222106	应交个人所得税	金额式		贷方
2241	其他应付款	金额式		贷方
2501	长期借款	金额式		贷方
4001	实收资本	金额式		贷方
4002	资本公积	金额式		贷方
4101	盈余公积	金额式		贷方

续表

科目编码	科目名称	账页格式	辅助核算 受控系统	余额方向
410101	法定盈余公积	金额式		贷方
410102	任意盈余公积	金额式		贷方
4104	利润分配	金额式		贷方
410401	提取法定盈余公积	金额式		贷方
410402	提取任意盈余公积	金额式		贷方
410403	未分配利润	金额式		贷方
5001	生产成本	金额式		借方
500101	基本生产成本	金额式		借方
50010101	直接材料	金额式	项目核算	借方
50010102	直接人工	金额式	项目核算	借方
51010103	制造费用	金额式	项目核算	借方
500102	辅助生产成本	金额式		借方
5101	制造费用	金额式		借方
510101	材料费用	金额式		借方
510102	人工费用	金额式		借方
510103	折旧费用	金额式		借方
510104	其他费用	金额式		借方
6001	主营业务收入	金额式		贷方
600101	男式高级西服	数量金额式	单位：件	贷方
600102	女式高级西服	数量金额式	单位：件	贷方
600103	男式衬衫	数量金额式	单位：件	贷方
600104	女式衬衫	数量金额式	单位：件	贷方
6401	主营业务成本	金额式		借方
640101	男式高级西服	数量金额式	单位：件	借方
640102	女式高级西服	数量金额式	单位：件	借方
640103	男式衬衫	数量金额式	单位：件	借方
640104	女式衬衫	数量金额式	单位：件	借方
6602	管理费用	金额式		借方
660201	业务招待费	金额式	部门核算	借方
660202	差旅费	金额式	部门核算	借方
660203	折旧费用	金额式	部门核算	借方
660204	人工费用	金额式	部门核算	借方
660205	其他	金额式	部门核算	借方
6603	财务费用	金额式		借方
660301	利息费用	金额式		借方
660303	其他	金额式		借方

*出纳专管科目。

6.系统设定凭证类型。

公司采用通用记账凭证形式，无限制条件。

7.系统设置项目档案（见表2-23）。

表2-23 **项目大类及分类**

项目大类名称	项目属性	项目分类		核算科目
		项目分类编码	项目分类名称	
生产成本	普通项目	1	产品生产成本	410101 410102 410103

8.系统设置结算方式（见表2-24）。

表2-24 **收付结算方式明细表**

结算方式编码	结算方式名称	是否票据管理
1	现金	否
2	支票	否
201	现金支票	是
202	转账支票	是
3	银行本票	否
4	银行汇票	否
5	商业汇票	否
501	商业承兑汇票	否
502	银行承兑汇票	否
6	汇兑	否
7	委托收款	否
8	托收承付	否

实训评价单

设置基础档案工作能力评分表见表2-25。

表2-25 **设置基础档案工作能力评分表**

序号	评分项目	学生自评
1	建立部门档案工作	□优秀 □良好 □中等 □合格 □不合格
2	建立人员档案工作	□优秀 □良好 □中等 □合格 □不合格
3	建立供应商档案工作	□优秀 □良好 □中等 □合格 □不合格
4	建立客户档案工作	□优秀 □良好 □中等 □合格 □不合格
5	设置会计科目工作	□优秀 □良好 □中等 □合格 □不合格
6	设定凭证类型工作	□优秀 □良好 □中等 □合格 □不合格
7	建立项目档案工作	□优秀 □良好 □中等 □合格 □不合格
8	设置结算方式工作	□优秀 □良好 □中等 □合格 □不合格
教师评语	教师签字：	
评价成绩	□优秀 □良好 □中等 □合格 □不合格	

任务3 启用总账系统

实训任务单

一、实训项目

- 设置总账系统参数实训
- 录入期初余额实训
- 期初试算平衡实训

二、业务清单

业务1：2015年11月21日，设置总账系统参数。（操作指引见表2-26）

表2-26 操作指引

工作项目	操作流程
设置总账系统参数 重难点解析视频	1.进入财务软件“企业应用平台”操作界面，以账套主管身份登录，点击进入“业务工作”界面 2.双击“财务会计”—“总账”—“设置”—“选项”，进入编辑界面，完成相关总账系统参数设置工作

业务2：2015年11月22日，录入期初余额。（操作指引见表2-27）

表2-27 操作指引

工作项目	操作流程
录入期初余额 重难点解析视频	1.进入财务软件“企业应用平台”操作界面，以账套主管身份登录，点击进入“业务工作”界面 2.双击“财务会计”—“总账”—“设置”—“期初余额”，根据不同科目类型，完成相关期初余额录入工作

业务3：2015年11月22日，期初试算平衡。（操作指引见表2-28）

表2-28 操作指引

工作项目	操作流程
期初试算平衡 重难点解析视频	1.进入财务软件“企业应用平台”操作界面，以账套主管身份登录，点击进入“业务工作”界面 2.双击“财务会计”—“总账”—“设置”—“期初余额”，进入“期初余额录入”界面，单击“对账”，完成相关对账工作 3.对账完毕，在“期初余额录入”界面，单击“试算”，完成相关试算平衡计算与核对工作

三、实训要求

采取1人独立实训的方式，由学生扮演公司期初建账的经办人员，完成相关公司启用总账系统的工作任务。

实训操作单

1.设置总账系统参数。（操作指引见表2-29）

表2-29 总账系统参数

选项	参数
凭证	制单序时控制、支票控制、资金及往来科目赤字控制、自动填补凭证断号、其他采用系统默认
权限	不允许修改或作废他人填制的凭证、出纳凭证必须经由出纳签字、凭证必须经由会计主管签字、其他采用系统默认

2. 录入期初账户余额。(操作指引见表2-30)

表2-30 **期初账户余额表**

科目编码	科目名称	账页格式	辅助核算 受控系统	余额 方向	期初余额
1001	库存现金*	金额式	日记账	借方	7 000
100101	人民币户	金额式	日记账	借方	7 000
1002	银行存款*	金额式	日记账、银行账	借方	5 493 000
100201	人民币户	金额式	日记账、银行账	借方	5 493 000
1012	其他货币资金	金额式		借方	0
101201	存出投资款	金额式		借方	0
101202	银行汇票	金额式		借方	0
101203	银行本票	金额式		借方	0
1101	交易性金融资产	金额式		借方	0
110101	成本	金额式		借方	0
110102	公允价值变动	金额式		借方	0
1121	应收票据	金额式	客户往来、无受控系统	借方	0
112101	银行承兑汇票	金额式	客户往来、无受控系统	借方	0
112102	商业承兑汇票	金额式	客户往来、无受控系统	借方	0
1122	应收账款	金额式	客户往来、无受控系统	借方	0
1221	其他应收款	金额式		借方	0
122101	备用金	金额式	部门核算	借方	0
122102	应收个人款	金额式	个人往来	借方	0
1231	坏账准备	金额式		贷方	0
1403	原材料	数量金额式	面料、拉链单位：米 纽扣单位：个 缝纫线单位：千克 辅料单位：捆	借方	0
1411	周转材料	金额式		借方	0
141101	低值易耗品	数量金额式	单位：个	借方	0
141102	包装物	数量金额式	单位：个	借方	0
1404	材料成本差异	金额式		借方	0
140401	原材料成本差异	金额式		借方	0
1405	库存商品	金额式		借方	0
140501	男式高级西服	数量金额式	单位：件	借方	0
140502	女式高级西服	数量金额式	单位：件	借方	0
140503	男式衬衣	数量金额式	单位：件	借方	0
140504	女式衬衣	数量金额式	单位：件	借方	0
1511	长期股权投资	金额式		借方	0
1601	固定资产	金额式		借方	3 000 000
1602	累计折旧	金额式		贷方	0

续表

科目编码	科目名称	账页格式	辅助核算 受控系统	余额 方向	期初余额
1604	在建工程	金额式		借方	0
1701	无形资产	金额式		借方	1 500 000
2001	短期借款	金额式		贷方	0
2201	应付票据	金额式	供应商往来、无受控系统	贷方	0
220101	商业承兑汇票	金额式	供应商往来、无受控系统	贷方	0
220102	银行承兑汇票	金额式	供应商往来、无受控系统	贷方	0
2202	应付账款	金额式	供应商往来、无受控系统	贷方	0
2203	预收账款	金额式	客户往来、无受控系统	贷方	0
2211	应付职工薪酬	金额式		贷方	0
221101	职工工资	金额式		贷方	0
221102	职工福利费	金额式		贷方	0
221103	社会保险费	金额式		贷方	0
221104	住房公积金	金额式		贷方	0
221105	工会经费	金额式		贷方	0
221106	职工教育经费	金额式		贷方	0
2221	应交税费	金额式		贷方	0
222101	应交增值税	金额式		贷方	0
22210101	进项税额	金额式		贷方	0
22210102	销项税额	金额式		贷方	0
22210103	转出未交增值税	金额式		贷方	0
22210104	转出多交增值税	金额式		贷方	0
222102	未交增值税	金额式		贷方	0
222103	应交所得税	金额式		贷方	0
222104	应交城建税	金额式		贷方	0
222105	应交教育费附加	金额式		贷方	0
222106	应交个人所得税	金额式		贷方	0
2241	其他应付款	金额式		贷方	0
2501	长期借款	金额式		贷方	0
4001	实收资本	金额式		贷方	10 000 000
4002	资本公积	金额式		贷方	0
4101	盈余公积	金额式		贷方	0
410101	法定盈余公积	金额式		贷方	0
410102	任意盈余公积	金额式		贷方	0
4104	利润分配	金额式		贷方	0
410401	提取法定盈余公积	金额式		贷方	0

续表

科目编码	科目名称	账页格式	辅助核算 受控系统	余额 方向	期初余额
410402	提取任意盈余公积	金额式		贷方	0
410403	未分配利润	金额式		贷方	0
5001	生产成本	金额式		借方	0
500101	基本生产成本	金额式		借方	0
50010101	直接材料	金额式	项目核算	借方	0
50010102	直接人工	金额式	项目核算	借方	0
51010103	制造费用	金额式	项目核算	借方	0
500102	辅助生产成本	金额式		借方	0
5101	制造费用	金额式		借方	0
510101	材料费用	金额式		借方	0
510102	人工费用	金额式		借方	0
510103	折旧费用	金额式		借方	0
510104	其他费用	金额式		借方	0
6001	主营业务收入	金额式		贷方	0
600101	男式高级西服	数量金额式	单位：件	贷方	0
600102	女式高级西服	数量金额式	单位：件	贷方	0
600103	男式衬衫	数量金额式	单位：件	贷方	0
600104	女式衬衫	数量金额式	单位：件	贷方	0
6401	主营业务成本	金额式		借方	0
640101	男式高级西服	数量金额式	单位：件	借方	0
640102	女式高级西服	数量金额式	单位：件	借方	0
640103	男式衬衫	数量金额式	单位：件	借方	0
640104	女式衬衫	数量金额式	单位：件	借方	0
6602	管理费用	金额式		借方	0
660201	业务招待费	金额式	部门核算	借方	0
660202	差旅费	金额式	部门核算	借方	0
660203	折旧费用	金额式	部门核算	借方	0
660204	人工费用	金额式	部门核算	借方	0
660205	其他	金额式	部门核算	借方	0
6603	财务费用	金额式		借方	0
660301	利息费用	金额式		借方	0
660303	其他	金额式		借方	0

3.期初试算平衡。

根据本任务业务2和表2-30的相关资料，针对录入完毕的期初余额，进行对账及试算平衡。

实训评价单

启用总账系统工作能力评分表见表2-31。

表2-31 启用总账系统工作能力评分表

序号	评分项目	学生自评
1	设置总账系统参数工作	□优秀 □良好 □中等 □合格 □不合格
2	录入期初余额工作	□优秀 □良好 □中等 □合格 □不合格
3	期初试算平衡工作	□优秀 □良好 □中等 □合格 □不合格
教师评语	教师签字：	
评价成绩	□优秀 □良好 □中等 □合格 □不合格	

实训小结

期初建账实训项目结构图如图2-1所示。

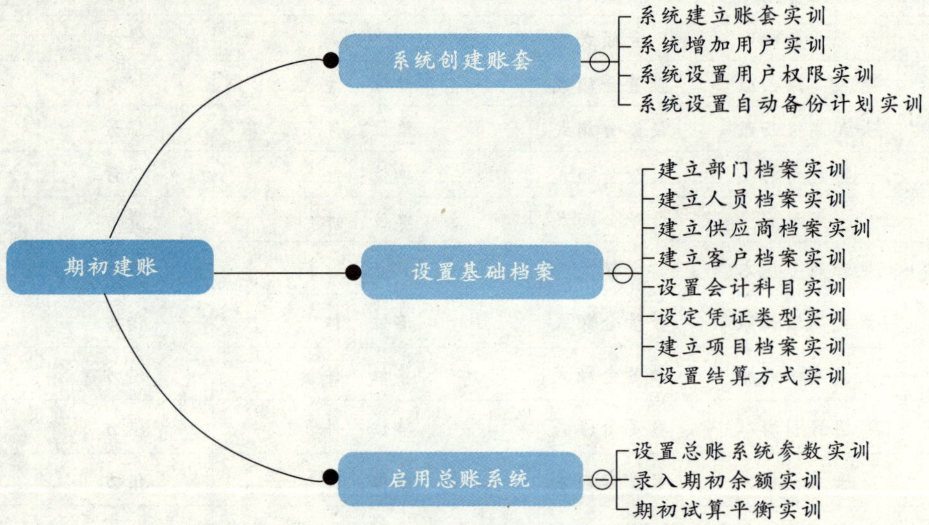

图2-1 期初建账实训项目结构图

项目三　银行业务

实训目标

- 掌握新设公司银行业务的基本流程
- 能正确进行开立银行账户的相关工作
- 能正确进行购买银行票据的相关工作
- 能正确进行办理企业网银的相关工作

任务1　开立银行账户

实训任务单

一、实训项目

- 申请开立单位基本存款账户实训
- 申请开立单位一般存款账户实训
- 申请企业库存现金限额实训

二、业务清单

业务1： 2015年11月25日，向工商银行杭州钱江支行申请开立单位基本存款账户。（操作指引见表3-1）

表3-1　**操作指引**

出纳	财务经理
1.填写开立单位银行结算账户申请书 2.准备相关审批材料 4.提请银行相关部门审核 5.领取开户许可证	3.审核开立单位银行结算账户申请书以及相关审批资料

业务2： 2015年11月28日，向杭州银行杭州市秋涛支行申请开立单位一般存款账户。（操作指引见表3-2）

表3-2　**操作指引**

出纳	财务经理
1.填写开立单位银行结算账户申请书 2.准备相关审批材料 4.提请银行相关部门审核 5.领取开户许可证	3.审核开立单位银行结算账户申请书以及相关审批资料

业务3： 2015年12月2日，向工商银行杭州钱江支行申请核定库存现金限额。（操作指引见表3-3）

表3-3　**操作指引**

出纳	财务经理
1.填写库存现金限额申请批准书 3.向银行提交库存现金限额申请批准书	2.审核库存现金限额申请批准书

三、实训要求

采取1人独立实训的方式，由学生扮演公司银行业务的经办人员，完成相关开立银行账户的工作任务。

实训操作单

1. 申请开立单位基本存款账户，填写“开立单位银行结算账户申请书”（附件3-1-1）；准备开立单位基本存款账户的相关文件（附件3-1-2）。

开立银行账户
业务操作基本规范

2. 申请开立单位一般存款账户，填写“开立单位银行结算账户申请书”（附件3-1-3）；准备开立单位一般存款账户的相关文件（附件3-1-4）。

- 企业名称：浙江阳光服饰有限责任公司
- 企业住所：浙江省杭州市钱塘路118号，电话：0571-86736598，邮编：310018
- 统一社会信用代码（即企业法人营业执照代码、组织机构代码、税务登记证代码）：92110019651283321H
- 法定代表人：冯勇（身份证号码：330102197109110456）
- 注册资本：1 000万元
- 经营范围：主要从事服装的设计、生产和销售
- 企业类别：有限责任公司，无任何分支机构、总机构、关联企业

3. 向开户银行申请库存现金限额，填写“库存现金限额申请批准书”（附件3-1-5）。

公司出纳人员经与开户银行工商银行杭州钱江支行协商，核定本企业的库存现金的保留天数为4天，公司银行账号为1202021518090325917。企业日常现金支出范围主要包括采购零星材料支出、零星劳务费支出和其他支出，其每季度的平均现金支出总额（但不包括定期的大额现金支出和不定期的大额现金支出）分别为90 000元、60 000元和30 000元。

实训评价单

开立银行账户工作能力评分表见表3-4。

表3-4 开立银行账户工作能力评分表

序号	评分项目	学生自评
1	申请开立单位基本存款账户工作	□优秀 □良好 □中等 □合格 □不合格
2	申请开立单位一般存款账户工作	□优秀 □良好 □中等 □合格 □不合格
3	申请企业库存现金限额工作	□优秀 □良好 □中等 □合格 □不合格
教师评语	教师签字：	
评价成绩	□优秀 □良好 □中等 □合格 □不合格	

任务2 购买银行票据

实训任务单

一、实训项目

- 购买空白现金支票实训
- 购买空白转账支票实训

二、业务清单

业务1： 2015年12月5日，公司（银行账号：1202021518090325917）向开户银行工商银行杭州钱江支行购买空白现金支票1本，工本费5元，手续费15元。（操作指引见表3-5）

表3-5 操作指引

出纳	制单会计	稽核会计	会计主管	财务经理
1.填写空白支票请购单 2.向银行购买空白现金支票	3.审核空白支票请购单第四联、银行收费回单 4.编制记账凭证	5.审核记账凭证	6.系统记账	—

业务2： 2015年12月8日，公司（银行账号：1202021518090325917）向开户银行工商银行杭州钱江支行购买空白转账支票1本，工本费5元，手续费25元。（操作指引见表3-6）

表3-6 **操作指引**

出纳	制单会计	稽核会计	会计主管	财务经理
1.填写空白支票请购单 2.向银行购买空白转账支票	3.审核空白支票请购单第四联、银行收费回单 4.编制记账凭证	5.审核记账凭证	6.系统记账	—

三、实训要求

将5位学生组成一个实训小组，分别扮演出纳、制单会计、稽核会计、会计主管、财务经理等角色，分岗位完成相关工作任务（具体见表3-7）。

表3-7 **岗位工作任务明细表**

序号	岗位	工作任务
1	出纳	➢ 办理收、付款等业务 ➢ 系统出纳签字
2	制单会计	➢ 审核原始凭证 ➢ 编制记账凭证
3	稽核会计	➢ 审核记账凭证
4	会计主管	➢ 完成相关审核工作 ➢ 系统主管签字 ➢ 完成系统记账
5	财务经理	➢ 完成相关财务审批

实训操作单

一、原始凭证

购买银行票据

业务单据填写范本

由出纳张晓霞完成相关业务单据的处理工作；由制单会计陈瑞刚完成相关业务原始凭证的审核工作（具体见表3-8）。

表3-8 **业务单据明细表**

业务	原始凭证	
	单据名称	对应附件编号
1	空白支票请购单	3-2-1
	银行收费回单	3-2-2
2	空白支票请购单	3-2-3
	银行收费回单	3-2-4

二、记账凭证

由制单会计陈瑞刚完成相关业务记账凭证的系统编制工作；由稽核会计李晓芳完成相关业务记账凭证的系统审核工作；由出纳张晓霞完成相关业务的出纳签字工作；由会计主管黄莹莹完成相关业务的主管签字工作（具体见表3-9、表3-10）。

记账凭证填制标准

表3-9 **会计核算分录明细表**

业务	参考分录			记账凭证数量
1	借：财务费用——工本费	5		1
	——手续费	15		
	贷：银行存款		20	
2	借：财务费用——工本费	5		1
	——手续费	25		
	贷：银行存款		30	

表 3-10 **记账凭证系统操作指引**[①]

业务	操作步骤
编制记账凭证 重难点解析视频	1.进入财务软件“企业应用平台”操作界面，以制单会计身份登录，点击进入“业务工作”界面 2.双击“财务会计”进入总账系统，双击“凭证”—“填制凭证”，进入“凭证录入”界面 3.点击“制单”—“增加凭证”，依次输入制单日期、附单据数、摘要、科目、金额等信息，点击“保存”，完成记账凭证的编制工作
审核记账凭证 重难点解析视频	1.进入财务软件“企业应用平台”操作界面，以稽核会计身份登录，点击进入“业务工作”界面 2.双击“财务会计”进入总账系统，双击“凭证”—“审核凭证”，进入“凭证审核”界面 3.点击“确定”进入“凭证审核”列表，点击“确定”进入“凭证审核”界面，点击窗口常用工具栏上的“审核”，完成凭证的审核操作
出纳签字	1.进入财务软件“企业应用平台”操作界面，以出纳身份登录，点击进入“业务工作”界面 2.双击“财务会计”进入总账系统，双击“凭证”—“出纳签字”，进入“出纳签字”界面 3.点击“确定”进入“出纳签字”列表，点击“确定”进入“出纳签字”界面，点击窗口常用工具栏上的“签字”，完成凭证的出纳签字操作
主管签字	1.进入财务软件“企业应用平台”操作界面，以会计主管身份登录，点击进入“业务工作”界面 2.双击“财务会计”进入总账系统，双击“凭证”—“主管签字”，进入“主管签字”界面 3.点击“确定”进入“主管签字”列表，点击“确定”进入“主管签字”界面，点击窗口常用工具栏上的“签字”，完成凭证的主管签字操作

三、会计账簿

由会计主管黄莹莹完成相关业务系统记账和账簿信息查询工作（具体见表3-11）。

表 3-11 **会计账簿系统操作指引**[②]

业务		操作步骤
系统记账 重难点解析视频		1.进入财务软件“企业应用平台”操作界面，以会计主管身份登录，点击进入“业务工作”界面 2.双击“财务会计”进入总账系统，双击“凭证”—“记账”，进入“记账”界面，输入记账范围，单击“记账”，根据系统提示确认“期初试算平衡表”相关信息，系统执行记账程序
查询账簿信息 重难点解析视频	查询日记账	1.进入财务软件“企业应用平台”操作界面，以会计主管身份登录，点击进入“业务工作”界面 2.双击“财务会计”进入总账系统，双击“出纳”—“现金日记账”/“银行存款日记账”，输入查询时间，点击“确认”，系统弹出现金日记账/银行存款日记账查询结果
	查询明细账	1.进入财务软件“企业应用平台”操作界面，以会计主管身份登录，点击进入“业务工作”界面 2.双击“财务会计”进入总账系统，双击“账表”—“科目账”—“余额表”，输入查询条件，级次调整为1-3级，点击“确认”，系统显示查询结果
	查询总账	1.进入财务软件“企业应用平台”操作界面，以会计主管身份登录，点击进入“业务工作”界面 2.双击“财务会计”进入总账系统，双击“账表”—“科目账”—“余额表”，输入查询条件，级次调整为1级，点击“确认”，系统显示查询结果

实训评价单

购买银行票据工作能力评分表见表3-12。

① 记账凭证系统操作相关内容，如本教材后续项目任务涉及此操作环节，不再赘述。
② 会计账簿系统操作相关内容，如本教材后续项目任务涉及此操作环节，不再赘述。

表 3-12 **购买银行票据工作能力评分表**

序号	评分项目	学生自评
1	购买空白现金支票工作	□优秀 □良好 □中等 □合格 □不合格
2	购买空白转账支票工作	□优秀 □良好 □中等 □合格 □不合格
教师评语	教师签字：	
评价成绩	□优秀 □良好 □中等 □合格 □不合格	

任务 3 办理企业网银

实训任务单

一、实训项目

➢ 申请办理企业网银实训

二、业务清单

业务 1： 2015 年 12 月 12 日，向工商银行杭州钱江支行申请办理企业网银业务。（操作指引见表 3-13）

表 3-13 **操作指引**

出纳	财务经理	法定代表人
1. 办理电子银行企业客户服务协议的相关签约工作 2. 填写企业客户证书及账户信息表 3. 填写企业客户证书领取单 6. 向银行提交相关申请材料	4. 审核相关申请资料	5. 签署电子银行企业客户服务协议等相关申请资料

三、实训要求

采取 1 人独立实训的方式，由学生扮演公司银行业务的经办人员，完成相关申请办理企业网银的工作任务。

实训操作单

办理企业网银

业务操作基本规范

业务 1： 申请办理企业网银业务，填写“中国工商银行电子银行企业客户服务协议”**（附件 3-3-1）**。

业务 2： 申请办理企业网银业务，填写“企业客户证书及账户信息表”**（附件 3-3-2）**。

业务 3： 申请办理企业网银业务，填写“中国工商银行企业客户证书领取单”**（附件 3-3-3）**。

➢ 业务经办人员：出纳张晓霞（身份证号码：330101198805270566）

➢ 客户证书基本信息：公司申请办理第二种工行金卡证书（具备授权权限），证书 ID 为 zjygfs86736598；开通自助管理本企业 ID 权限，关闭企业手机银行（WAP）授权业务；无相关授权层级，未设置多级组合授权业务。

➢ 账户及证书操作权限信息：

企业地址：浙江省杭州市钱塘路 118 号（邮编 310018）

联系人：张晓霞（电话：18634331910）

账号：1202021518090325917

开户银行：中国工商银行杭州市钱江支行

操作权限：可查询、可授权、可理财

➤企业客户证书领取人员：张晓霞、徐敏（身份证号码：330801197611092347）

实训评价单

办理企业网银工作能力评分表见表3-14。

表3-14 办理企业网银工作能力评分表

序号	评分项目	学生自评
1	办理企业网银工作	□优秀 □良好 □中等 □合格 □不合格
教师评语	教师签字：	
评价成绩	□优秀 □良好 □中等 □合格 □不合格	

实训小结

银行业务实训项目结构图如图3-1所示。

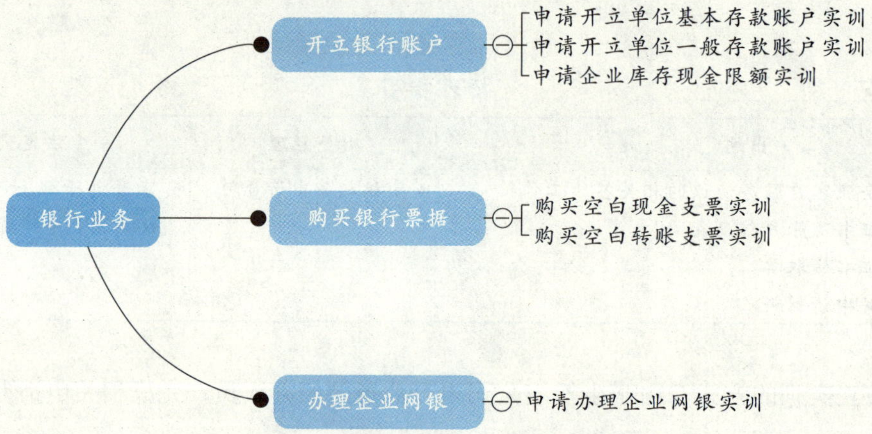

图3-1 银行业务实训项目结构图

项目四　涉税事项

实训目标

- 掌握公司设立涉税事项的办理流程
- 能正确办理税种认定的相关工作
- 能正确办理增值税纳税人认定的相关工作
- 能正确办理申领税务发票的相关工作

任务1　办理税种认定

实训任务单

一、实训项目

- 办理税种认定实训

二、业务清单

业务1：2015年12月15日，公司向杭州国家税务局江干分局申请办理税种认定工作。（操作指引见表4-1）

表4-1　**操作指引**

办税人员	税务机关
1.准备营业执照、身份证等相关申请资料	3.审核相关申请材料
2.向税务机关提交申请资料	4.办理税种认定手续

三、实训要求

采取1人独立实训的方式，由学生扮演公司涉税事项的经办人员，完成公司办理税种认定的工作任务。

实训操作单

向税务机关办理税种认定，准备相关文件资料（附件4-1-1）。

- 营业执照副本
- 经办人身份证
- 其他相关资料

实训评价单

办理税种认定工作能力评分表见表4-2。

表4-2　**办理税种认定工作能力评分表**

序号	评分项目	学生自评
1	办理税种认定工作	□优秀　□良好　□中等　□合格　□不合格
教师评语	教师签字：	
评价成绩	□优秀　□良好　□中等　□合格　□不合格	

任务2 增值税纳税人资格认定

实训任务单

一、实训项目

- 增值税一般纳税人资格认定实训

二、业务清单

业务1：2015年12月18日，公司向杭州国家税务局江干分局申请办理增值税一般纳税人资格认定业务。（操作指引见表4-3）

表4-3 操作指引

办税人员	税务机关
1.准备营业执照、身份证、公司公章等相关资料	4.审核相关申请材料
2.填写增值税一般纳税人资格登记表	5.办理增值税一般纳税人认定手续
3.向税务机关提交申请资料	

三、实训要求

采取1人独立实训的方式，由学生扮演公司涉税事项的经办人员，完成公司增值税纳税人资格认定的工作任务。

实训操作单

向税务机关办理增值税一般纳税人资格认定，填写“增值税一般纳税人资格登记表”（附件4-2-1）。

增值税一般纳税人资格认定

业务操作基本规范

- 纳税人名称：浙江阳光服饰有限责任公司
- 统一社会信用代码：92110019651283321H
- 税务登记日期：2015年11月15日
- 企业经营地址/注册地址：浙江省杭州市钱塘路118号（邮编310018）
- 企业电话：0571-86736598
- 经营范围：主要从事服装的设计、生产和销售
- 法定代表人：冯勇（身份证号码：330102197109110456，电话：13727864824）
- 财务负责人：徐敏（身份证号码：330801197611092347，电话：18812126652）
- 办税人员：陈瑞刚（身份证号码：330801198206121945，电话：13833661917）
- 纳税人基本情况：会计核算健全，一般纳税人资格生效日为次月1日

实训评价单

增值税纳税人资格认定工作能力评分表见表4-4。

表4-4 增值税纳税人资格认定工作能力评分表

序号	评分项目	学生自评
1	增值税一般纳税人资格认定工作	□优秀 □良好 □中等 □合格 □不合格
教师评语	教师签字：	
评价成绩	□优秀 □良好 □中等 □合格 □不合格	

任务3　申领税务发票

实训任务单

一、实训项目

➢ 增值税专用发票申领实训

➢ 增值税普通发票申领实训

二、业务清单

业务1：2015年12月22日，向杭州国家税务局江干分局申领增值税专用发票。（操作指引见表4-5）

表4-5　操作指引

办税人员	税务机关
1.准备身份证、公司公章、发票专用章等相关资料 2.填写纳税人领购发票票种核定申请表、税务行政许可申请表、增值税专用发票最高开票限额申请单等申请材料 3.向税务机关提交申请资料	4.审核相关申请材料 5.办理发票申领手续

业务2：2015年12月22日，向杭州国家税务局江干分局申领增值税普通发票。（操作指引见表4-6）

表4-6　操作指引

办税人员	税务机关
1.准备身份证、公司公章、发票专用章等相关资料 2.填写纳税人领购发票票种核定申请表等申请材料 3.向税务机关提交申请资料	4.审核相关申请材料 5.办理发票申领手续

三、实训要求

采取1人独立实训的方式，由学生扮演公司涉税事项的经办人员，完成相关公司申领税务发票的工作任务。

实训操作单

1.申领增值税专用发票，填写“纳税人领购发票票种核定申请表”（附件4-3-1）、“税务行政许可申请表”（附件4-3-2）、“增值税专用发票最高开票限额申请单”（附件4-3-3）。

申领税务发票　业务操作基本规范

2.申领增值税普通发票，填写“纳税人领购发票票种核定申请表”（附件4-3-4）。

➢ 发票用量：增值税专用发票每月最高领票数量25份，每次最高领票数量25份；增值税普通发票每月最高领票数量25份，每次最高领票数量25份

➢ 发票专用章（红色）：

➢ 申请人员信息：陈瑞刚（身份证号码：330801198206121945，电话：13833661917，住址：浙江省杭州市凤起路167号，邮编：310010）

➢ 申请增值税专用发票最高开票限额：首次1万元

实训评价单

申领税务发票工作能力评分表见表4-7。

表4-7 申领税务发票工作能力评分表

序号	评分项目	学生自评
1	增值税专用发票申领工作	□优秀 □良好 □中等 □合格 □不合格
2	增值税普通发票申领工作	□优秀 □良好 □中等 □合格 □不合格
教师评语	教师签字：	
评价成绩	□优秀 □良好 □中等 □合格 □不合格	

实训小结

涉税事项实训项目结构图如图4-1所示。

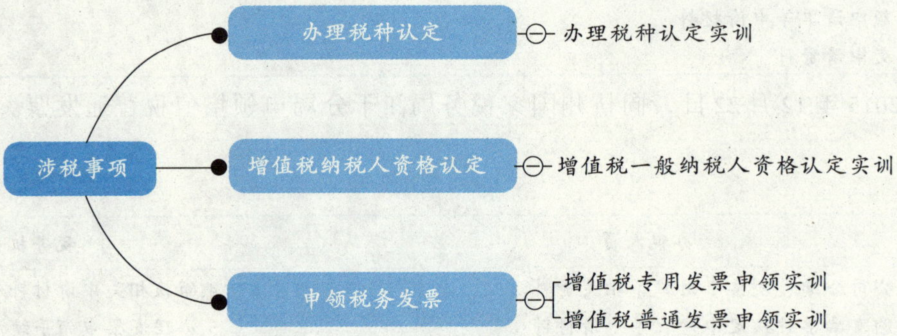

图4-1 涉税事项实训项目结构图

模块二　日常会计核算

背景资料：

一、企业基本信息

企业名称：浙江阳光服饰有限责任公司

单位公章（红色）：

企业地址：浙江省杭州市钱塘路118号，电话：0571-86736598

设立时间：2015年11月15日

注册资本：1 000万元

法定代表人：冯勇（身份证号码：330102197109110456）

经营范围：主要从事服装的设计、生产和销售

统一社会信用代码：92110019651283321H

增值税纳税人类型：经税务机关核准为增值税一般纳税人，适用税率为17%

发票专用章（红色）：

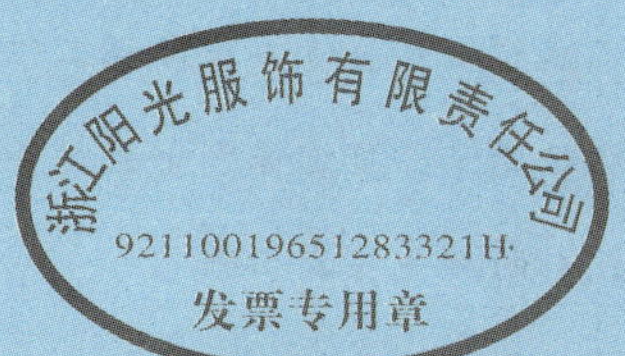

库存限额：开户银行核准的公司库存现金限额为8 000元

开户银行（基本存款账户）：中国工商银行杭州市钱江支行（行号：2988）

银行账号 1202021518090325917

开户银行（一般存款账户）：杭州银行杭州市秋涛支行（行号：6335）

银行账号 1236021259475180909

银行预留印签（红色）：

财务专用章

法定代表人名章

二、财务岗位设置

浙江阳光服饰有限责任公司执行《企业会计准则》，会计核算工作启用财务软件的总账系统，具体账务处理如下所示：

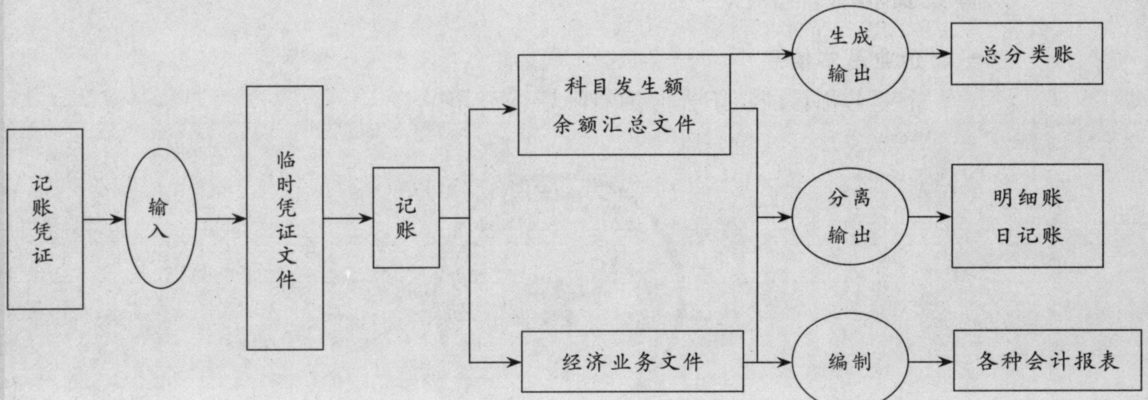

公司会计账务处理流程图

财务部共有6名工作人员负责本公司的财务工作，其中：财务经理1人、会计主管1人、出纳1人、会计3人，具体分工如下所示：

财务岗位设置明细表

序号	岗位	人员	职责
1	财务经理	徐敏	负责相关财务审批工作、编制会计报告、管理公司财务工作等
2	会计主管	黄莹莹	系统主管签字、系统记账；管理会计核算工作；负责保管企业法定代表人名章等
3	出纳	张晓霞	负责处理出纳业务、系统出纳签字等
4	制单会计	陈瑞刚	负责编制记账凭证；负责办理涉税工作等
5	稽核会计	李晓芳	负责审核记账凭证；负责保管企业财务专用章；负责银行对账等
6	成本会计	曹珊珊	负责产品成本的相关核算工作

项目五　出纳岗位

实训目标

- 掌握出纳岗位的业务处理流程
- 能正确进行库存现金业务核算
- 能正确进行银行存款业务核算
- 能正确进行其他货币资金业务核算

会计核算制度

一、现金核算制度

库存现金是指存放于企业财会部门、由出纳人员经管的货币。根据国务院发布的《现金管理暂行条例》的规定，公司现金的使用范围主要包括：职工工资、津贴；个人劳务报酬；根据国家规定颁发给个人的科学技术、文化艺术、体育比赛等各种奖金；各种劳保、福利费用以及国家规定的对个人的其他支出；向个人收购农副产品和其他物资的款项；出差人员必须随身携带的差旅费；结算起点（1 000元）以下的零星支出等。

现金清查
重难点解析视频

公司设置"库存现金"日记账与总账，核算库存现金的收入、支出和结存情况。每日终了，出纳人员将库存现金日记账的余额与实际库存现金余额相核对，保证账款相符；月度终了，将库存现金日记账的余额应当与库存现金总账的余额核对，做到账账相符。公司采用实地盘点法，每月2次对库存现金进行不定期抽查，以保证企业现金的安全与完整。

二、银行存款核算制度

银行存款是指企业存放在银行或其他金融机构的货币资金。公司设置"银行存款"日记账与总账，核算银行存款、取款以及各种收支转账业务。每日终了，出纳人员将结出账户余额。银行存款日记账每月月末定期与银行对账单核对，如公司账面结余与银行对账单余额之间存在差额，必须逐笔查明原因并按月编制"银行存款余额调节表"，确保差异调节相符。月份终了，银行存款日记账的余额必须与银行存款总账账户的余额核对相符。

银行对账
重难点解析视频

三、其他货币资金核算制度

其他货币资金是指企业除库存现金、银行存款以外的其他各种货币资金，主要包括银行本票存款、银行汇票存款、信用卡存款、信用证保证金存款、存出投资款和外埠存款等。公司设置"其他货币资金"总账科目，按照其他货币资金的种类设置"银行本票""银行汇票""外埠存款""信用卡存款"等明细科目，核算其他货币资金的收支和结存情况。

外埠存款
重难点解析视频

任务1　库存现金业务核算

实训任务单

一、实训项目

- 现金提取业务实训
- 现金收款业务实训
- 现金付款业务实训

➢ 现金清查业务实训

二、业务清单

2016年12月，公司部分库存现金业务的相关资料如下：

业务1：2016年12月1日，公司开出现金支票，从工商银行杭州钱江支行账户提取现金10 000元备用。(操作指引见表5-1)

表5-1 操作指引

出纳	制单会计	稽核会计	会计主管	财务经理
1.填写提现申请书 3.签发现金支票 9.办理提现业务	5.审核提现申请书、现金支票存根联等 6.编制记账凭证	7.审核记账凭证	8.系统记账	2.审批提现申请书 4.审批现金支票

业务2：2016年12月5日，公司财务部按核定的部门定额备用金5 000元，以现金支付给销售部张云。(操作指引见表5-2)

表5-2 操作指引

出纳	制单会计	稽核会计	会计主管	财务经理
6.办理付款业务	2.审核定额备用金申请表等 3.编制记账凭证	4.审核记账凭证	5.系统记账	1.审批定额备用金申请表

业务3：2016年12月8日，经公司人事部门审核，从工商银行杭州钱江支行提取现金14 000元，准备用于发放企业职工11月份的加班工资。(操作指引见表5-3)

表5-3 操作指引

出纳	制单会计	稽核会计	会计主管	财务经理
1.填写提现申请书 3.签发现金支票 9.办理提现业务	5.审核提现申请书、现金支票存根联等 6.编制记账凭证	7.审核记账凭证	8.系统记账	2.审批提现申请书 4.审批现金支票

业务4：2016年12月12日，公司收到杭州科信有限责任公司经办人江阳阳交来的现金800元，系包装物押金款。(操作指引见表5-4)

表5-4 操作指引

出纳	制单会计	稽核会计	会计主管	财务经理
1.填写收款收据 2.办理收款业务	3.审核收款收据等 4.编制记账凭证	5.审核记账凭证	6.系统记账	—

业务5：2016年12月15日，公司财务部门进行现金账实核对的抽查工作，对现金盘点盈亏进行账务处理。(操作指引见表5-5)

表5-5 操作指引

出纳	制单会计	稽核会计	会计主管	财务经理
1.结出库存现金日记账余额	2.盘点库存现金 3.填写现金盘点盈亏报告表 6.编制记账凭证	7.审核记账凭证	4.审核现金盘点盈亏报告表等 8.系统记账	5.审批现金盘点盈亏报告表等

业务6：2016年12月21日，公司发放职工困难补助2 000元。(操作指引见表5-6)

表5-6 操作指引

出纳	制单会计	稽核会计	会计主管	财务经理
6.办理付款业务	2.审核困难补助发放表等 3.编制记账凭证	4.审核记账凭证	5.系统记账	1.审批困难补助发放表等

业务7：2016年12月26日，公司销售部向个人销售商品男式衬衫一批，收到零星的销售款项

3 510元，其中含增值税额510元。(操作指引见表5-7)

表5-7 **操作指引**

出纳	制单会计	稽核会计	会计主管	财务经理
1.办理收款业务 2.开具普通发票	3.审核增值税普通发票等 4.编制记账凭证	5.审核记账凭证	6.系统记账	—

业务8：2016年12月31日，公司财务部门进行现金账实核对的抽查工作，对现金盘点盈亏进行账务处理。(操作指引见表5-8)

表5-8 **操作指引**

出纳	制单会计	稽核会计	会计主管	财务经理
1.结出库存现金日记账余额	2.盘点库存现金 3.填写现金盘点盈亏报告表 6.编制记账凭证	7.审核记账凭证	4.审核现金盘点盈亏报告表等 8.系统记账	5.审批现金盘点盈亏报告表等

三、实训要求

将5位学生组成一个实训小组，分别扮演出纳、制单会计、稽核会计、会计主管、财务经理等角色，分岗位完成相关工作任务（具体见表5-9）。

表5-9 **岗位工作任务明细表**

序号	岗位	工作任务
1	出纳	➢ 办理收、付款等业务 ➢ 系统出纳签字
2	制单会计	➢ 审核原始凭证 ➢ 编制记账凭证
3	稽核会计	➢ 审核记账凭证
4	会计主管	➢ 完成相关审核工作 ➢ 系统主管签字 ➢ 完成系统记账
5	财务经理	➢ 完成相关财务审批

实训操作单

一、原始凭证

由出纳张晓霞完成相关业务单据的处理工作；由制单会计陈瑞刚完成相关业务原始凭证的审核工作（具体见表5-10）。

业务单据填写范本 5-1

表5-10 **业务单据明细表**

业务	原始凭证	
	单据名称	对应附件编号
1	提现申请书	5-1-1
	现金支票	5-1-2
2	定额备用金申请表	5-1-3
3	提现申请书	5-1-4
	现金支票	5-1-5
4	收款收据	5-1-6
5	现金盘点盈亏报告表	5-1-7
6	职工困难补助发放表	5-1-8
7	增值税普通发票	5-1-9
8	现金盘点盈亏报告表	5-1-10

二、记账凭证

由制单会计陈瑞刚完成相关业务记账凭证的系统编制工作；由稽核会计李晓芳完成相关业务记账凭证的系统审核工作；由出纳张晓霞完成相关业务的出纳签字工作；由会计主管黄莹莹完成相关业务的主管签字工作（具体见表5-11）。

记账凭证填制标准 5-1

表5-11 会计核算分录明细表

业务	参考分录	记账凭证数量
1	借：库存现金 10 000 贷：银行存款——工行钱江支行 10 000	1
2	借：其他应收款——备用金 5 000 贷：库存现金 5 000	1
3	借：库存现金 14 000 贷：银行存款——工行钱江支行 14 000	1
4	借：库存现金 800 贷：其他应付款——包装物押金 800	1
5	借：待处理财产损溢 80 贷：库存现金 80 借：其他应收款——张晓霞 80 贷：待处理财产损溢 80	2
6	借：应付职工薪酬——职工福利费 2 000 贷：库存现金 2 000	1
7	借：库存现金 3 510 贷：主营业务收入 3 000 应交税费——应交增值税（销项税额） 510	1
8	借：库存现金 20 贷：待处理财产损溢 20 借：待处理财产损溢 20 贷：营业外收入 20	2

三、会计账簿

由会计主管黄莹莹完成相关业务系统记账和账簿信息查询工作。

实训评价单

库存现金业务核算能力评分表见表5-12。

表5-12 库存现金业务核算能力评分表

序号	评分项目	学生自评
1	现金提取业务	□优秀 □良好 □中等 □合格 □不合格
2	现金收款业务	□优秀 □良好 □中等 □合格 □不合格
3	现金付款业务	□优秀 □良好 □中等 □合格 □不合格
4	现金清查业务	□优秀 □良好 □中等 □合格 □不合格
教师评语	教师签字：	
评价成绩	□优秀 □良好 □中等 □合格 □不合格	

任务2 银行存款业务核算

实训任务单

一、实训项目

- 银行存款业务实训
- 银行贷款业务实训
- 银行结算业务实训

二、业务清单

2016年12月，公司部分银行存款业务的相关资料如下：

业务1： 2016年12月1日，公司收到工商银行杭州钱江支行11月份的对账单，逐笔与银行存款日记账进行核对，根据核对结果，编制“银行存款余额调节表”。（操作指引见表5-13）

表5-13 操作指引

出纳	制单会计	稽核会计	会计主管	财务经理
1.结出银行存款日记账余额	—	2.整理银行对账单，逐笔进行核对 3.编制银行存款余额调节表	4.审核银行存款余额调节表	—

业务2： 2016年12月2日，公司出纳人员将现金销售款6 590元送存工商银行杭州钱江支行，其中：100元面额的60张，50元面额的10张，20元面额的4张，10元面额的1张。（操作指引见表5-14）

表5-14 操作指引

出纳	制单会计	稽核会计	会计主管	财务经理
1.填写现金缴款单 2.办理现金缴存业务	3.审核现金缴款单、现金存款凭条等 4.编制记账凭证	5.审核记账凭证	6.系统记账	—

业务3： 2016年12月3日，公司收到杭州科龙有限责任公司签发的转账支票，用于偿还上月的购货款35 100元。（操作指引见表5-15）

表5-15 操作指引

出纳	制单会计	稽核会计	会计主管	财务经理
1.填写转账支票背面信息、银行进账单 2.办理收款业务	3.审核银行进账单（收账通知）等 4.编制记账凭证	5.审核记账凭证	6.系统记账	—

业务4： 2016年12月4日，公司开出工商银行杭州钱江支行转账支票，支付前欠杭州红光公司（开户银行：中国建设银行杭州市清泰支行；银行账号：1202128675445307877）货款70 200元。（操作指引见表5-16）

表5-16 操作指引

出纳	制单会计	稽核会计	会计主管	财务经理
1.填写付款申请书 3.签发转账支票 9.办理付款业务	5.审核付款申请书、转账支票存根联等 6.编制记账凭证	7.审核记账凭证	8.系统记账	2.审批付款申请书 4.审批转账支票

业务5： 2016年12月9日，公司通过工商银行杭州钱江支行网银收到杭州橙色服装公司归还的前欠货款367 800元。（操作指引见表5-17）

表5-17

操作指引

出纳	制单会计	稽核会计	会计主管	财务经理
1. 办理收款业务	2. 审核网上银行电子回单等 3. 编制记账凭证	4. 审核记账凭证	5. 系统记账	—

业务6：2016年12月11日，公司因流动资金周转需要，向交通银行杭州西湖支行申请流动资金贷款500 000元。计划从2016年12月21日起一次借入，2017年12月21日一次归还。以5台设备作抵押，价值1 000 000元，设备由公司自行保管。（操作指引见表5-18）

表5-18

操作指引

出纳	制单会计	稽核会计	会计主管	财务经理
1. 整理申请银行贷款的资料 2. 填写借款申请书 4. 提交银行审核借款申请书	—	—	—	3. 审批借款申请书

业务7：2016年12月16日，公司按合同约定采用普通电汇方式通过工商银行杭州钱江支行向湖州西蒙服装公司（开户银行：中国建设银行湖州市解放路支行；银行账号：1202440023783669081）预付货款50 000元。（操作指引见表5-19）

表5-19

操作指引

出纳	制单会计	稽核会计	会计主管	财务经理
1. 填写付款申请书 3. 填写业务委托书 4. 办理付款业务	5. 审核付款申请书、业务委托书（记账联）等 6. 编制记账凭证	7. 审核记账凭证	8. 系统记账	2. 审批付款申请书

业务8：2016年12月19日，公司向杭州广丰服饰批发公司（开户银行：工商银行杭州市江城支行；银行账号：1202232412490104116）购入服饰陈列模型一批，发票注明的价款为800 000元，增值税额为136 000元，运费由销售方负担，通过工商银行杭州钱江支行网银支付货款，商品已验收入库。（操作指引见表5-20）

表5-20

操作指引

出纳	制单会计	稽核会计	会计主管	财务经理
1. 填写付款申请书 3. 办理付款业务	4. 审核付款申请书、增值税专用发票、产品入库单、网上银行电子回单等 5. 编制记账凭证	6. 审核记账凭证	7. 系统记账	2. 审批付款申请书

业务9：2016年12月21日，公司向交通银行杭州西湖支行申请取得流动资金贷款500 000元，期限为1年，款项已由贷款户划入公司存款户。（操作指引见表5-21）

表5-21

操作指引

出纳	制单会计	稽核会计	会计主管	财务经理
1. 办理收款业务	2. 审核贷款凭证、借款借据等 3. 编制记账凭证	4. 审核记账凭证	5. 系统记账	—

业务10：2016年12月25日，公司收到杭州银行杭州秋涛支行的收账通知，公司向杭州星星服饰公司托收的货款及代垫运杂费430 200元已收妥入账。（操作指引见表5-22）

表5-22

操作指引

出纳	制单会计	稽核会计	会计主管	财务经理
1. 办理收款业务	2. 审核委托收款凭证（收账通知）等 3. 编制记账凭证	4. 审核记账凭证	5. 系统记账	—

业务11：2016年12月27日，公司通过工商银行杭州钱江支行向杭州大丰辅料公司（开户银行：工商银行杭州市滨江支行；银行账号：1202217675445307869）汇出85 500元，采用普通信汇方式，

以备采购材料。(操作指引见表5-23)

表5-23

操作指引

出纳	制单会计	稽核会计	会计主管	财务经理
1.填写付款申请书 3.填写业务委托书 4.办理付款业务	5.审核付款申请书、业务委托书(记账联)等 6.编制记账凭证	7.审核记账凭证	8.系统记账	2.审批付款申请书

业务12：2016年12月28日，公司通过工商银行杭州钱江支行采用委托收款方式支付上个月的用水费用3 570.80元，其中：水费价款3 160元，增值税额410.80元。(操作指引见表5-24)

表5-24

操作指引

出纳	制单会计	稽核会计	会计主管	财务经理
1.办理付款业务	2.审核增值税专用发票、委托收款凭证(付款通知)等 3.编制记账凭证	4.审核记账凭证	5.系统记账	—

三、实训要求

将5位学生组成一个实训小组，分别扮演出纳、制单会计、稽核会计、会计主管、财务经理等角色，分岗位完成相关工作任务(具体见表5-25)。

表5-25

岗位工作任务明细表

序号	岗位	工作任务
1	出纳	➤ 办理收、付款等业务 ➤ 系统出纳签字
2	制单会计	➤ 审核原始凭证 ➤ 编制记账凭证
3	稽核会计	➤ 审核记账凭证
4	会计主管	➤ 完成相关审核工作 ➤ 系统主管签字 ➤ 完成系统记账
5	财务经理	➤ 完成相关财务审批

实训操作单

一、原始凭证

由出纳张晓霞完成相关业务单据的处理工作；由制单会计陈瑞刚完成相关业务原始凭证的审核工作(具体见表5-26)。

业务单据填写范本
5-2

表5-26

业务单据明细表

业务	原始单据	
	单据名称	对应附件编号
1	银行存款日记账	5-2-1
	银行对账单	5-2-2
	银行存款余额调节表	5-2-3
2	现金缴款单	5-2-4
	现金存款凭条	5-2-5
3	转账支票	5-2-6
	银行进账单	5-2-7
4	付款申请书	5-2-8
	转账支票	5-2-9
5	网上银行电子回单	5-2-10
6	借款申请书	5-2-11

续表

业务	原始单据	单据名称
	对应附件编号	业务
7	付款申请书	5-2-12
	业务委托书	5-2-13
8	付款申请书	5-2-14
	增值税专用发票	5-2-15
	产品入库单	5-2-16
	网上银行电子回单	5-2-17
9	贷款凭证（收账通知）	5-2-18
	借款借据	5-2-19
10	委托收款凭证（收账通知）	5-2-20
11	付款申请书	5-2-21
	业务委托书	5-2-22
12	增值税专用发票	5-2-23
	委托收款凭证（付款通知）	5-2-24

二、记账凭证

由制单会计陈瑞刚完成相关业务记账凭证的系统编制工作；由稽核会计李晓芳完成相关业务记账凭证的系统审核工作；由出纳张晓霞完成相关业务的出纳签字工作；由会计主管黄莹莹完成相关业务的主管签字工作（具体见表5-27）。

记账凭证填制标准 5-2

表 5-27　**会计核算分录明细表**

业务	参考分录			记账凭证数量
1	—			—
2	借：银行存款——工行钱江支行	6 590		1
	贷：库存现金		6 590	
3	借：银行存款——工行钱江支行	35 100		1
	贷：应收账款——杭州科龙有限责任公司		35 100	
4	借：应付账款——杭州红光公司	70 200		1
	贷：银行存款——工行钱江支行		70 200	
5	借：银行存款——工行钱江支行	367 800		1
	贷：应收账款——杭州橙色服装公司		367 800	
6	—			—
7	借：预付账款——湖州西蒙服装公司	50 000		1
	贷：银行存款——工行钱江支行		50 000	
8	借：周转材料——低值易耗品	800 000		1
	应交税费——应交增值税（进项税额）	136 000		
	贷：银行存款——工行钱江支行		936 000	
9	借：银行存款——交行西湖支行	500 000		1
	贷：短期借款——交行西湖支行		500 000	
10	借：银行存款——杭州银行秋涛支行	430 200		1
	贷：应收账款——杭州星星服饰公司		430 200	
11	借：预付账款——杭州大丰辅料公司	85 500		1
	贷：银行存款——工行钱江支行		85 500	
12	借：应付账款——杭州水务控股集团有限公司	3 570.80		1
	贷：银行存款——工行钱江支行		3 570.80	

三、会计账簿

由会计主管黄莹莹完成相关业务系统记账和账簿信息查询工作。

实训评价单

银行存款业务核算能力评分表见表5-28。

表5-28 银行存款业务核算能力评分表

序号	评分项目	学生自评
1	银行存款业务	□优秀 □良好 □中等 □合格 □不合格
2	银行贷款业务	□优秀 □良好 □中等 □合格 □不合格
3	银行结算业务	□优秀 □良好 □中等 □合格 □不合格
教师评语	教师签字：	
评价成绩	□优秀 □良好 □中等 □合格 □不合格	

任务3 其他货币资金业务核算

实训任务单

一、实训项目

- 银行本票业务实训
- 银行汇票业务实训
- 信用卡业务实训
- 外埠存款业务实训

二、业务清单

2016年12月，公司部分其他货币资金业务的相关资料如下：

业务1： 2016年12月2日，公司向工商银行杭州钱江支行申请银行本票，金额为95 000元，用于支付杭州东方有限责任公司（开户银行：中国农业银行杭州市庆春支行，银行账号：1202181230401520129）的工程款。（操作指引见表5-29）

表5-29 操作指引

出纳	制单会计	稽核会计	会计主管	财务经理
1.填写付款申请书 3.填写业务委托书 4.办理付款业务	5.审核付款申请书、业务委托书（记账联）等 6.编制记账凭证	7.审核记账凭证	8.系统记账	2.审批付款申请书

业务2： 2016年12月5日，公司收到客户苏州星光有限责任公司金额为260 000元的银行汇票一张，用于支付前欠商品款。出纳当日到工商银行杭州钱江支行办理进账，实际结算金额为234 000元，款项已收妥入账。（操作指引见表5-30）

表5-30 操作指引

出纳	制单会计	稽核会计	会计主管	财务经理
1.填写银行汇票上实际结算金额和多余金额 2.填写银行进账单 3.办理收款业务	4.审核银行进账单 5.编制记账凭证	6.审核记账凭证	7.系统记账	—

业务3： 2016年12月9日，公司因北京采购业务的工作需要，委托工商银行杭州钱江支行将600 000元采购款，以普通电汇方式汇往北京招商银行朝阳支行（银行账号：1208362406912070834），开立临时采购账户。（操作指引见表5-31）

表5-31

操作指引

出纳	制单会计	稽核会计	会计主管	财务经理
1.填写付款申请书 3.填写业务委托书 4.办理转账业务	5.审核付款申请书、业务委托书（记账联）等 6.编制记账凭证	7.审核记账凭证	8.系统记账	2.审批付款申请书

业务4：2016年12月12日，公司签发转账支票从基本存款账户转入公司信用卡账户（开户银行：工商银行杭州市下沙支行，银行账号：1202023259171151432l，行号：3265）100 000元。(操作指引见表5-32)

表5-32

操作指引

出纳	制单会计	稽核会计	会计主管	财务经理
1.填写付款申请书 3.签发转账支票 5.填写银行进账单 6.办理转账业务	7.审核付款申请书、转账支票存根联、银行进账单等 8.编制记账凭证	9.审核记账凭证	10.系统记账	2.审批付款申请书 4.审批转账支票

业务5：2016年12月19日，公司收到海南服饰机械集团公司退回的银行汇票余款4 686.50元，工商银行杭州钱江支行已收妥入账。(操作指引见表5-33)

表5-33

操作指引

出纳	制单会计	稽核会计	会计主管	财务经理
1.办理收款业务	2.审核银行汇票（多余款收账通知）等 3.编制记账凭证	4.审核记账凭证	5.系统记账	—

业务6：2016年12月23日，公司使用信用卡支付公司的餐费1 650元，其中含增值税额93.40元。(操作指引见表5-34)

表5-34

操作指引

出纳	制单会计	稽核会计	会计主管	财务经理
6.办理付款业务	2.审核费用报销单、增值税普通发票等 3.编制记账凭证	4.审核记账凭证	5.系统记账	1.审批费用报销单

业务7：2016年12月25日，公司收到客户杭州美星服饰公司（开户银行：中国建设银行杭州市朝阳支行，银行账号：1202325302619171516）金额为117 000元的银行本票一张，用于支付前欠商品款。出纳当日到工商银行杭州钱江支行办理进账，款项已收妥入账。(操作指引见表5-35)

表5-35

操作指引

出纳	制单会计	稽核会计	会计主管	财务经理
1.审核银行本票，填写银行进账单 2.办理收款业务	3.审核银行进账单等 4.编制记账凭证	5.审核记账凭证	6.系统记账	—

业务8：2016年12月30日，注销公司信用卡账户，余款3 600元转回公司基本存款账户。(操作指引见表5-36)

表5-36

操作指引

出纳	制单会计	稽核会计	会计主管	财务经理
1.填写付款申请书 3.签发转账支票 5.填写银行进账单 6.办理转账业务	7.审核付款申请书、转账支票存根联、银行进账单等 8.编制记账凭证	9.审核记账凭证	10.系统记账	2.审批付款申请书 4.审批转账支票

三、实训要求

将5位学生组成一个实训小组，分别扮演出纳、制单会计、稽核会计、会计主管、财务经理等角色，分岗位完成相关工作任务（具体见表5-37）。

表5-37 岗位工作任务明细表

序号	岗位	工作任务
1	出纳	➢ 办理收、付款等业务 ➢ 系统出纳签字
2	制单会计	➢ 审核原始凭证 ➢ 编制记账凭证
3	稽核会计	➢ 审核记账凭证
4	会计主管	➢ 完成相关审核工作 ➢ 系统主管签字 ➢ 完成系统记账
5	财务经理	➢ 完成相关财务审批

实训操作单

一、原始凭证

由出纳张晓霞完成相关业务单据的处理工作；由制单会计陈瑞刚完成相关业务原始凭证的审核工作（具体见表5-38）。

业务单据填写范本 5-3

表5-38 业务单据明细表

业务	原始单据	
	单据名称	对应附件编号
1	付款申请书	5-3-1
	业务委托书	5-3-2
2	银行汇票（第二联）	5-3-3
	银行汇票（第三联）	5-3-4
	银行进账单	5-3-5
3	付款申请书	5-3-6
	业务委托书	5-3-7
4	付款申请书	5-3-8
	转账支票	5-3-9
	银行进账单	5-3-10
5	银行汇票（多余款收账通知）	5-3-11
6	费用报销单	5-3-12
	增值税普通发票	5-3-13
7	银行本票	5-3-14
	银行进账单	5-3-15
8	付款申请书	5-3-16
	转账支票	5-3-17
	银行进账单	5-3-18

二、记账凭证

由制单会计陈瑞刚完成相关业务记账凭证的系统编制工作；由稽核会计李晓芳完成相关业务记账凭证的系统审核工作；由出纳张晓霞完成相关业务的出纳签字工作；由会计主管黄莹莹完成相关业务的主管签字工作（具体见表5-39）。

记账凭证填制标准 5-3

表 5-39 会计核算分录明细表

业务	参考分录	记账凭证数量
1	借：其他货币资金——银行本票 95 000 贷：银行存款——工行钱江支行 95 000	1
2	借：其他货币资金——银行汇票 234 000 贷：应收账款——苏州星光有限责任公司 234 000 借：银行存款——工行钱江支行 234 000 贷：其他货币资金——银行汇票 234 000	2
3	借：其他货币资金——外埠存款 600 000 贷：银行存款——工行钱江支行 600 000	1
4	借：其他货币资金——信用卡存款 100 000 贷：银行存款——工行钱江支行 100 000	1
5	借：银行存款——工行钱江支行 4 686.50 贷：其他货币资金——银行汇票 4 686.50	1
6	借：管理费用——业务招待费 1 650 贷：其他货币资金——信用卡存款 1 650	1
7	借：其他货币资金——银行本票 117 000 贷：应收账款——杭州美星服饰公司 117 000 借：银行存款——工行钱江支行 117 000 贷：其他货币资金——银行本票 117 000	2
8	借：银行存款——工行钱江支行 3 600 贷：其他货币资金——信用卡存款 3 600	1

三、会计账簿

由会计主管黄莹莹完成相关业务系统记账和账簿信息查询工作。

实训评价单

其他货币资金业务核算能力评分表见表5-40。

表 5-40 其他货币资金业务核算能力评分表

序号	评分项目	学生自评
1	银行本票业务	□优秀 □良好 □中等 □合格 □不合格
2	银行汇票业务	□优秀 □良好 □中等 □合格 □不合格
3	信用卡业务	□优秀 □良好 □中等 □合格 □不合格
4	外埠存款业务	□优秀 □良好 □中等 □合格 □不合格
教师评语	教师签字：	
评价成绩	□优秀 □良好 □中等 □合格 □不合格	

实训小结

出纳岗位实训项目结构图如图5-1所示。

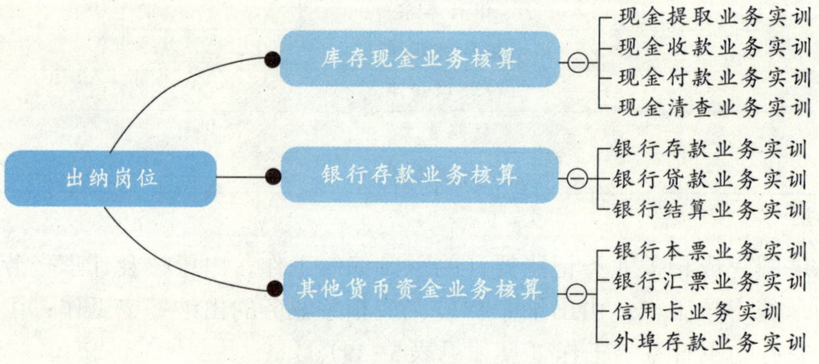

图5-1 出纳岗位实训项目结构图

项目六　财产物资岗位

实训目标

- 掌握财产物资岗位的业务处理流程
- 能正确进行材料物资业务核算
- 能正确进行固定资产业务核算
- 能正确进行无形资产业务核算
- 能正确进行投资性房地产业务核算

会计核算制度

一、存货核算制度

购入原材料核算（计划成本法）

重难点解析视频

存货是指企业在日常活动中持有以备出售的产成品或商品、处在生产过程中的在产品、在生产过程或提供劳务过程中耗用的材料或物料等，包括各类材料、在产品、半成品、产成品、商品以及包装物、低值易耗品、委托代销商品等。公司根据存货的业务类型，设置“原材料”“材料采购”“材料成本差异”“周转材料”“委托加工物资”“库存商品”“存货跌价准备”等会计科目，核算各类存货的收发、结存等相关业务。其中，原材料、低值易耗品采用计划成本法核算，其他材料物资采用实际成本法核算。月末，公司对存货按照成本与可变现净值孰低计量，及时反映存货跌价准备的计提、转回和转销情况。每年年末对存货进行全面清查，及时查明各种存货的盘盈、盘亏和毁损的情况。

二、固定资产核算制度

固定资产折旧方法

重难点解析视频

固定资产是指企业为生产商品、提供劳务、出租或经营管理而持有，使用寿命超过一个会计年度的有形资产。公司根据固定资产的业务类型，设置“固定资产”“在建工程”“累计折旧”“固定资产清理”“固定资产减值准备”等科目进行固定资产的会计核算。公司固定资产主要包括厂房、仓库、办公楼、机器设备等项目。公司在固定资产的使用寿命内，按照直线法对应计提折旧额进行系统分摊。固定资产的使用寿命、预计净残值一经确定，不得随意变更。

公司每年年末对固定资产进行清查盘点，以保证固定资产核算的真实性，充分挖掘公司现有固定资产的潜力。在固定资产清查过程中，如果发现盘盈、盘亏的固定资产，应填制“固定资产盘盈盘亏报告表”。清查固定资产的损溢，应及时查明原因，并按照规定程序报批处理。同时，公司每年年末根据固定资产是否存在减值迹象，确认相关减值损失，计提相应的资产减值准备。固定资产减值损失一经确认，在以后会计期间不得转回。

三、无形资产核算制度

自行研发无形资产核算

重难点解析视频

无形资产是指企业拥有或者控制的，没有实物形态的可辨认非货币性资产。公司根据无形资产的业务类型，设置“无形资产”“累计摊销”“无形资产减值准备”等会计科目，核算无形资产的取得、摊销、处置等业务。公司无形资产主要包括商标权、专利权、非专利技术、土地使用权等，采用直线法对无形资产进行摊销核算。公司每年年末根据无形资产是否存在减值迹象，确认相关减值损失，计提相应的资产减值准备。无形资产减值损失一经确认，在以后会计期间不得转回。

四、投资性房地产核算制度

投资性房地产的转换

重难点解析视频

投资性房地产是指企业为赚取租金或资本增值，或者两者兼有而持有的房地产，主要包括已出租的土地使用权、持有并准备增值后转让的土地使用权和已出租的建筑物。公司根据投资性房地产的业务类型，设置“投资性房地产”“投资性房地产累计折旧”“投资性房地产减值准备”等会计科目，核算投资性房地产的初始取得、后续计量、处置等情况。公司投资性房地产主要包括出租的办公楼、厂房、仓库等项目，采用成本模式进行投资性房地产后续计量。

任务1 材料物资业务核算

实训任务单

一、实训项目

- 原材料业务实训
- 周转材料业务实训
- 委托加工物资业务实训
- 材料物资清查业务实训

二、业务清单

2016年12月，公司部分材料物资业务的相关资料如下：

业务1： 2016年12月2日，公司向浙江美华服装面料公司（开户银行：工商银行杭州市紫金支行；银行账号：1202021518090326849）购买男式西服面料1 475米，增值税专用发票注明的材料价款为47 937.5元，增值税额为8 149.38元，发票账单已收到，计划成本为44 250元，公司签发工商银行杭州钱江支行转账支票支付上述款项，材料尚未验收入库。（操作指引见表6-1）

表6-1 操作指引

出纳	制单会计	稽核会计	会计主管	财务经理
1.填写付款申请书 3.填写转账支票 9.办理付款业务	5.审核付款申请书、转账支票（存根联）、增值税专用发票等 6.编制记账凭证	7.审核记账凭证	8.系统记账	2.审核付款申请书 4.审核转账支票

业务2： 2016年12月4日，公司向江苏正和服装面料公司（开户银行：工商银行苏州市解放支行；银行账号：1204952021180903268）购买女式西服面料1 350米，增值税专用发票注明的材料价款为37 125元，增值税额为6 311.25元，发票账单已收到，计划成本为33 750元，款项上月已预付，材料尚未验收入库。（操作指引见表6-2）

表6-2 操作指引

出纳	制单会计	稽核会计	会计主管	财务经理
—	1.审核增值税专用发票等 2.编制记账凭证	3.审核记账凭证	4.系统记账	—

业务3： 2016年12月7日，公司向上海广利服装辅料公司（开户银行：工商银行上海黄浦支行；银行账号：213455151809064951）购买包装盒500个，单价3元/个，增值税专用发票注明的价款为1 500元，增值税额为255元，发票账单已收到，委托工商银行杭州钱江支行采用电汇方式支付上述货款，材料验收入库。（操作指引见表6-3）

表6-3 操作指引

出纳	制单会计	稽核会计	会计主管	财务经理
1.填写付款申请书 3.填写业务委托书 4.办理付款业务	5.审核付款申请书、业务委托书（记账联）、增值税专用发票、产品入库单等 6.编制记账凭证	7.审核记账凭证	8.系统记账	2.审核付款申请书

业务4： 2016年12月12日，公司向上海广利服装辅料公司（开户银行：工商银行上海黄浦支行；银行账号：21345515180906495 1）购买拉链6 000米，纽扣6 000个，里料缝纫线112.5千克，面料缝纫线112.5千克，增值税专用发票注明的材料总价款为76 312.5元，增值税额为12 973.13元，计划总成本为72 750元，款项尚未支付，材料尚未验收入库。（操作指引见表6-4）

表6-4 操作指引

出纳	制单会计	稽核会计	会计主管	财务经理
—	1.审核增值税专用发票等 2.编制记账凭证	3.审核记账凭证	4.系统记账	—

业务5： 2016年12月18日，公司向浙江蓝天服饰有限公司（开户银行：工商银行杭州市西溪支行；银行账号：2134651518090235467）支付男式西服面料定型加工费，增值税专用发票上注明的价款为1 000元，增值税额为170元，产品已验收入库，公司通过工商银行杭州钱江支行网银转账支付。（操作指引见表6-5）

表6-5 操作指引

出纳	制单会计	稽核会计	会计主管	财务经理
1.填写付款申请书 3.办理付款业务	4.审核付款申请书、网上银行电子回单、增值税专用发票、产品入库单等 5.编制记账凭证	6.审核记账凭证	7.系统记账	2.审核付款申请书

业务6： 2016年12月21日，公司办公室领用包装盒一批，数量100个，单位成本3元/个，包装物总成本300元。（操作指引见表6-6）

表6-6 操作指引

出纳	制单会计	稽核会计	会计主管	财务经理
—	1.审核领料单等 2.编制记账凭证	3.审核记账凭证	4.系统记账	—

业务7： 2016年12月31日，公司本月购入上述材料验收入库，结转入库材料计划成本。（操作指引见表6-7）

表6-7 操作指引

出纳	制单会计	稽核会计	会计主管	财务经理
—	1.审核收料凭证汇总表等 2.编制记账凭证	3.审核记账凭证	4.系统记账	—

业务8： 2016年12月31日，公司结转本月入库材料的成本差异。（操作指引见表6-8）

表6-8 操作指引

出纳	制单会计	稽核会计	会计主管	财务经理
—	1.审核入库材料成本差异计算表等 2.编制记账凭证	3.审核记账凭证	4.系统记账	—

业务9： 2016年12月31日，公司盘点库存原材料，发现纽扣盘亏140个，总成本700元。（操作指引见表6-9）

表6-9 操作指引

出纳	制单会计	稽核会计	会计主管	财务经理
—	1.审核存货盘点报告等 2.编制记账凭证	3.审核记账凭证	4.系统记账	—

业务10： 2016年12月31日，公司原材料盘亏经查明系仓库人员管理不善所致，经批准同意作为管理费用处理。（操作指引见表6-10）

表6-10

操作指引

出纳	制单会计	稽核会计	会计主管	财务经理
—	2.审核存货盘盈/亏处理报告表等 3.编制记账凭证	4.审核记账凭证	5.系统记账	1.审批存货盘盈/亏处理报告表

三、实训要求

将5位学生组成一个实训小组，分别扮演出纳、制单会计、会计主管、财务经理等角色，分岗位完成相关工作任务（具体见表6-11）。

表6-11

岗位工作任务明细表

序号	岗位	工作任务
1	出纳	➢ 办理收、付款等业务 ➢ 系统出纳签字
2	制单会计	➢ 审核原始凭证 ➢ 编制记账凭证
3	稽核会计	➢ 审核记账凭证
4	会计主管	➢ 完成相关审核工作 ➢ 系统主管签字 ➢ 完成系统记账
5	财务经理	➢ 完成相关财务审批

实训操作单

一、原始凭证

由出纳张晓霞完成相关专业单据的处理工作；由制单会计陈瑞刚完成相关业务原始凭证的审核工作（具体见表6-12）。

业务单据填写范本 6-1

表6-12

业务单据明细表

业务	原始凭证	
	单据名称	对应附件编号
1	付款申请书	6-1-1
	转账支票	6-1-2
	增值税专用发票	6-1-3
2	增值税专用发票	6-1-4
3	付款申请书	6-1-5
	业务委托书	6-1-6
	增值税专用发票	6-1-7
	产品入库单	6-1-8
4	增值税专用发票	6-1-9
5	付款申请书	6-1-10
	网上银行电子回单	6-1-11
	增值税专用发票	6-1-12
	产品入库单	6-1-13
6	领料单	6-1-14
7	收料凭证汇总表	6-1-15
8	入库材料成本差异计算表	6-1-16
9	存货盘点报告	6-1-17
10	存货盘盈/亏处理报告表	6-1-18

二、记账凭证

由制单会计陈瑞刚完成相关业务记账凭证的系统编制工作；由稽核会计李晓芳完成相关业务记账凭证的系统审核工作；由出纳张晓霞完成相关业务的出纳签字工作；由会计主管黄莹莹完成相关业务的主管签字工作（具体见表6-13）。

记账凭证填制标准 6-1

表6-13 会计核算分录明细表

业务	参考分录			记账凭证数量
1	借：材料采购——男式西服面料	47 937.50		1
	应交税费——应交增值税（进项税额）	8 149.38		
	贷：银行存款——工行钱江支行		56 086.88	
2	借：材料采购——女式西服面料	37 125		1
	应交税费——应交增值税（进项税额）	6 311.25		
	贷：预付账款——江苏正和服装面料公司		43 436.25	
3	借：周转材料——包装物（包装盒）	1 500		1
	应交税费——应交增值税（进项税额）	255		
	贷：应付账款——上海广利服装辅料公司		1 755	
4	借：材料采购——拉链	30 000		1
	——纽扣	30 000		
	——里料缝纫线	3 768.75		
	——面料缝纫线	12 543.75		
	应交税费——应交增值税（进项税额）	12 973.13		
	贷：应付账款——上海广利服装辅料公司		89 285.63	
5	借：委托加工物资——男式西服面料	1 000		1
	应交税费——应交增值税（进项税额）	170		
	贷：银行存款——工行钱江支行		1 170	
6	借：管理费用	300		1
	贷：周转材料——包装物（包装盒）		300	
7	借：原材料——男式西服面料	44 250		2
	——女式西服面料	33 750		
	——拉链	27 000		
	——纽扣	30 000		
	——里料缝纫线	3 375		
	——面料缝纫线	12 375		
	贷：材料采购——男式西服面料		44 250	
	——女式西服面料		33 750	
	——拉链		27 000	
	——纽扣		30 000	
	——里料缝纫线		3 375	
	——面料缝纫线		12 375	
8	借：材料成本差异	10 625		2
	贷：材料采购——男式西服面料		3 687.50	
	——女式西服面料		3 375	
	——拉链		3 000	
	——里料缝纫线		393.75	
	——面料缝纫线		168.75	
9	借：待处理财产损溢	819		1
	贷：原材料		700	
	应交税费——应交增值税（进项税额转出）		119	
10	借：管理费用	819		1
	贷：待处理财产损溢		819	

实训评价单

材料物资业务核算能力评分表见表6-14。

表 6-14　材料物资业务核算能力评分表

序号	评分项目	学生自评
1	原材料业务	□优秀　□良好　□中等　□合格　□不合格
2	周转材料业务	□优秀　□良好　□中等　□合格　□不合格
3	委托加工物资业务	□优秀　□良好　□中等　□合格　□不合格
4	材料物资清查业务	□优秀　□良好　□中等　□合格　□不合格
教师评语	教师签字：	
评价成绩	□优秀　□良好　□中等　□合格　□不合格	

任务 2　固定资产业务核算

实训任务单

一、实训项目

- 固定资产初始取得业务实训
- 固定资产后续支出业务实训
- 固定资产处置业务实训
- 固定资产清查业务实训

二、业务清单

2016年12月，公司部分固定资产业务的相关资料如下：

业务1：2016年12月1日，公司向浙江红光机械有限责任公司（开户银行：工商银行杭州市绍兴支行；银行账号：1220235213465151462）购买不需要安装的缝纫机两台，取得的增值税专用发票上注明的设备价款为150 000元，增值税额为25 500元，通过签发工商银行杭州钱江支行转账支票支付上述货款。（操作指引见表6-15）

表 6-15　操作指引

出纳	制单会计	稽核会计	会计主管	财务经理
1.填写付款申请书 3.填写转账支票 9.办理付款业务	5.审核付款申请书、转账支票（存根联）、增值税发票等 6.编制记账凭证	7.审核记账凭证	8.系统记账	2.审核付款申请书 4.审核转账支票

业务2：2016年12月5日，公司向杭州德利建筑公司（开户银行：建设银行杭州市文辉支行；银行账号：1202128675445305432）支付建造厂房（1#）工程款，增值税专用发票上注明的价款为400 000元，增值税额为44 000元，款项已通过工商银行杭州钱江支行网银转账支付。（操作指引见表6-16）

表 6-16　操作指引

出纳	制单会计	稽核会计	会计主管	财务经理
1.填写付款申请书 3.办理付款业务	4.审核付款申请书、网上银行电子回单、增值税专用发票等 5.编制记账凭证	6.审核记账凭证	7.系统记账	2.审核付款申请书

业务3：2016年12月8日，公司委托浙江长城器械有限责任公司负责扩建的一条服装加工生产线项目完工验收，入账价值1 230 000元。（操作指引见表6-17）

表 6-17　操作指引

出纳	制单会计	稽核会计	会计主管	财务经理
—	1.审核固定资产验收单等 2.编制记账凭证	3.审核记账凭证	4.系统记账	—

业务4：2016年12月15日，公司办公室委托浙江亚光服饰机械修理公司修理专用设备一台，发生相关修理费用500元，增值税额为85元，款项尚未支付。（操作指引见表6-18）

表6-18 **操作指引**

出纳	制单会计	稽核会计	会计主管	财务经理
—	1.审核增值税专用发票等 2.编制记账凭证	3.审核记账凭证	4.系统记账	—

业务5：2016年12月20日，公司拟出售蒸烫机设备（型号X-11）一台，经批准转入清理。蒸烫机原值155 000元，累计折旧119 040元。（操作指引见表6-19）

表6-19 **操作指引**

出纳	制单会计	稽核会计	会计主管	财务经理
—	1.审核固定资产报废单等 2.编制记账凭证	3.审核记账凭证	4.系统记账	—

业务6：2016年12月25日，公司向浙江环球机械有限责任公司（开户银行：建设银行杭州市天水支行；银行账号：102128675445307962）支付拟出售蒸烫机设备（型号X-11）的相关清理费，增值税专用发票上注明的价款为2 000元，增值税额为120元，款项已经通过工商银行钱江支行网银转账支付。（操作指引见表6-20）

表6-20 **操作指引**

出纳	制单会计	稽核会计	会计主管	财务经理
1.填写付款申请书 3.办理付款业务	4.审核付款申请书、网上银行电子回单、增值税专用发票等 5.编制记账凭证	6.审核记账凭证	7.系统记账	2.审核付款申请书

业务7：2016年12月28日，公司收到杭州胜利服饰机械公司（开户银行：中国银行杭州市下沙支行；银行账号：1202021518060324321；纳税人识别号：913501965128453212；地址/电话：浙江省杭州市高沙路81号0571-86754376）支付的蒸烫机设备（型号X-11）购货款43 290元，增值税发票上注明的价款为37 000元，增值税额为6 290元。上述款项已由工商银行杭州钱江支行收妥入账。（操作指引见表6-21）

表6-21 **操作指引**

出纳	制单会计	稽核会计	会计主管	财务经理
1.办理收款业务 2.开具增值税专用发票	3.审核银行进账单（收账通知）、增值税专用发票等 4.编制记账凭证	5.审核记账凭证	6.系统记账	—

业务8：2016年12月28日，蒸烫机设备（型号X-11）出售业务完毕，将固定资产的清理净损失960元转入"营业外支出"科目。（操作指引见表6-22）

表6-22 **操作指引**

出纳	制单会计	稽核会计	会计主管	财务经理
—	1.审核固定资产清理损益计算表等 2.编制记账凭证	3.审核记账凭证	4.系统记账	—

业务9：2016年12月31日，公司进行年度财产清查工作，发现短缺断布机一台，原价为12 000元，已计提折旧5 760元，未计提相关减值准备，报经批准确认盘亏损失。（操作指引见表6-23）

表6-23 **操作指引**

出纳	制单会计	稽核会计	会计主管	财务经理
—	2.审核固定资产盘盈盘亏报告表等 3.编制记账凭证	4.审核记账凭证	5.系统记账	1.审批固定资产盘盈盘亏报告表

业务10：2016年12月31日，因衬衫生产技术转型升级，公司同类型号的衬衫生产线存在减值迹象，预计该生产线的可收回金额为1 123 000元，账面价值为1 126 000元，以前年度计提的减值准备为1 000元，本月应计提相关减值准备2 000元。（操作指引见表6-24）

表6-24 **操作指引**

出纳	制单会计	稽核会计	会计主管	财务经理
—	2.审核固定资产减值准备计提表等 3.编制记账凭证	4.审核记账凭证	5.系统记账	1.审批固定资产减值准备计提表

三、实训要求

将5位学生组成一个实训小组，分别扮演出纳、制单会计、会计主管、财务经理等角色，分岗位完成相关工作任务（具体见表6-25）。

表6-25 **岗位工作任务明细表**

序号	岗位	工作任务
1	出纳	➢办理收、付款等业务 ➢系统出纳签字
2	制单会计	➢审核原始凭证 ➢编制记账凭证
3	稽核会计	➢审核记账凭证
4	会计主管	➢完成相关审核工作 ➢系统主管签字 ➢完成系统记账
5	财务经理	➢完成相关财务审批

实训操作单

一、原始凭证

由出纳张晓霞完成相关业务单据的处理工作；由制单会计陈瑞刚完成相关业务原始凭证的审核工作（具体见表6-26）。

业务单据填写范本 6-2

表6-26 **业务单据明细表**

业务	原始凭证	
	单据名称	对应附件编号
1	付款申请书	6-2-1
	转账支票	6-2-2
	增值税专用发票	6-2-3
2	付款申请书	6-2-4
	网上银行电子回单	6-2-5
	增值税专用发票	6-2-6
3	固定资产验收单	6-2-7
4	增值税专用发票	6-2-8
5	固定资产报废单	6-2-9
6	增值税专用发票	6-2-10
	付款申请书	6-2-11
	网上银行电子回单	6-2-12
7	增值税专用发票	6-2-13
	银行进账单（收账通知）	6-2-14
8	固定资产清理损益计算表	6-2-15
9	固定资产盘盈盘亏报告表	6-2-16
10	固定资产减值准备计提表	6-2-17

二、记账凭证

由制单会计陈瑞刚完成相关业务记账凭证的系统编制工作；由稽核会计李晓芳完成相关业务记账凭证的系统审核工作；由出纳张晓霞完成相关业务的出纳签字工作；由会计主管黄莹莹完成相关业务的主管签字工作（具体见表6-27）。

记账凭证填制标准 6-2

表6-27 会计核算分录明细表

业务	参考分录	记账凭证数量
1	借：固定资产——缝纫机 150 000 应交税费——应交增值税（进项税额） 25 500 贷：银行存款——工行钱江支行 175 500	1
2	借：在建工程 400 000 应交税费——应交增值税（进项税额） 26 400 ——待抵扣进项税额 17 600 贷：银行存款——工行钱江支行 444 000	1
3	借：固定资产——服装加工生产线 1 230 000 贷：在建工程 1 230 000	1
4	借：管理费用——修理费 500 应交税费——应交增值税（进项税额） 85 贷：应付账款——浙江亚光服饰机械修理公司 585	1
5	借：固定资产清理 35 960 累计折旧 119 040 贷：固定资产——蒸烫机 155 000	1
6	借：固定资产清理 2 000 应交税费——应交增值税（进项税额） 120 贷：银行存款——工行钱江支行 2 120	1
7	借：银行存款——工行钱江支行 43 290 贷：固定资产清理 37 000 应交税费——应交增值税（销项税额） 6 290	1
8	借：营业外支出 960 贷：固定资产清理 960	1
9	借：待处理财产损溢 6 240 累计折旧 5 760 贷：固定资产——断布机 12 000 借：营业外支出 6 240 贷：待处理财产损溢 6 240	2
10	借：资产减值损失——计提固定资产减值准备 2 000 贷：固定资产减值准备 2 000	1

三、会计账簿

由会计主管黄莹莹完成相关业务系统记账和账簿信息查询工作。

实训评价单

固定资产业务核算能力评分表见表6-28。

表6-28 固定资产业务核算能力评分表

序号	评分项目	学生自评
1	固定资产初始取得业务	□优秀 □良好 □中等 □合格 □不合格
2	固定资产后续支出业务	□优秀 □良好 □中等 □合格 □不合格
3	固定资产处置业务	□优秀 □良好 □中等 □合格 □不合格
4	固定资产清查业务	□优秀 □良好 □中等 □合格 □不合格
教师评语	教师签字：	
评价成绩	□优秀 □良好 □中等 □合格 □不合格	

任务3 无形资产业务核算

实训任务单

一、实训项目

- 无形资产初始取得业务实训
- 无形资产摊销业务实训
- 无形资产减值业务实训
- 无形资产处置业务实训

二、业务清单

2016年12月，公司部分无形资产业务的相关资料如下：

业务1：2016年12月3日，公司向国家知识产权局杭州市商标局（开户银行：中国银行杭州市钱江支行；银行账号：341556020225191712）申请男式高级西服商标权一项，签发工商银行杭州钱江支行转账支票支付申请费24 000元。（操作指引见表6-29）

表6-29 操作指引

出纳	制单会计	稽核会计	会计主管	财务经理
1.填写付款申请书 3.填写转账支票 5.办理付款业务	6.审核付款申请书、转账支票（存根联）、收费收据等 7.编制记账凭证	8.审核记账凭证	9.系统记账	2.审批付款申请书 4.审批转账支票

业务2：2016年12月5日，公司向杭州金点子科技有限公司（开户银行：中国银行杭州市朝晖支行；账号：120251886740215823l）支付西服生产线升级技术研发费用，上述费用符合资本化确认条件，增值税专用发票上注明的价款为58 000元，增值税额为3 480元，款项通过工商银行杭州钱江支行网银转账支付。（操作指引见表6-30）

表6-30 操作指引

出纳	制单会计	稽核会计	会计主管	财务经理
1.填写付款申请书 3.办理付款业务	4.审核付款申请书、网上银行电子回单、增值税专用发票等 5.编制记账凭证	6.审核记账凭证	7.系统记账	2.审核付款申请书

业务3：2016年12月11日，西服生产线升级技术研制成功，公司向国家知识产权局杭州市专利局（开户银行：交通银行杭州市钱江支行；银行账号：12020341556020225）支付相关申请专利费25 000元，委托工商银行杭州钱江支行以普通信汇方式予以支付。（操作指引见表6-31）

表6-31 操作指引

出纳	制单会计	稽核会计	会计主管	财务经理
1.填写付款申请书 3.填写业务委托书 4.办理付款业务	5.审核付款申请书、业务委托书（记账联）、收费收据等 6.编制记账凭证	7.审核记账凭证	8.系统记账	2.审批付款申请书

业务4：2016年12月15日，公司将西服生产线升级技术专利确认为无形资产，入账价值154 860元。（操作指引见表6-32）

表6-32 操作指引

出纳	制单会计	稽核会计	会计主管	财务经理
—	1.审核无形资产价值明细表等 2.编制记账凭证	3.审核记账凭证	4.系统记账	—

业务5：2016年12月21日，公司向绍兴红梅服饰公司（开户银行：中国银行绍兴市平水支行；银行账号：1502537621259251887）转让一项女式衬衫商标权。该商标权的成本为500 000元，已摊销220 000

元，未计提相关的减值准备。实际取得的转让价款为424 000元，增值税专用发票上注明的价款为400 000元，增值税额为24 000元，款项已由工商银行杭州钱江支行收妥入账。（操作指引见表6-33）

表6-33 操作指引

出纳	制单会计	稽核会计	会计主管	财务经理
1.办理收款业务 2.开具增值税专用发票	3.审核银行进账单（收账通知）、增值税专用发票、无形资产处置单等 4.编制记账凭证	5.审核记账凭证	6.系统记账	—

业务6：2016年12月26日，公司向湖州达昌服饰公司（开户银行：交通银行湖州市鸿丰支行；银行账号：1203621512536325921）转让一项棉布染色专利。该专利权的成本为300 000元，已摊销160 000元，计提相关的减值准备10 000元。实际取得的转让价款为106 000元，其中：增值税专用发票注明的价款为100 000元，增值税额为6 000元，款项尚未收取。（操作指引见表6-34）

表6-34 操作指引

出纳	制单会计	稽核会计	会计主管	财务经理
1.开具增值税专用发票	2.审核增值税专用发票、无形资产处置单等 3.编制记账凭证	4.审核记账凭证	5.系统记账	—

业务7：2016年12月31日，公司对西服生产线升级技术专利采用直线法进行摊销，每月摊销金额为1 290.50元。（操作指引见表6-35）

表6-35 操作指引

出纳	制单会计	稽核会计	会计主管	财务经理
—	1.审核无形资产摊销表等 2.编制记账凭证	3.审核记账凭证	4.系统记账	—

业务8：2016年12月31日，因面料生产工艺的发展，公司拥有的面料防水处理专利技术存在减值迹象，计提相关的减值准备30 000元。（操作指引见表6-36）

表6-36 操作指引

出纳	制单会计	稽核会计	会计主管	财务经理
—	2.审核无形资产减值准备计提表等 3.编制记账凭证	4.审核记账凭证	5.系统记账	1.审批无形资产减值准备计提表等

三、实训要求

将5位学生组成一个实训小组，分别扮演出纳、制单会计、会计主管、财务经理等角色，分岗位完成相关工作任务（具体见表6-37）。

表6-37 岗位工作任务明细表

序号	岗位	工作任务
1	出纳	➢办理收、付款等业务 ➢系统出纳签字
2	制单会计	➢审核原始凭证 ➢编制记账凭证
3	稽核会计	➢审核记账凭证
4	会计主管	➢完成相关审核工作 ➢系统主管签字 ➢完成系统记账
5	财务经理	➢完成相关财务审批

实训操作单

一、原始凭证

由出纳张晓霞完成相关业务单据的处理工作；由制单会计陈瑞刚完成相关业务原始凭证的审核工作（具体见表6-38）。

业务单据填写范本 6-3

表6-38　　业务单据明细表

业务	原始凭证	
	单据名称	对应附件编号
1	付款申请书	6-3-1
	转账支票	6-3-2
	收费收据	6-3-3
2	付款申请书	6-3-4
	网上银行电子回单	6-3-5
	增值税专用发票	6-3-6
3	付款申请书	6-3-7
	业务委托书	6-3-8
	收费收据	6-3-9
4	无形资产价值明细表	6-3-10
5	银行进账单（收账通知）	6-3-11
	无形资产处置单	6-3-12
	增值税专用发票	6-3-13
6	无形资产处置单	6-3-14
	增值税专用发票	6-3-15
7	无形资产摊销表	6-3-16
8	无形资产减值准备计提表	6-3-17

二、记账凭证

由制单会计陈瑞刚完成相关业务记账凭证的系统编制工作；由稽核会计李晓芳完成相关业务记账凭证的系统审核工作；由出纳张晓霞完成相关业务的出纳签字工作；由会计主管黄莹莹完成相关业务的主管签字工作（具体见表6-39）。

记账凭证填制标准
6-3

表6-39　　会计核算分录明细表

业务	参考分录	记账凭证数量
1	借：无形资产——商标权　24 000 　贷：银行存款——工行钱江支行　24 000	1
2	借：研发支出——资本化支出　58 000 　　应交税费——应交增值税（进项税额）　3 480 　贷：银行存款——工行钱江支行　61 480	1
3	借：研发支出——资本化支出　25 000 　贷：银行存款——工行钱江支行　25 000	1
4	借：无形资产——专利权　154 860 　贷：研发支出——资本化支出　154 860	1
5	借：银行存款　424 000 　　累计摊销　220 000 　贷：无形资产——商标权　500 000 　　　应交税费——应交增值税（销项税额）　24 000 　　　营业外收入　120 000	1
6	借：应收账款　106 000 　　累计摊销　160 000 　　无形资产减值准备　10 000 　　营业外支出　30 000 　贷：无形资产——专利权　300 000 　　　应交税费——应交增值税（销项税额）　6 000	1
7	借：管理费用——无形资产摊销　1 290.50 　贷：累计摊销　1 290.50	1
8	借：资产减值损失——计提无形资产减值准备　30 000 　贷：无形资产减值准备　30 000	1

三、会计账簿

由会计主管黄莹莹完成相关业务系统记账和账簿信息查询工作。

实训评价单

无形资产业务核算能力评分表见表6-40。

表6-40 无形资产业务核算能力评分表

序号	评分项目	学生自评
1	无形资产初始取得业务	□优秀 □良好 □中等 □合格 □不合格
2	无形资产摊销业务	□优秀 □良好 □中等 □合格 □不合格
3	无形资产减值业务	□优秀 □良好 □中等 □合格 □不合格
4	无形资产处置业务	□优秀 □良好 □中等 □合格 □不合格
教师评语	教师签字：	
评价成绩	□优秀 □良好 □中等 □合格 □不合格	

任务4 投资性房地产业务核算

实训任务单

一、实训项目

- 投资性房地产初始取得业务实训
- 投资性房地产后续计量业务实训
- 投资性房地产处置业务实训

二、业务清单

2016年12月，公司部分投资性房地产业务的相关资料如下：

业务1：2016年12月10日，公司将自用的一幢办公楼（2#）出租给杭州光明会计咨询服务公司，原值1 195 000元，已计提折旧109 940元。（操作指引见表6-41）

表6-41 操作指引

出纳	制单会计	稽核会计	会计主管	财务经理
—	1.审核董事会决议（复印件）、办公楼出租合同（复印件）等 2.编制记账凭证	3.审核记账凭证	4.系统记账	—

业务2：2016年12月15日，公司将已出租的仓库出售给杭州光大租赁有限公司，增值税专用发票上注明的价款为1 500 000元，增值税额为165 000元，款项已经通过工商银行钱江支行收妥入账。该仓库系公司2013年自行建造，原值1 400 000元，已计提折旧201 600元，采用一般计税方法缴纳相关增值税。（操作指引见表6-42）

表6-42 操作指引

出纳	制单会计	稽核会计	会计主管	财务经理
1.办理收款业务 2.开具增值税专用发票	3.审核银行进账单（收账通知）、增值税专用发票、投资性房地产处置损益计算表等 4.编制记账凭证	5.审核记账凭证	6.系统记账	—

业务3：2016年12月25日，公司收到杭州光明会计咨询服务公司（纳税人识别号：208112752512847893，地址/电话：浙江省杭州市秋涛路215号0571-85639538；开户行/账号：农业银行杭州市西溪支行1206437965981720215）支付的办公楼（2#）租金，增值税专用发票上注明的价款为8 000元，增值税额为880元。（操作指引见表6-43）

表6-43 **操作指引**

出纳	制单会计	稽核会计	会计主管	财务经理
1.办理收款业务 2.开具增值税专用发票	3.审核银行进账单（收账通知）、增值税专用发票等 4.编制记账凭证	5.审核记账凭证	6.系统记账	—

业务4：2016年12月31日，公司计提出租办公楼（2#）折旧，月折旧额4 780元。（操作指引见表6-44）

表6-44 **操作指引**

出纳	制单会计	稽核会计	会计主管	财务经理
—	1.审核投资性房地产折旧计算表等 2.编制记账凭证	3.审核记账凭证	4.系统记账	—

业务5：2016年12月31日，公司已出租的厂房（3#）存在减值迹象，发生资产贬值，计提减值准备25 000元。（操作指引见表6-45）

表6-45 **操作指引**

出纳	制单会计	稽核会计	会计主管	财务经理
—	2.审核投资性房地产减值准备计提表等 3.编制记账凭证	4.审核记账凭证	5.系统记账	1.审批投资性房地产减值准备计提表等

三、实训要求

将5位学生组成一个实训小组，分别扮演出纳、制单会计、会计主管、财务经理等角色，分岗位完成相关工作任务（具体见表6-46）。

表6-46 **岗位工作任务明细表**

序号	岗位	工作任务
1	出纳	➢ 办理收、付款等业务 ➢ 系统出纳签字 ➢ 开具增值税发票
2	制单会计	➢ 审核原始凭证 ➢ 编制记账凭证
3	稽核会计	➢ 审核记账凭证
4	会计主管	➢ 完成相关审核工作 ➢ 系统主管签字 ➢ 完成系统记账
5	财务经理	➢ 完成相关财务审批

实训操作单

一、原始凭证

由出纳张晓霞完成相关业务单据的处理工作；由制单会计陈瑞刚完成相关业务原始凭证的审核工作（具体见表6-47）。

业务单据填写范本
6-4

表6-47

业务单据明细表

业务	原始凭证	
	单据名称	对应附件编号
1	董事会决议（复印件）	6-4-1
	办公楼出租合同（复印件）	6-4-2
2	银行进账单（收账通知）	6-4-3
	增值税专用发票	6-4-4
	投资性房地产处置损益计算表	6-4-5
3	增值税专用发票	6-4-6
	银行进账单（收账通知）	6-4-7
4	投资性房地产折旧计算表	6-4-8
5	投资性房地产减值准备计提表	6-4-9

二、记账凭证

由制单会计陈瑞刚完成相关业务记账凭证的系统编制工作；由稽核会计李晓芳完成相关业务记账凭证的系统审核工作；由出纳张晓霞完成相关业务的出纳签字工作；由会计主管黄莹莹完成相关业务的主管签字工作（具体见表6-48）。

记账凭证填制标准
6-4

表6-48

会计核算分录明细表

业务	参考分录	记账凭证数量
1	借：投资性房地产——办公楼（2#）　1 195 000 　累计折旧　109 940 　贷：固定资产——办公楼（2#）　1 195 000 　　投资性房地产累计折旧　109 940	1
2	借：银行存款——工行钱江支行　1 665 000 　贷：其他业务收入　1 500 000 　　应交税费——应交增值税（销项税额）　165 000 借：其他业务成本　1 198 400 　投资性房地产累计折旧　201 600 　贷：投资性房地产——仓库　1 400 000	2
3	借：银行存款——工行钱江支行　8 880 　贷：其他业务收入　8 000 　　应交税费——应交增值税（销项税额）　880	1
4	借：其他业务成本　4 780 　贷：投资性房地产累计折旧　4 780	1
5	借：资产减值损失——计提投资性房地产减值准备　25 000 　贷：投资性房地产减值准备　25 000	1

三、会计账簿

由会计主管黄莹莹完成相关业务系统记账和账簿信息查询工作。

实训评价单

投资性房地产业务核算能力评分表见表6-49。

表6-49 投资性房地产业务核算能力评分表

序号	评分项目	学生自评
1	投资性房地产取得业务	□优秀 □良好 □中等 □合格 □不合格
2	投资性房地产后续计量业务	□优秀 □良好 □中等 □合格 □不合格
3	投资性房地产处置业务	□优秀 □良好 □中等 □合格 □不合格
教师评语	教师签字：	
评价成绩	□优秀 □良好 □中等 □合格 □不合格	

实训小结

财产物资岗位实训项目结构图如图6-1所示。

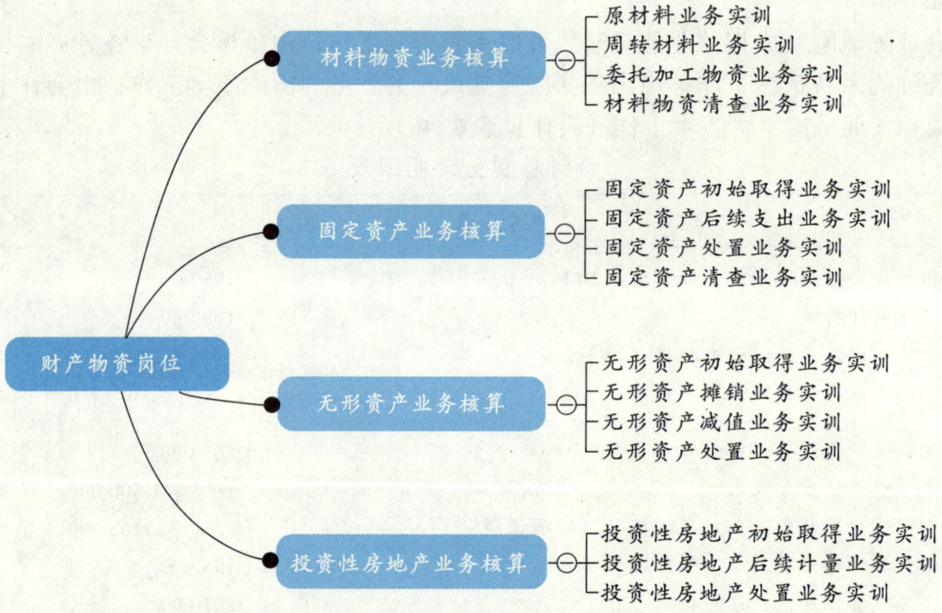

图6-1 财产物资岗位实训项目结构图

项目七　往来结算岗位

实训目标

- 掌握往来结算岗位的业务处理流程
- 能正确进行应收款项业务核算
- 能正确进行应付款项业务核算
- 能正确进行应付职工薪酬业务核算

会计核算制度

一、应收款项核算制度

应收款项是指企业在日常生产经营过程中发生的各项债权，主要包括应收票据、应收账款、预付账款、其他应收款等。公司根据应收款项的种类，设置“应收票据”“应收账款”“预付账款”“其他应收款”等会计科目，核算应收款项的取得、转让、到期收回等经济业务。公司设置“应收票据备查簿”，逐笔登记商业汇票的种类、号数、出票日期、票面金额、交易合同号，付款人、承兑人、背书人的姓名或单位名称、到期日、背书转让日、贴现日、贴现率和贴现净额以及收款日和收回金额、退票情况等资料。公司采用应收款项余额百分比法计提坏账准备，计提比率为4%。

应收款项减值
重难点解析视频

二、应付款项核算制度

应付款项是指企业在日常生产经营过程中发生的各项债务，主要包括应付票据、应付账款、预收账款、其他应付款等。公司根据应付款项的种类，设置“应付票据”“应付账款”“预收账款”“其他应付款”等会计科目，核算应付款项的发生、偿还、转销等经济业务。公司设置“应付票据备查簿”，详细登记商业汇票的种类、号数和出票日期、到期日、票面余额、交易合同号和收款人姓名或单位名称以及付款日期和金额等资料。

应付票据的会计核算
重难点解析视频

三、应付职工薪酬核算制度

职工薪酬是指企业为获得职工提供的服务或解除劳动关系而给予的各种形式的报酬或补偿。职工薪酬包括短期薪酬、离职后福利、辞退福利和其他长期职工福利。公司设置“应付职工薪酬”总账科目，并下设“工资、奖金、津贴和补贴”“职工福利费”“非货币性福利”“社会保险费”“住房公积金”“工会经费和职工教育经费”“带薪缺勤”“利润分享计划”“设定提存计划”“设定受益计划义务”“辞退福利”等明细科目，核算应付职工薪酬的计提、结算、使用等经济业务。职工薪酬项目的具体计提比率详见表7-1。

非货币性福利职工薪酬核算
重难点解析视频

表7-1　公司职工薪酬项目的计提比率明细表（2016年度）

序号	项目		企业缴纳比例	个人缴纳比例	合计
1	职工福利		4%～7.6%	—	—
2	社会保险费	医疗保险费	6.3%	2%	8.3%
		养老保险费	8%	8%	16%
		失业保险费	1%	0.5%	1.5%
3	住房公积金		5%	5%	10%
4	工会经费		2%	—	2%
5	职工教育经费		2.5%	—	2.5%

任务1 应收款项业务核算

实训任务单

一、实训项目

- 应收票据业务实训
- 应收账款业务实训
- 预付账款业务实训
- 其他应收款业务实训
- 应收款项减值业务实训

二、业务清单

2016年12月，公司部分应收款项业务的相关资料如下：

业务1： 2016年12月1日，公司收到浙江英泰服饰有限公司寄来的不带息银行承兑汇票一张，面值234 000元，期限2个月，用于抵付其前欠的产品购货款及增值税款。（操作指引见表7-2）

表7-2 操作指引

出纳	制单会计	稽核会计	会计主管	财务经理
1.办理收款业务	2.审核银行承兑汇票（复印件）等 3.编制记账凭证	4.审核记账凭证	5.系统记账	—

业务2： 2016年12月5日，公司持有上海三元服饰集团的不带息商业承兑汇票到期，面值为175 500元，期限3个月，委托工商银行杭州钱江支行采用电划方式办理收款。（操作指引见表7-3）

表7-3 操作指引

出纳	制单会计	稽核会计	会计主管	财务经理
1.填写托收凭证 2.办理托收业务	—	—	—	—

业务3： 2016年12月10日，公司收到工商银行杭州钱江支行转来的贴现凭证收账通知，实际贴现金额198 333.33元，贴现息1 666.67元。该票据系上海利达服饰集团签发的、面值200 000元、期限3个月的银行承兑汇票。（操作指引见表7-4）

表7-4 操作指引

出纳	制单会计	稽核会计	会计主管	财务经理
1.办理收款业务	2.审核贴现凭证（收账通知）等 3.编制记账凭证	4.审核记账凭证	5.系统记账	—

业务4： 2016年12月12日，公司收到工商银行杭州钱江支行的收账通知，该款项系浙江英泰服饰公司支付的前欠货款51 000元。（操作指引见表7-5）

表7-5 操作指引

出纳	制单会计	稽核会计	会计主管	财务经理
1.办理收款业务	2.审核银行进账单（收账通知）等 3.编制记账凭证	4.审核记账凭证	5.系统记账	—

业务5： 2016年12月13日，公司预付给浙江美华服装面料公司（开户银行：中国工商银行杭州市紫金支行；银行账号：1202021518090326849）10 000元货款，用以定制高级服装面料，款项已通过签发工商银行杭州钱江支行转账支票予以支付。（操作指引见表7-6）

表 7-6

操作指引

出纳	制单会计	稽核会计	会计主管	财务经理
1.填写付款申请书 3.填写转账支票 9.办理付款业务	5.审核付款申请书、转账支票（存根联）等 6.编制记账凭证	7.审核记账凭证	8.系统记账	2审批付款申请书 4.审批转账支票

业务6： 2016年12月15日，销售部员工张云预借差旅费现金4 000元。（操作指引见表7-7）

表 7-7

操作指引

出纳	制单会计	稽核会计	会计主管	财务经理
6.办理付款业务	2.审核借款单等 3.编制记账凭证	4.审核记账凭证	5.系统记账	1.审批借款单

业务7： 2016年12月21日，员工张云报销相关差旅费3 700元，增值税额152.4元，交回预借差旅费余款147.6元。（操作指引见表7-8）

表 7-8

操作指引

出纳	制单会计	稽核会计	会计主管	财务经理
2.填写收款收据 3.办理收款业务	4.审核差旅费报销单、增值税专用发票、交通费发票、收款收据等 5.编制记账凭证	6.审核记账凭证	7.系统记账	1.审批差旅费报销单

业务8： 2016年12月26日，公司应收浙江长虹有限责任公司货款35 000元，因其破产导致无法全额收回上述款项，经批准按坏账进行会计处理。（操作指引见表7-9）

表 7-9

操作指引

出纳	制单会计	稽核会计	会计主管	财务经理
—	2.审核坏账损失报告单等 3.编制记账凭证	4.审核记账凭证	5.系统记账	1.审批坏账损失报告单等

业务9： 2016年12月28日，公司收到工商银行杭州钱江支行的收账通知，系收到上海三元服饰集团到期的商业承兑汇票票款175 500元。（操作指引见表7-10）

表 7-10

操作指引

出纳	制单会计	稽核会计	会计主管	财务经理
1.办理收款业务	2.审核托收凭证（收款通知）等 3.编制记账凭证	4.审核记账凭证	5.系统记账	—

业务10： 2016年12月31日，公司计提本月坏账准备5 840元。（操作指引见表7-11）

表 7-11

操作指引

出纳	制单会计	稽核会计	会计主管	财务经理
—	2.审核坏账准备计提表 3.编制记账凭证	4.审核记账凭证	5.系统记账	1.审批坏账准备计提表

三、实训要求

将5位学生组成一个实训小组，分别扮演出纳、制单会计、稽核会计、会计主管、财务经理等角色，分岗位完成相关工作任务（具体见表7-12）。

表 7-12 岗位工作任务明细表

序号	岗位	工作任务
1	出纳	➢ 办理收、付款等业务 ➢ 系统出纳签字
2	制单会计	➢ 审核原始凭证 ➢ 编制记账凭证
3	稽核会计	➢ 审核记账凭证
4	会计主管	➢ 完成相关审核工作 ➢ 系统主管签字 ➢ 完成系统记账
5	财务经理	➢ 完成相关财务审批

实训操作单

一、原始凭证

由出纳张晓霞完成相关业务单据的处理工作；由制单会计陈瑞刚完成相关业务原始凭证的审核工作（具体见表7-13）。

业务单据填写范本 7-1

表 7-13 业务单据明细表

业务	原始凭证	
	单据名称	对应附件编号
1	银行承兑汇票（复印件）	7-1-1
2	托收凭证	7-1-2
	商业承兑汇票	7-1-3
3	贴现凭证（收账通知）	7-1-4
4	银行进账单（收账通知）	7-1-5
5	付款申请书	7-1-6
	转账支票	7-1-7
6	借款单	7-1-8
7	差旅费报销单	7-1-9
	增值税专用发票	7-1-10
	交通费发票	7-1-11 至 7-1-12
	收款收据	7-1-13
8	坏账损失报告单	7-1-14
9	托收凭证（收款通知）	7-1-15
10	坏账准备计提表	7-1-16

二、记账凭证

由制单会计陈瑞刚完成相关业务记账凭证的系统编制工作；由稽核会计李晓芳完成相关业务记账凭证的系统审核工作；由出纳张晓霞完成相关业务的出纳签字工作；由会计主管黄莹莹完成相关业务的主管签字工作（具体见表7-14）。

记账凭证填制标准 7-1

表 7-14 会计核算分录明细表

业务	参考分录	记账凭证数量
1	借：应收票据——浙江英泰服饰有限公司 234 000 贷：应收账款——浙江英泰服饰有限公司 234 000	1
2	—	—
3	借：银行存款——工行钱江支行 198 333.33 财务费用 1 666.67 贷：应收票据——上海利达服饰集团 200 000	1
4	借：银行存款——工行钱江支行 51 000 贷：应收账款——浙江英泰服饰有限公司 51 000	1
5	借：预付账款——浙江美华服装面料公司 10 000 贷：银行存款——工行钱江支行 10 000	1
6	借：其他应收款——张云 4 000 贷：库存现金 4 000	1
7	借：库存现金 147.6 管理费用——差旅费 3 700 应交税费——应交增值税（进项税额） 152.4 贷：其他应收款——张云 4 000	1
8	借：坏账准备 35 000 贷：应收账款——浙江长虹有限责任公司 35 000	1
9	借：银行存款——工行钱江支行 175 500 贷：应收票据——上海三元服饰集团 175 500	1
10	借：资产减值损失——计提应收账款坏账准备 5 840 贷：坏账准备 5 840	1

三、会计账簿

由会计主管黄莹莹完成相关业务系统记账和账簿信息查询工作。

实训评价单

应收款项业务核算能力评分表见表7-15。

表 7-15 应收款项业务核算能力评分表

序号	评分项目	学生自评
1	应收票据业务	□优秀 □良好 □中等 □合格 □不合格
2	应收账款业务	□优秀 □良好 □中等 □合格 □不合格
3	预付账款业务	□优秀 □良好 □中等 □合格 □不合格
4	其他应收款业务	□优秀 □良好 □中等 □合格 □不合格
5	应收款项减值业务	□优秀 □良好 □中等 □合格 □不合格
教师评语	教师签字：	
评价成绩	□优秀 □良好 □中等 □合格 □不合格	

任务2 应付款项业务核算

实训任务单

一、实训项目

- 应付票据业务实训
- 应付账款业务实训
- 预收账款业务实训
- 其他应付款业务实训

二、业务清单

2016年12月，公司部分应付款项业务的相关资料如下：

业务1： 2016年12月5日，公司收到工商银行杭州钱江支行的付款通知，用于支付浙江美华服装面料公司到期的不带息商业承兑汇票票款，面值为95 800元。（操作指引见表7-16）

表7-16 操作指引

出纳	制单会计	稽核会计	会计主管	财务经理
5.办理付款业务	1.审核托收凭证（付款通知）、商业承兑汇票（复印件）等 2.编制记账凭证	3.审核记账凭证	4.系统记账	—

业务2： 2016年12月7日，公司向工商银行杭州钱江支行申请签发不带息银行承兑汇票，面值78 520元，期限5个月，用于支付江苏正和服装面料公司（开户银行：中国工商银行江苏市唐西支行；银行账号：120202154980903261）的前欠货款。（操作指引见表7-17）

表7-17 操作指引

出纳	制单会计	稽核会计	会计主管	财务经理
1.填写付款申请书 8.办理付款业务	4.审核付款申请书、银行承兑汇票协议（复印件）等 5.编制记账凭证	6.审核记账凭证	7.系统记账	2.审批付款申请书 3.签订银行承兑汇票承兑协议

业务3： 2016年12月7日，公司向工商银行杭州钱江支行支付申请银行承兑汇票手续费39.26元。（操作指引见表7-18）

表7-18 操作指引

出纳	制单会计	稽核会计	会计主管	财务经理
5.办理付款业务	1.审核银行付款通知书等 2.编制记账凭证	3.审核记账凭证	4.系统记账	—

业务4： 2016年12月11日，公司收到银行转来供电部门收费单据，支付上月电费11 700元。（操作指引见表7-19）

表7-19 操作指引

出纳	制单会计	稽核会计	会计主管	财务经理
5.办理付款业务	1.审核增值税专用发票、托收凭证（付款通知）等 2.编制记账凭证	3.审核记账凭证	4.系统记账	—

业务5： 2016年12月15日，公司签发工商银行钱江支行转账支票，用于支付浙江美华服装面料公司（开户银行：中国工商银行杭州市紫金支行；银行账号：1202021518090326849）前欠货款34 000元。（操作指引见表7-20）

表7-20

操作指引

出纳	制单会计	稽核会计	会计主管	财务经理
1.填写付款申请书 3.填写转账支票 9.办理付款业务	5.审核付款申请书、转账支票（存根联）等 6.编制记账凭证	7.审核记账凭证	8.系统记账	2.审批付款申请书 4.审批转账支票

业务6：2016年12月18日，公司收到工商银行钱江支行的收款通知，系江苏方辉服饰公司交来的预付货款15 000元。（操作指引见表7-21）

表7-21

操作指引

出纳	制单会计	稽核会计	会计主管	财务经理
1.办理收款业务	2.审核银行进账单（收账通知）等 3.编制记账凭证	4.审核记账凭证	5.系统记账	—

业务7：2016年12月27日，公司向江苏方辉服饰公司（开户银行：中国工商银行南京市解放支行；银行账号：1032209591720215180）销售产品一批，通过工商银行杭州钱江支行网银退还多余的预付款项3 000元。（操作指引见表7-22）

表7-22

操作指引

出纳	制单会计	稽核会计	会计主管	财务经理
1.填写付款申请书 3.办理付款业务	4.审核付款申请书、网上银行电子回单等 5.编制记账凭证	6.审核记账凭证	7.系统记账	2.审批付款申请书

业务8：2016年12月29日，公司支付上月以经营租赁方式租入的浙江梅恒服饰器械租赁公司（开户银行：中国工商银行杭州市采荷支行；银行账号：1202023268415180907）办公设备的租金，增值税专用发票上注明的价款为1 000元，增值税额为170元，款项以签发工商银行杭州钱江支行转账支票方式予以支付。（操作指引见表7-23）

表7-23

操作指引

出纳	制单会计	稽核会计	会计主管	财务经理
1.填写付款申请书 3.填写转账支票 9.办理付款业务	5.审核付款申请书、转账支票（存根联）、增值税专用发票等 6.编制记账凭证	7.审核记账凭证	8.系统记账	2.审批付款申请书 4.审批转账支票

三、实训要求

将5位学生组成一个实训小组，分别扮演出纳、制单会计、稽核会计、会计主管、财务经理等角色，分岗位完成相关工作任务（具体见表7-24）。

表7-24

岗位工作任务明细表

序号	岗位	工作任务
1	出纳	➢办理收、付款等业务 ➢系统出纳签字
2	制单会计	➢审核原始凭证 ➢编制记账凭证
3	稽核会计	➢审核记账凭证
4	会计主管	➢完成相关审核工作 ➢系统主管签字 ➢完成系统记账
5	财务经理	➢完成相关财务审批

实训操作单

一、原始凭证

由出纳张晓霞完成相关业务单据的处理工作；由制单会计陈瑞刚完成相关业务原始凭证的审核工作（具体见表7-25）。

业务单据填写范本 7-2

表7-25 **业务单据明细表**

业务	原始凭证	
	单据名称	对应附件编号
1	托收凭证（付款通知）	7-2-1
	商业承兑汇票（复印件）	7-2-2
2	付款申请书	7-2-3
	银行承兑汇票协议（复印件）	7-2-4
3	银行付款通知书	7-2-5
4	增值税专用发票	7-2-6
	托收凭证（付款通知）	7-2-7
5	付款申请书	7-2-8
	转账支票	7-2-9
6	银行进账单（收账通知）	7-2-10
7	付款申请书	7-2-11
	网上银行电子回单	7-2-12
8	付款申请书	7-2-13
	转账支票	7-2-14
	增值税专用发票	7-2-15

二、记账凭证

由制单会计陈瑞刚完成相关业务记账凭证的系统编制工作；由稽核会计李晓芳完成相关业务记账凭证的系统审核工作；由出纳张晓霞完成相关业务的出纳签字工作；由会计主管黄莹莹完成相关业务的主管签字工作（具体见表7-26）。

记账凭证填制标准 7-2

表7-26 **会计核算分录明细表**

业务	参考分录			记账凭证数量
1	借：应付票据——浙江美华服装面料公司	95 800		1
	贷：银行存款——工行钱江支行		95 800	
2	借：应付账款——江苏正和服装面料公司	78 520		1
	贷：应付票据——江苏正和服装面料公司		78 520	
3	借：财务费用——手续费	39.26		1
	贷：银行存款——工行钱江支行		39.26	
4	借：应付账款——浙江电网公司杭州供电局	10 000		1
	应交税费——应交增值税（进项税额）	1 700		
	贷：银行存款——工行钱江支行		11 700	
5	借：应付账款——浙江美华服装面料公司	34 000		1
	贷：银行存款——工行钱江支行		34 000	
6	借：银行存款——工行钱江支行	15 000		1
	贷：预收账款——江苏方辉服饰公司		15 000	
7	借：预收账款——江苏方辉服饰公司	3 000		1
	贷：银行存款——工行钱江支行		3 000	
8	借：其他应付款——浙江梅恒服饰器械租赁公司	1 000		1
	应交税费——应交增值税（进项税额）	170		
	贷：银行存款——工行钱江支行		1 170	

三、会计账簿

由会计主管黄莹莹完成相关业务系统记账和账簿信息查询工作。

实训评价单

应付款项业务核算能力评分表见表7-27。

表7-27 应付款项业务核算能力评分表

序号	评分项目	学生自评
1	应付票据业务	□优秀 □良好 □中等 □合格 □不合格
2	应付账款业务	□优秀 □良好 □中等 □合格 □不合格
3	预收账款业务	□优秀 □良好 □中等 □合格 □不合格
4	其他应付款业务	□优秀 □良好 □中等 □合格 □不合格
教师评语	教师签字：	
评价成绩	□优秀 □良好 □中等 □合格 □不合格	

任务3 应付职工薪酬业务核算

实训任务单

一、实训项目

- 短期薪酬业务实训
- 非货币性职工薪酬业务实训
- 设定提存计划业务实训

二、业务清单

2016年12月，公司部分应付职工薪酬业务的相关资料如下：

业务1：2016年12月3日，公司签发工商银行杭州钱江支行转账支票，用于发放上月职工工资88 983.04元。（操作指引见表7-28）

表7-28 操作指引

出纳	制单会计	稽核会计	会计主管	财务经理
1.填写付款申请书 3.签发转账支票 5.办理付款业务	6.审核银行批量代付清单、付款申请书、转账支票（存根联）等 7.编制记账凭证	8.审核记账凭证	9.系统记账	2.审批付款申请书 4.审批转账支票

业务2：2016年12月5日，公司向杭州华丰房屋租赁公司（开户银行：工商银行杭州市双林支行；银行账号：1241518090020232681）支付为高级管理人员免费提供的房屋（2016年5月1日以后取得）租金，增值税专用发票上注明的价款为3 000元，增值税税额为330元。上述款项通过签发工商银行杭州钱江支行转账支票予以支付。（操作指引见表7-29）

表7-29 操作指引

出纳	制单会计	稽核会计	会计主管	财务经理
1.填写付款申请书 3.签发转账支票 5.办理付款业务	6.审核付款申请书、转账支票（存根联）、增值税专用发票等 7.编制记账凭证	8.审核记账凭证	9.系统记账	2.审批付款申请书 4.审批转账支票

业务3：2016年12月9日，公司通过工商银行杭州钱江支行转账付款方式，缴纳上月住房公积金11 330元，其中，由个人缴纳的住房公积金为5 665元。公司的公积金账号：1202021809032591769，

开户银行：工商银行杭州市钱江支行。（操作指引见表7-30）

表7-30

操作指引

出纳	制单会计	稽核会计	会计主管	财务经理
1.填写付款申请书 3.办理付款业务	4.审核付款申请书、住房公积金汇缴书、电子银行转账凭证（付款）等 5.编制记账凭证	6.审核记账凭证	7.系统记账	2.审批付款申请书

业务4：2016年12月11日，公司通过工商银行杭州钱江支行转账付款方式，缴纳上月养老保险费18 128元，其中，由个人缴纳的养老保险费为9 064元。公司养老保险费征管机关信息如下：收款单位：杭州人力资源与社会保障局；账号：1202026119172151809；开户行：工商银行杭州市秋涛支行。（操作指引见表7-31）

表7-31

操作指引

出纳	制单会计	稽核会计	会计主管	财务经理
1.填写付款申请书 3.办理付款业务	4.审核付款申请书、社会保险费缴费申报表、电子银行转账凭证（付款）等 5.编制记账凭证	6.审核记账凭证	7.系统记账	2.审批付款申请书

业务5：2016年12月11日，公司通过工商银行杭州钱江支行转账付款方式，缴纳上月医疗保险费9 403.90元，其中，由个人缴纳的医疗保险费为2 266元。公司医疗保险费征管机关信息如下：收款单位：杭州人力资源与社会保障局；账号：1202026119172151809；开户行：工商银行杭州市秋涛支行。（操作指引见表7-32）

表7-32

操作指引

出纳	制单会计	稽核会计	会计主管	财务经理
1.填写付款申请书 3.办理付款业务	4.审核付款申请书、社会保险费缴费申报表、电子银行转账凭证（付款）等 5.编制记账凭证	6.审核记账凭证	7.系统记账	2.审批付款申请书

业务6：2016年12月11日，公司通过工商银行杭州钱江支行转账付款方式，缴纳上月失业保险费1 699.50元，其中，由个人缴纳的失业保险费为566.50元。公司失业保险费征管机关信息如下：收款单位：杭州人力资源与社会保障局；账号：1202026119172151809；开户行：工商银行杭州市秋涛支行。（操作指引见表7-33）

表7-33

操作指引

出纳	制单会计	稽核会计	会计主管	财务经理
1.填写付款申请书 3.办理付款业务	4.审核付款申请书、社会保险费缴费申报表、电子银行转账凭证（付款）等 5.编制记账凭证	6.审核记账凭证	7.系统记账	2.审批付款申请书

业务7：2016年12月13日，公司通过工商银行杭州钱江支行转账付款方式，缴纳上月工会经费2 266元。留存公司基层工会的银行账号：1202022377525917362；开户银行：工商银行杭州市钱江支行。上解上级工会的相关信息如下：收款单位：杭州市工会委员会；账号：1202331518090326866；开户行：工商银行杭州市武林支行。（操作指引见表7-34）

表7-34

操作指引

出纳	制单会计	稽核会计	会计主管	财务经理
1.填写付款申请书 3.办理付款业务	4.审核付款申请书、行政拨交工会经费缴款书等 5.编制记账凭证	6.审核记账凭证	7.系统记账	2.审批付款申请书

业务8：2016年12月15日，公司通过工商银行杭州钱江支行转账付款方式，缴纳上月代扣代缴的个人所得税24 316.96元。税款征收机关信息如下：收款单位：杭州市地方税务局江干分局；账号：1215120201780926116；开户行：工商银行杭州市秋涛支行。（操作指引见表7-35）

表7-35 **操作指引**

出纳	制单会计	稽核会计	会计主管	财务经理
1.填写付款申请书 3.办理付款业务	4.审核付款申请书、电子缴税付款凭证等 5.编制记账凭证	6.审核记账凭证	7.系统记账	2.审批付款申请书

业务9：2016年12月25日，公司现金支付财务人员曹珊珊培训费，增值税专用发票注明的培训价款为800元，增值税额为48元。（操作指引见表7-36）

表7-36 **操作指引**

出纳	制单会计	稽核会计	会计主管	财务经理
6.办理付款业务	2.审核业务报销单、增值税专用发票等 3.编制记账凭证	4.审核记账凭证	5.系统记账	1.审批业务报销单

业务10：2016年12月28日，公司以现金方式，发放本年度优秀工作者奖金3 000元。（操作指引见表7-37）

表7-37 **操作指引**

出纳	制单会计	稽核会计	会计主管	财务经理
6.办理付款业务	2.审核优秀工作者奖金发放表等 3.编制记账凭证	4.审核记账凭证	5.系统记账	1.审批优秀工作者奖金发放表等

三、实训要求

将5位学生组成一个实训小组，分别扮演出纳、制单会计、稽核会计、会计主管、财务经理等角色，分岗位完成相关工作任务（具体见表7-38）。

表7-38 **岗位工作任务明细表**

序号	岗位	工作任务
1	出纳	➢ 办理收、付款等业务 ➢ 系统出纳签字
2	制单会计	➢ 审核原始凭证 ➢ 编制记账凭证
3	稽核会计	➢ 审核记账凭证
4	会计主管	➢ 完成相关审核工作 ➢ 系统主管签字 ➢ 完成系统记账
5	财务经理	➢ 完成相关财务审批

实训操作单

一、原始凭证

由出纳张晓霞完成相关业务单据的处理工作；由制单会计陈瑞刚完成相关业务原始凭证的审核工作（具体见表7-39）。

业务单据填写范本 7-3

表7-39

业务单据明细表

业务	原始凭证	
	单据名称	对应附件编号
1	银行批量代付清单	7-3-1
	付款申请书	7-3-2
	转账支票	7-3-3
2	付款申请书	7-3-4
	转账支票	7-3-5
	增值税专用发票	7-3-6
3	付款申请书	7-3-7
	住房公积金汇缴书	7-3-8
	电子银行转账凭证（付款）	7-3-9
4	付款申请书	7-3-10
	社会保险费缴费申报表	7-3-11
	电子银行转账凭证（付款）	7-3-12
5	付款申请书	7-3-13
	社会保险费缴费申报表	7-3-14
	电子银行转账凭证（付款）	7-3-15
6	付款申请书	7-3-16
	社会保险费缴费申报表	7-3-17
	电子银行转账凭证（付款）	7-3-18
7	付款申请书	7-3-19
	行政拨交工会经费缴款书	7-3-20
8	付款申请书	7-3-21
	电子缴税付款凭证	7-3-22
9	业务报销单	7-3-23
	增值税专用发票	7-3-24
10	优秀工作者奖金发放表	7-3-25

二、记账凭证

由制单会计陈瑞刚完成相关业务记账凭证的系统编制工作；由稽核会计李晓芳完成相关业务记账凭证的系统审核工作；由出纳张晓霞完成相关业务的出纳签字工作；由会计主管黄莹莹完成相关业务的主管签字工作（具体见表7-40）。

记账凭证填制标准 7-3

表7-40

会计核算分录明细表

业务	参考分录			记账凭证数量
1	借：应付职工薪酬——工资、奖金、津贴和补贴	88 983.04		1
	贷：银行存款——工行钱江支行		88 983.04	
2	借：应付职工薪酬——非货币性职工福利	3 000		1
	应交税费——应交增值税（进项税额）	330		
	贷：银行存款——工行钱江支行		3 330	
3	借：应付职工薪酬——住房公积金	5 665		1
	其他应收款	5 665		
	贷：银行存款——工行钱江支行		11 330	
4	借：应付职工薪酬——设定提存计划（养老保险费）	9 064		1
	其他应收款	9 064		
	贷：银行存款——工行钱江支行		18 128	

续表

业务	参考分录	记账凭证数量
5	借：应付职工薪酬——社会保险费（医疗保险费）　7 137.9 　　其他应收款　2 266 　贷：银行存款——工行钱江支行　9 403.9	1
6	借：应付职工薪酬——社会保险费（失业保险费）　1 133 　　其他应收款　566.5 　贷：银行存款——工行钱江支行　1 699.5	1
7	借：应付职工薪酬——工会经费和职工教育经费（工会经费）　2 266 　贷：银行存款——工行钱江支行　2 266	1
8	借：应交税费——应交个人所得税　24 316.96 　贷：银行存款——工行钱江支行　24 316.96	1
9	借：应付职工薪酬——工会经费和职工教育经费（职工教育经费）　800 　　应交税费——应交增值税（进项税额）　48 　贷：库存现金　848	1
10	借：应付职工薪酬——工资、奖金、津贴和补贴　3 000 　贷：库存现金　3 000	1

三、会计账簿

由会计主管黄莹莹完成相关业务系统记账和账簿信息查询工作。

实训评价单

应付职工薪酬业务核算能力评分表见表7-41。

表7-41　应付职工薪酬业务核算能力评分表

序号	评分项目	学生自评
1	短期薪酬业务	□优秀　□良好　□中等　□合格　□不合格
2	非货币性职工薪酬业务	□优秀　□良好　□中等　□合格　□不合格
3	设定提存计划业务	□优秀　□良好　□中等　□合格　□不合格
教师评语	教师签字：	
评价成绩	□优秀　□良好　□中等　□合格　□不合格	

实训小结

往来结算岗位实训项目结构图如图7-1所示。

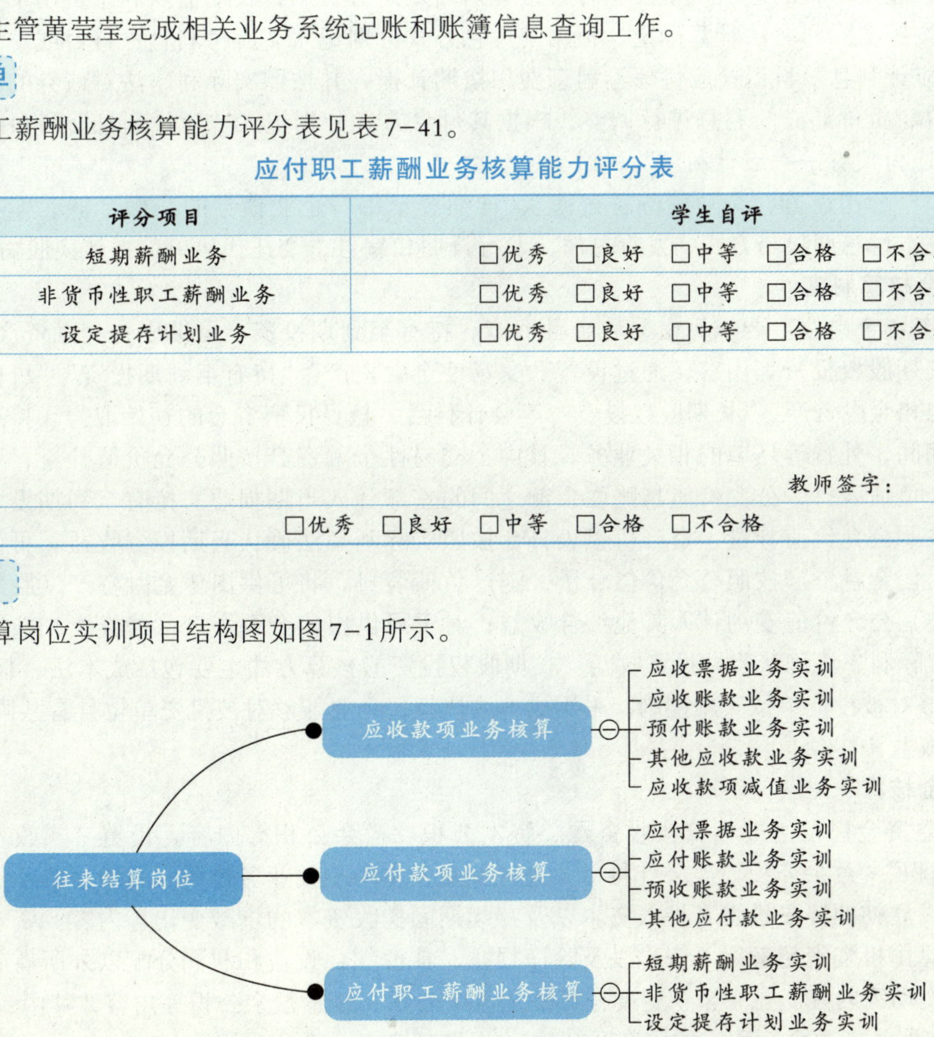

图7-1　往来结算岗位实训项目结构图

项目八　资金岗位

实训目标

- 掌握资金岗位的业务处理流程
- 能正确进行债务资金业务核算
- 能正确进行投资资金业务核算
- 能正确进行权益资金业务核算

会计核算制度

一、债务资金核算制度

公司债务资金岗位主要核算短期借款、长期借款及应付债券等内容，通过设置“短期借款”“长期借款”“应付债券”等会计科目，核算债务资金的取得、计息、付息、还本等业务。其中：短期借款利息费用于发生时直接计入当期财务费用；长期借款利息费用于资产负债表日按照实际利率法计算确定，根据其付息方式分别记入“应付利息”科目或“长期借款——应计利息”科目；应付债券利息费用按期计提，并按照实际利率法对债券的溢价、折价形成的利息进行调整，根据其付息方式分别记入“应付利息”科目或“应付债券——应计利息”科目。

公司设置“企业债券备查簿”，详细登记每一企业债券的票面金额、债券票面利率、还本付息期限与方式、发行总额、发行日期和编号、委托代售单位、转换股份等资料。

短期借款业务核算
重难点解析视频

长期借款业务核算
重难点解析视频

发行债券业务核算
重难点解析视频

二、投资资金核算制度

公司投资资金岗位主要核算交易性金融资产、持有至到期投资、可供出售金融资产、长期股权投资等内容，通过设置“交易性金融资产”“持有至到期投资”“可供出售金融资产”“长期股权投资”等会计科目，核算投资资金的初始取得、持有期间、处置等环节的相关业务。其中：交易性金融资产按照公允价值计量，资产负债表日，公允价值与账面余额之间的差额计入当期损益。持有至到期投资按照公允价值计量，资产负债表日，按照实际利率法确认当期投资收益。可供出售金融资产按照公允价值计量，资产负债表日，将可供出售金融资产（股票类）公允价值变动计入其他综合收益；对于可供出售金融资产（债券类）按照实际利率法确认当期投资收益。长期股权投资的核算方法主要包括成本法、权益法等，其中：企业能够对被投资单位实施控制，采用成本法核算；企业能够对被投资单位具有共同控制或重大影响，采用权益法核算。

可供出售金融资产的初始取得
重难点解析视频

权益法下长期股权投资的取得
重难点解析视频

交易性金融资产资产负债表日的核算
重难点解析视频

持有至到期投资持有期间的核算
重难点解析视频

三、权益资金核算

公司权益资金岗位主要核算实收资本、资本公积、盈余公积等内容，设置“实收资本”“资本公积”“盈余公积”等会计科目，进行权益资本的相关业务核算。其中：实收资本主要核算设立初期接受投资者投入资本以及存续期间实收资本的增减变化等内容。资本公积主要核算由投资者超额缴入资本以及除净损益、其他综合收益和利润分配以外所有者权益的其他变动等内容。盈余公积主要核算法定盈余公积、任意盈余公积等内容，其中：公司按照净利润的10%提取法定盈余公积，按照净利润的5%提取任意盈余公积。

实收资本核算
重难点解析视频

任务1 债务资金业务核算

实训任务单

一、实训项目

- 短期借款业务实训
- 长期借款业务实训
- 应付债券业务实训

二、业务清单

2016年12月，公司部分债务资金业务的相关资料如下：

业务1： 2016年12月1日，公司委托正信证券股份有限公司发行5年期一次还本、分期付息的企业债券，面值为100 000元，实际收到的款项为104 327元，债券利息在每月月末支付，票面年利率为6%，发行时的市场年利率为5%。款项用于新建车间工程项目，工程项目尚未启动。上述款项已由工商银行杭州钱江支行收妥入账。（操作指引见表8-1）

表8-1 操作指引

出纳	制单会计	稽核会计	会计主管	财务经理
1. 办理收款业务	2. 审核银行进账单（收账通知）、企业发行债券项目明细表等 3. 编制记账凭证	4. 审核记账凭证	5. 系统记账	—

业务2： 2016年12月1日，公司委托华阳证券股份有限公司发行4年期一次还本、分期付息的企业债券，面值为120 000元，票面利率6%，实际收到款项112 047元，发行时的市场利率为8%，债券利息在每月月末支付。款项用于新建生产线工程项目，工程于11月份正式启动。上述款项已由工商银行杭州钱江支行收妥入账。（操作指引见表8-2）

表8-2 操作指引

出纳	制单会计	稽核会计	会计主管	财务经理
1. 办理收款业务	2. 审核银行进账单（收账通知）、企业发行债券项目明细表等 3. 编制记账凭证	4. 审核记账凭证	5. 系统记账	—

业务3： 2016年12月1日，公司委托星河证券股份有限公司发行3年期一次还本付息的企业债券，面值为200 000元，实际收到的款项为200 000元，票面利率为6%，实际利率与票面利率相同。款项用于支付新购的专利技术项目。上述款项已由工商银行杭州钱江支行收妥入账。（操作指引见表8-3）

表8-3 操作指引

出纳	制单会计	稽核会计	会计主管	财务经理
1. 办理收款业务	2. 审核银行进账单（收账通知）、企业发行债券项目明细表等 3. 编制记账凭证	4. 审核记账凭证	5. 系统记账	—

业务4： 2016年12月3日，公司收到中国工商银行杭州钱江支行核准的短期借款，金额为30 000元，期限6个月，年利率为4.35%。（操作指引见表8-4）

表8-4 操作指引

出纳	制单会计	稽核会计	会计主管	财务经理
1. 办理收款业务	2. 审核借款借据、贷款凭证（收账通知）等 3. 编制记账凭证	4. 审核记账凭证	5. 系统记账	—

业务5： 2016年12月5日，公司收到中国交通银行杭州庆春支行（贷款户账号：1503548856239162876；存款户账号：1203328162876856239）短期借款的贷款还息凭证，已从存款户中扣除11月份利息费用，借款本金为50 000元，月利率为0.36%。（操作指引见表8-5）

表8-5 操作指引

出纳	制单会计	稽核会计	会计主管	财务经理
—	1.审核短期借款利息计算明细表、贷款还息凭证等 2.编制记账凭证	3.审核记账凭证	4.系统记账	—

业务6： 2016年12月6日，公司向中国工商银行杭州武林支行（贷款户账号：1202025917218156231；存款户账号：1203815623128259172）归还到期的短期借款本息，其中：借款本金30 000元，当月利息费用108元。（操作指引见表8-6）

表8-6 操作指引

出纳	制单会计	稽核会计	会计主管	财务经理
1.填写付款申请书 3.办理付款业务	4.审核付款申请书、贷款还款凭证等 5.编制记账凭证	6.审核记账凭证	7.系统记账	2.审核付款申请书

业务7： 2016年12月8日，公司向中国建设银行杭州南山支行（贷款户账号：1202028156238602618；存款户账号：1273861120280562619）归还到期的长期借款本息，其中：借款本金300 000元，当月利息费用1 187.50元。利息分次偿还，票面利率与实际利率相同。（操作指引见表8-7）

表8-7 操作指引

出纳	制单会计	稽核会计	会计主管	财务经理
1.填写付款申请书 3.办理付款业务	4.审核付款申请书、贷款还款凭证等 5.编制记账凭证	6.审核记账凭证	7.系统记账	2.审核付款申请书

业务8： 2016年12月9日，公司向中国银行杭州新塘支行（贷款户账号：1202023811761893732；存款户账号：1215610212393732819）归还到期的长期借款本息，其中：借款本金200 000元，到期一次偿还利息费用19 000元，票面利率与实际利率相同。（操作指引见表8-8）

表8-8 操作指引

出纳	制单会计	稽核会计	会计主管	财务经理
1.填写付款申请书 3.办理付款业务	4.审核付款申请书、贷款还款凭证等 5.编制记账凭证	6.审核记账凭证	7.系统记账	2.审核付款申请书

业务9： 2016年12月22日，公司委托正信证券股份有限公司（开户银行：建设银行杭州市下沙支行；银行账号：1202021518090330222）发行的2年期一次还本付息的企业债券到期，偿还债券本金300 000元，利息费用36000元，债券票面利率为6%，实际利率为6%。上述款项已通过工商银行杭州钱江支行转账支付。（操作指引见表8-9）

表8-9 操作指引

出纳	制单会计	稽核会计	会计主管	财务经理
1.填写付款申请书 3.办理付款业务	4.审核付款申请书、电子银行转账凭证（付款）等 5.编制记账凭证	6.审核记账凭证	7.系统记账	2.审核付款申请书

业务10： 2016年12月25日，公司收到杭州银行杭州市北山支行核准的长期借款，金额为500 000元，期限3年，贷款年利率为4.75%。（操作指引见表8-10）

表8-10

操作指引

出纳	制单会计	稽核会计	会计主管	财务经理
1.办理收款业务	2.审核借款借据、贷款凭证（收账通知）等 3.编制记账凭证	4.审核记账凭证	5.系统记账	—

业务11： 2016年12月26日，公司收到工商银行杭州钱江支行（贷款户账号：1298313218702167385；存款户账号：1232187023831146738）长期借款的贷款还息凭证，已从存款户中扣除第四季度的利息费用。借款本金为300 000元，月利率为0.42%，按季支付利息，票面利率与实际利率相同。该借款主要用于建造生产设备，工程尚未完工。(操作指引见表8-11)

表8-11

操作指引

出纳	制单会计	稽核会计	会计主管	财务经理
—	1.审核长期借款利息计算明细表、贷款还息凭证等 2.编制记账凭证	3.审核记账凭证	4.系统记账	—

业务12： 2016年12月31日，公司计提12月份发行的3项债券的利息费用。(操作指引见表8-12)

表8-12

操作指引

出纳	制单会计	稽核会计	会计主管	财务经理
—	1.审核债券溢价摊销表、债券折价摊销表、应付债券（面值）利息计算明细表等 2.编制记账凭证	3.审核记账凭证	4.系统记账	—

三、实训要求

将5位学生组成一个实训小组，分别扮演出纳、制单会计、稽核会计、会计主管、财务经理等角色，分岗位完成相关工作任务（具体见表8-13）。

表8-13

岗位工作任务明细表

序号	岗位	工作任务
1	出纳	➢ 办理收、付款等业务 ➢ 系统出纳签字
2	制单会计	➢ 审核原始凭证 ➢ 编制记账凭证
3	稽核会计	➢ 审核记账凭证
4	会计主管	➢ 完成相关审核工作 ➢ 系统主管签字 ➢ 完成系统记账
5	财务经理	➢ 完成相关财务审批

实训操作单

一、原始凭证

由出纳张晓霞完成相关业务单据的处理工作；由制单会计陈瑞刚完成相关业务原始凭证的审核工作（具体见表8-14）。

业务单据填写范本
8-1

表 8-14

业务单据明细表

业务	原始凭证	
	单据名称	对应附件编号
1	银行进账单（收账通知）	8-1-1
	企业发行债券项目明细表	8-1-2
2	银行进账单（收账通知）	8-1-3
	企业发行债券项目明细表	8-1-4
3	银行进账单（收账通知）	8-1-5
	企业发行债券项目明细表	8-1-6
4	借款借据	8-1-7
	贷款凭证（收账通知）	8-1-8
5	短期借款利息计算明细表	8-1-9
	贷款还息凭证	8-1-10
6	付款申请书	8-1-11
	贷款还款凭证	8-1-12
7	付款申请书	8-1-13
	贷款还款凭证	8-1-14
8	付款申请书	8-1-15
	贷款还款凭证	8-1-16
9	付款申请书	8-1-17
	电子银行转账凭证（付款）	8-1-18
10	借款借据	8-1-19
	贷款凭证（收账通知）	8-1-20
11	长期借款利息计算明细表	8-1-21
	贷款还息凭证	8-1-22
12	债券溢价摊销表（实际利率法）	8-1-23
	债券折价摊销表（实际利率法）	8-1-24
	应付债券（面值）利息计算明细表	8-1-25

二、记账凭证

由制单会计陈瑞刚完成相关业务记账凭证的系统编制工作；由稽核会计李晓芳完成相关业务记账凭证的系统审核工作；由出纳张晓霞完成相关业务的出纳签字工作；由会计主管黄莹莹完成相关业务的主管签字工作（具体见表8-15）。

记账凭证填制标准
8-1

表 8-15 会计核算分录明细表

业务	参考分录	记账凭证数量
1	借：银行存款——工行钱江支行 104 327 贷：应付债券——面值 100 000 ——利息调整 4 327	1
2	借：银行存款——工行钱江支行 112 047 应付债券——利息调整 7 953 贷：应付债券——面值 120 000	1
3	借：银行存款——工行钱江支行 200 000 贷：应付债券——面值 200 000	1
4	借：银行存款——工行钱江支行 30 000 贷：短期借款——工行钱江支行 30 000	1
5	借：财务费用 180 贷：银行存款——交行庆春支行 180	1
6	借：短期借款——工行武林支行 30 000 财务费用 108 贷：银行存款——工行武林支行 30 108	1
7	借：长期借款——本金 300 000 应付利息 1 187.5 贷：银行存款——建行南山支行 301 187.5	1
8	借：长期借款——本金 200 000 ——应计利息 19 000 贷：银行存款——中行新塘支行 219 000	1
9	借：应付债券——面值 300 000 ——应计利息 36 000 贷：银行存款——工行钱江支行 336 000	1
10	借：银行存款——杭州银行北山支行 500 000 贷：长期借款——本金 500 000	1
11	借：在建工程 1 260 应付利息 2 520 贷：银行存款——工行钱江支行 3 780	1
12	借：财务费用 434.7 应付债券——利息调整 65.3 贷：应付利息 500 借：在建工程 746.98 贷：应付利息 600 应付债券——利息调整 146.98 借：财务费用 1 000 贷：应付债券——应付利息 1 000	3

三、会计账簿

由会计主管黄莹莹完成相关业务系统记账和账簿信息查询工作。

实训评价单

债券资金业务核算能力评分表见表 8-16。

表8-16 债券资金业务核算能力评分表

序号	评分项目	学生自评
1	短期借款业务	□优秀 □良好 □中等 □合格 □不合格
2	长期借款业务	□优秀 □良好 □中等 □合格 □不合格
3	应付债券业务	□优秀 □良好 □中等 □合格 □不合格
教师评语	教师签字：	
评价成绩	□优秀 □良好 □中等 □合格 □不合格	

任务2 投资资金业务核算

实训任务单

一、实训项目

- 交易性金融资产业务实训
- 持有至到期投资业务实训
- 可供出售金融资产业务实训
- 长期股权投资业务实训

二、业务清单

2016年12月，公司部分投资资金业务的相关资料如下：

业务1：2016年12月1日，公司在中信证券交易所购入国债10 000份，面值总额为100 000元，支付相关价款100 000元（假设未发生相关交易费用），债券票面利率为6%，实际利率为6%。公司将其划分为持有至到期投资，按月收取利息，到期一次归还本金。（操作指引见表8-17）

表8-17 操作指引

出纳	制单会计	稽核会计	会计主管	财务经理
—	1.审核国债交易记录等 2.编制记账凭证	3.审核记账凭证	4.系统记账	—

业务2：2016年12月5日，公司在兴业证券交易所购入万达股份有限公司发行的股票2 000股，每股5元，支付相关交易费用500元。公司将其划分为交易性金融资产。（操作指引见表8-18）

表8-18 操作指引

出纳	制单会计	稽核会计	会计主管	财务经理
—	1.审核股票交割单等 2.编制记账凭证	3.审核记账凭证	4.系统记账	—

业务3：2016年12月10日，公司在兴业证券交易所购入明锐股份有限公司发行的股票10 000股，购买日的公允价值为50 000元，并支付相关费用金额为3 000元。公司将其划分为可供出售金融资产。（操作指引见表8-19）

表8-19 操作指引

出纳	制单会计	稽核会计	会计主管	财务经理
—	1.审核股票交割单等 2.编制记账凭证	3.审核记账凭证	4.系统记账	—

业务4： 2016年12月12日，公司签发工商银行钱江支行转账支票1 000 000元（含相关的交易费用），购入宁波华伟股份有限公司（开户银行：平安银行杭州市采荷支行；银行账号：1203023256715180119）25%的股份，对该公司具有重大影响。假设公司的初始投资成本等于其应享有被投资单位可辨认净资产公允价值份额。（操作指引见表8-20）

表8-20

操作指引

出纳	制单会计	稽核会计	会计主管	财务经理
1.填写付款申请书 3.签发转账支票 5.填写银行进账单 6.办理付款业务	7.审核付款申请书、转账支票（存根联）、银行进账单等 8.编制记账凭证	9.审核记账凭证	10.系统记账	2.审批付款申请书 4.审批转账支票

业务5： 2016年12月15日，公司以工商银行钱江支行网银转账3 000 000元，购入非同一控制下的金华远东股份有限公司（开户银行：浦发银行杭州市秋涛支行；银行账号：1202740215823518383）75%的股份，对该公司具有控制权，并支付相关的交易费用100 000元。（操作指引见表8-21）

表8-21

操作指引

出纳	制单会计	稽核会计	会计主管	财务经理
1.填写付款申请书 3.办理付款业务	4.审核付款申请书、网上银行电子回单等 5.编制记账凭证	6.审核记账凭证	7.系统记账	2.审批付款申请书

业务6： 2016年12月31日，公司在兴业证券交易所将其持有的交易性金融资产——渤海股份有限公司3 500股股票出售，每股成交价格为3元，另支付相关交易费用500元。交易日，该股票账面价值为9 000元，其中："成本"为10 000元，"公允价值变动"（贷方余额）为1 000元，假设不考虑相关税费。（操作指引见表8-22）

表8-22

操作指引

出纳	制单会计	稽核会计	会计主管	财务经理
—	1.审核股票交割单等 2.编制记账凭证	3.审核记账凭证	4.系统记账	—

业务7： 2016年12月31日，公司持有的万达股份有限公司发行的股票公允价值发生变动，月末公允价值金额为9 000元。（操作指引见表8-23）

表8-23

操作指引

出纳	制单会计	稽核会计	会计主管	财务经理
—	1.审核公允价值变动计算表等 2.编制记账凭证	3.审核记账凭证	4.系统记账	—

业务8： 2016年12月31日，公司确认本月购入的国债利息收入500元。（操作指引见表8-24）

表8-24

操作指引

出纳	制单会计	稽核会计	会计主管	财务经理
—	1.审核持有至到期投资利息费用计算表等 2.编制记账凭证	3.审核记账凭证	4.系统记账	

业务9： 2016年12月31日，公司在中信证券交易所将其持有的5年期到期国债出售，取得价款为150 000元。交易日，公司该债权投资的账面价值为140 000元，其中："成本"为135 000元，"利息调整"（借方余额）为5 000元。假定该持有至到期投资未发生减值，不考虑相关税费。（操作指引见表8-25）

表8-25 操作指引

出纳	制单会计	稽核会计	会计主管	财务经理
—	1.审核国债交易记录等 2.编制记账凭证	3.审核记账凭证	4.系统记账	—

业务10：2016年12月31日，公司持有明锐股份有限公司发行的股票公允价值发生变动，月末公允价值金额为56 000元。（操作指引见表8-26）

表8-26 操作指引

出纳	制单会计	稽核会计	会计主管	财务经理
—	1.审核公允价值变动计算表等 2.编制记账凭证	3.审核记账凭证	4.系统记账	—

业务11：2016年12月31日，公司在兴业证券交易所将其持有的可供出售金融资产——光明股份有限公司的全部股票出售，取得价款为60 000元。交易日，该股票账面价值为50 000元，其中："成本"为43 000元，"公允价值变动"（借方余额）为7 000元，假设不考虑相关税费。（操作指引见表8-27）

表8-27 操作指引

出纳	制单会计	稽核会计	会计主管	财务经理
—	1.审核股票交割单等 2.编制记账凭证	3.审核记账凭证	4.系统记账	—

业务12：2016年12月31日，公司在兴业证券交易所出售所持有的长期股权投资——海华股份有限公司的股票50 000股，每股出售价为10元，发生相关交易费用2 000元，款项已收到。该"长期股权投资"的账面价值332 000元，其中："投资成本"为305 000元，"损益调整"（借方余额）为15 000元，"其他综合收益"（借方余额）为12 000元，假设不考虑相关税费。（操作指引见表8-28）

表8-28 操作指引

出纳	制单会计	稽核会计	会计主管	财务经理
—	1.审核股票交割单等 2.编制记账凭证	3.审核记账凭证	4.系统记账	—

业务13：2016年12月31日，金华远东股份有限公司宣告发放现金股利24 000元，公司应享有现金股利18 000元。（操作指引见表8-29）

表8-29 操作指引

出纳	制单会计	稽核会计	会计主管	财务经理
—	1.审核长期股权投资（成本法）投资收益计算表等 2.编制记账凭证	3.审核记账凭证	4.系统记账	—

业务14：2016年12月31日，宁波华伟股份有限公司本年度盈利2 800 000元，公司应享有的净收益份额为700 000元。（操作指引见表8-30）

表8-30 操作指引

出纳	制单会计	稽核会计	会计主管	财务经理
—	1.审核长期股权投资（权益法）投资收益计算表等 2.编制记账凭证	3.审核记账凭证	4.系统记账	—

业务15：2016年12月31日，公司持有的温州京华股份有限公司的长期股权投资，由于其经营不善导致股价大幅度下跌，且短期内亏损无法弥补，公司确认计提相关的减值金额为500 000元。（操作指引见表8-31）

表8-31 **操作指引**

出纳	制单会计	稽核会计	会计主管	财务经理
—	1.审核长期股权投资减值准备计提表等 2.编制记账凭证	3.审核记账凭证	4.系统记账	—

三、实训要求

将5位学生组成一个实训小组，分别扮演出纳、制单会计、稽核会计、会计主管、财务经理等角色，分岗位完成相关工作任务（具体见表8-32）。

表8-32 **岗位工作任务明细表**

序号	岗位	工作任务
1	出纳	➤ 办理收、付款等业务 ➤ 系统出纳签字
2	制单会计	➤ 审核原始凭证 ➤ 编制记账凭证
3	稽核会计	➤ 审核记账凭证
4	会计主管	➤ 完成相关审核工作 ➤ 系统主管签字 ➤ 完成系统记账
5	财务经理	➤ 完成相关财务审批

实训操作单

一、原始凭证

由出纳张晓霞完成相关业务单据的处理工作；由制单会计陈瑞刚完成相关业务原始凭证的审核工作（具体见表8-33）。

业务单据填写范本8-2

表8-33 **业务单据明细表**

业务	原始凭证	
	单据名称	对应附件编号
1	国债交易记录	8-2-1
2	股票交割单	8-2-2
3	股票交割单	8-2-3
4	付款申请书	8-2-4
	转账支票	8-2-5
	银行进账单	8-2-6
5	付款申请书	8-2-7
	网上银行电子回单	8-2-8
6	股票交割单	8-2-9
7	公允价值变动计算表	8-2-10
8	持有至到期投资利息费用计算表	8-2-11
9	国债交易记录	8-2-12
10	公允价值变动计算表	8-2-13
11	股票交割单	8-2-14
12	股票交割单	8-2-15
13	长期股权投资（成本法）投资收益计算表	8-2-16
14	长期股权投资（权益法）投资收益计算表	8-2-17
15	长期股权投资减值准备计提表	8-2-18

二、记账凭证

由制单会计陈瑞刚完成相关业务记账凭证的系统编制工作；由稽核会计李晓芳完成相关业务记账凭证的系统审核工作；由出纳张晓霞完成相关业务的出纳签字工作；由会计主管黄莹莹完成相关业务的主管签字工作（具体见表8-34）。

记账凭证填制标准
8-2

表8-34 会计核算分录明细表

业务	参考分录			记账凭证数量
1	借：持有至到期投资	100 000		1
	贷：其他货币资金——存出投资款		100 000	
2	借：交易性金融资产——成本	10 000		1
	投资收益	500		
	贷：其他货币资金——存出投资款		10 500	
3	借：可供出售金融资产——成本	53 000		1
	贷：其他货币资金——存出投资款		53 000	
4	借：长期股权投资——宁波华伟股份有限公司（投资成本）	1 000 000		1
	贷：银行存款——工行钱江支行		1 000 000	
5	借：长期股权投资——金华远东股份有限公司	3 100 000		1
	贷：银行存款——工行钱江支行		3 100 000	
6	借：其他货币资金——存出投资款	10 000		2
	交易性金融资产——公允价值变动	1 000		
	贷：交易性金融资产——成本		10 000	
	投资收益		1 000	
	借：投资收益	1 000		
	贷：公允价值变动损益		1 000	
7	借：公允价值变动损益	1 000		1
	贷：交易性金融资产——公允价值变动		1 000	
8	借：应收利息	500		1
	贷：投资收益		500	
9	借：其他货币资金——存出投资款	150 000		1
	贷：持有至到期投资——成本		135 000	
	——利息调整		5 000	
	投资收益		10 000	
10	借：可供出售金融资产——公允价值变动	3 000		1
	贷：其他综合收益		3 000	
11	借：其他货币资金——存出投资款	60 000		2
	贷：可供出售金融资产——成本		43 000	
	——公允价值变动		7 000	
	投资收益		10 000	
	借：其他综合收益	7 000		
	贷：投资收益		7 000	
12	借：其他货币资金——存出投资款	498 000		2
	贷：长期股权投资——海华股份有限公司（投资成本）		305 000	
	——海华股份有限公司（损益调整）		15 000	
	——海华股份有限公司（其他综合收益）		12 000	
	投资收益		166 000	
	借：其他综合收益	12 000		
	贷：投资收益		12 000	
13	借：应收股利	18 000		1
	贷：投资收益		18 000	
14	借：长期股权投资——宁波华伟股份有限公司（损益调整）	700 000		1
	贷：投资收益		700 000	
15	借：资产减值损失——计提长期股权投资减值准备	500 000		1
	贷：长期股权投资减值准备		500 000	

三、会计账簿

由会计主管黄莹莹完成相关业务系统记账和账簿信息查询工作。

实训评价单

投资资金业务核算能力评分表见表8-35。

表8-35 投资资金业务核算能力评分表

序号	评分项目	学生自评
1	交易性金融资产业务	□优秀 □良好 □中等 □合格 □不合格
2	持有至到期投资业务	□优秀 □良好 □中等 □合格 □不合格
3	可供出售金融资产业务	□优秀 □良好 □中等 □合格 □不合格
4	长期股权投资业务	□优秀 □良好 □中等 □合格 □不合格
教师评语	教师签字：	
评价成绩	□优秀 □良好 □中等 □合格 □不合格	

任务3 权益资金业务核算

实训任务单

一、实训项目

- 实收资本业务实训
- 资本公积业务实训
- 盈余公积业务实训

二、业务清单

2016年12月，公司部分权益资金业务的相关资料如下：

业务1： 2016年12月15日，公司为扩大经营规模，经批准，增加注册资本1 000 000元，李振华、张宏光、黄晓敏等三位投资者按照原出资比例分别追加现金投资300 000元、450 000元和250 000元，上述款项由工商银行杭州钱江支行收妥入账。（操作指引见表8-36）

表8-36 操作指引

出纳	制单会计	稽核会计	会计主管	财务经理
1.办理收款业务	2.审核电子银行转账凭证（收款）等 3.编制记账凭证	4.审核记账凭证	5.系统记账	—

业务2： 2016年12月31日，公司为扩大经营规模，经批准，按原出资比例将资本公积200 000元转增资本。其中：李振华、张宏光、黄晓敏分别增加实收资本60 000元、90 000元和50 000元。（操作指引见表8-37）

表8-37 操作指引

出纳	制单会计	稽核会计	会计主管	财务经理
—	1.审核资本公积转增资本明细表等 2.编制记账凭证	3.审核记账凭证	4.系统记账	—

业务3： 2016年12月31日，公司为扩大经营规模，经批准，按原出资比例将盈余公积500 000元转增资本。其中：李振华、张宏光、黄晓敏分别增加实收资本150 000元、225 000元和125 000元。（操作指引见表8-38）

表8-38 操作指引

出纳	制单会计	稽核会计	会计主管	财务经理
—	1.审核盈余公积转增资本明细表等 2.编制记账凭证	3.审核记账凭证	4.系统记账	—

业务4：2016年12月31日，公司本年度净利润为542 151元，按照10%提取法定盈余公积。（操作指引见表8-39）

表8-39

操作指引

出纳	制单会计	稽核会计	会计主管	财务经理
—	1.审核法定盈余公积计提表等 2.编制记账凭证	3.审核记账凭证	4.系统记账	—

业务5：2016年12月31日，公司本年度净利润为542 151元，按照5%提取任意盈余公积。（操作指引见表8-40）

表8-40

操作指引

出纳	制单会计	稽核会计	会计主管	财务经理
—	1.审核任意盈余公积计提表等 2.编制记账凭证	3.审核记账凭证	4.系统记账	—

三、实训要求

将5位学生组成一个实训小组，分别扮演出纳、制单会计、稽核会计、会计主管、财务经理等角色，分岗位完成相关工作任务（具体见表8-41）。

表8-41

岗位工作任务明细表

序号	岗位	工作任务
1	出纳	➢ 办理收、付款等业务 ➢ 系统出纳签字
2	制单会计	➢ 审核原始凭证 ➢ 编制记账凭证
3	稽核会计	➢ 审核记账凭证
4	会计主管	➢ 完成相关审核工作 ➢ 系统主管签字 ➢ 完成系统记账
5	财务经理	➢ 完成相关财务审批

实训操作单

一、原始凭证

由出纳张晓霞完成相关业务单据的处理工作；由制单会计陈瑞刚完成相关业务原始凭证的审核工作（具体见表8-42）。

表8-42

业务单据明细表

业务	原始凭证	
	单据名称	对应附件编号
1	电子银行转账凭证（收款）	8-3-1至8-3-3
2	资本公积转增资本明细表	8-3-4
3	盈余公积转增资本明细表	8-3-5
4	法定盈余公积计提表	8-3-6
5	任意盈余公积计提表	8-3-7

二、记账凭证

由制单会计陈瑞刚完成相关业务记账凭证的系统编制工作；由稽核会计李晓芳完成相关业务记账凭证的系统审核工作；由出纳张晓霞完成相关业务的出纳签字工作；由会计主管黄莹莹完成相关业务的主管签字工作（具体见表8-43）。

记账凭证填制标准
8-3

表 8-43　**会计核算分录明细表**

业务	参考分录	记账凭证数量
1	借：银行存款　1 000 000 　贷：实收资本——李振华　300 000 　　　　　　——张宏光　450 000 　　　　　　——黄晓敏　250 000	1
2	借：资本公积　200 000 　贷：实收资本——李振华　60 000 　　　　　　——张宏光　90 000 　　　　　　——黄晓敏　50 000	1
3	借：盈余公积　500 000 　贷：实收资本——李振华　150 000 　　　　　　——张宏光　225 000 　　　　　　——黄晓敏　125 000	1
4	借：利润分配——提取法定盈余公积　54 215.10 　贷：盈余公积——法定盈余公积　54 215.10 借：利润分配——未分配利润　54 215.10 　贷：利润分配——提取法定盈余公积　54 215.10	2
5	借：利润分配——提取任意盈余公积　27 107.55 　贷：盈余公积——任意盈余公积　27 107.55 借：利润分配——未分配利润　27 107.55 　贷：利润分配——提取任意盈余公积　27 107.55	2

三、会计账簿

由会计主管黄莹莹完成相关业务系统记账和账簿信息查询工作。

实训评价单

权益资金业务核算能力评分表见表8-44。

表 8-44　**权益资金业务核算能力评分表**

序号	评分项目	学生自评
1	实收资本业务	□优秀　□良好　□中等　□合格　□不合格
2	资本公积业务	□优秀　□良好　□中等　□合格　□不合格
3	盈余公积业务	□优秀　□良好　□中等　□合格　□不合格
教师评语		教师签字：
评价成绩	□优秀　□良好　□中等　□合格　□不合格	

实训小结

资金岗位实训项目结构图如图8-1所示。

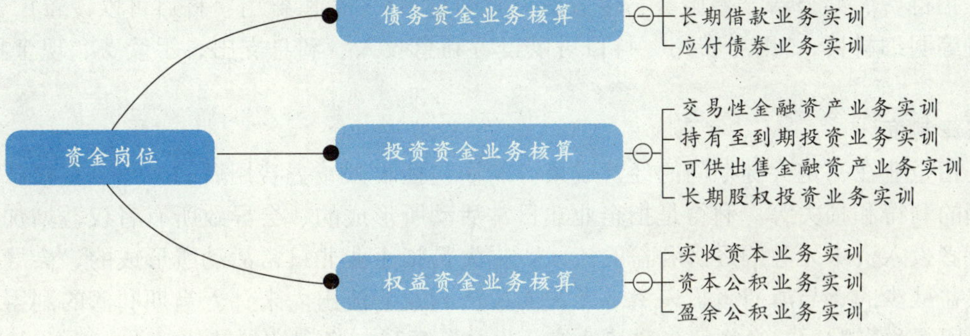

图 8-1　资金岗位实训项目结构图

项目九　财务成果岗位

实训目标

- 掌握财务成果岗位的业务处理流程
- 能正确进行收入业务核算
- 能正确进行费用业务核算
- 能正确进行利润业务核算

会计核算制度

一、收入核算制度

一般销售商品业务收入的计量与核算

重难点解析视频

收入是指企业在日常活动中形成的、会导致所有者权益增加的、与所有者投入资本无关的经济利益的总流入。收入按企业从事日常活动的性质不同，分为销售商品收入、提供劳务收入和让渡资产使用权收入。公司收入的确认，必须同时满足五个条件：第一，企业应将商品所有权上的主要风险和报酬转移给购货方；第二，企业既没有保留通常与所有权相联系的继续管理权，也没有对已售出的商品实施有效控制；第三，收入的金额能够可靠地计量；第四，相关的经济利益很可能流入企业；第五，相关的已发生或将发生的成本能够可靠地计量。

公司按经营业务的主次不同，设置“主营业务收入”“其他业务收入”等科目进行会计核算。其中：主营业务收入是指企业为完成其经营目标所从事的经常性活动实现的收入，如销售产品收入；其他业务收入是指企业为完成其经营目标所从事的与经常性活动相关的活动实现的收入，如原材料销售收入、固定资产租赁收入、无形资产使用费收入等。

二、费用核算制度

管理费用的核算

业务操作基本规范

费用是指企业在日常活动中发生的、会导致所有者权益减少的、与向所有者分配利润无关的经济利益的总流出，主要包括成本费用和期间费用。公司采用品种法计算产品成本，成本项目分为直接材料、直接人工和制造费用等。公司生产多个产品共同耗用的材料费用按照各种产品材料消耗定额进行分配；人工费用、制造费用按照实际生产工时在各种产品之间进行分配；月末，采用约当产量法将生产费用在完工产品与在产品之间进行分配。原材料在生产开始时一次性投入，月末在产品的完工程度均为50%。公司月末一次性结转产品销售成本，产品单位成本采用月末一次加权平均法进行计算。

公司费用核算主要包括管理费用、销售费用、财务费用等三个部分。其中：“管理费用”科目可以设置业务招待费、办公费、差旅费、住宿费等明细科目；“销售费用”科目可以设置广告费、宣传费、包装费等明细科目；“财务费用”科目可以设置利息收入、利息支出、手续费、现金折扣等明细科目。

三、利润核算制度

本年利润核算

业务操作基本规范

利润是指企业在一定会计期间的经营成果。利润包括收入减去费用后的净额、直接计入当期利润的利得和损失等。利得是指企业非日常活动所形成的、会导致所有者权益增加的、与所有者投入资本无关的经济利益的流入。损失是指企业非日常活动所形成的、会导致所有者权益减少的、与所有者投入资本无关的经济利益的流出。未计入当期利润的利得和损失扣除所得税影响后的净额记入“其他综合收益”项目。净利润与其他综合收益的合计金额为综合收益总额。

公司于每月月末采用账结法结转本年利润，设置“本年利润”科目，结转相关的收入、费用、利得、损失等，并在此基础上进行利润的计算与分配。

任务1 收入业务核算

实训任务单

一、实训项目

- 销售商品收入业务实训
- 提供劳务收入业务实训
- 让渡资产使用权收入业务实训

二、业务清单

2016年12月，公司部分收入业务的相关资料如下：

业务1：2016年12月1日，公司向上海三元服饰集团（开户银行：中国工商银行上海浦东支行；银行账号：1202021518090321906）销售男式高级西服200件，销售价格1 200元/件，销售额240 000元，增值税额40 800元。商品已经发出，款项已由工商银行杭州钱江支行收妥入账。（操作指引见表9-1）

表9-1 操作指引

出纳	制单会计	稽核会计	会计主管	财务经理
1.办理收款业务 2.开具增值税专用发票	3.审核销售单、增值税专用发票、进账单（收账通知）等 4.编制记账凭证	5.审核记账凭证	6.系统记账	—

业务2：2016年12月3日，公司向浙江英泰服饰有限公司（开户银行：中国工商银行杭州市春晖支行；银行账号：1202032591715180603）销售女式高级西服80件，销售价格1 100元/件，销售额88 000元，增值税额14 960元。商品已经发出，款项尚未收到款项。（操作指引见表9-2）

表9-2 操作指引

出纳	制单会计	稽核会计	会计主管	财务经理
1.开具增值税专用发票	2.审核销售单、增值税专用发票等 3.编制记账凭证	4.审核记账凭证	5.系统记账	—

业务3：2016年12月5日，公司采用托收承付方式向杭州江山公司销售男式高级西服80件，公司在销售该商品时已得知杭州江山公司资金流动发生暂时困难，但为了减少存货积压，同时也为了维持与杭州江山公司长期以来建立的商业关系，公司仍将货品发出。该批商品的销售价格为1 200元/件，销售成本（采用上月产品的加权平均单价暂估入账）为520元/件。（操作指引见表9-3）

表9-3 操作指引

出纳	制单会计	稽核会计	会计主管	财务经理
—	1.审核出库单等 2.编制记账凭证	3.审核记账凭证	4.系统记账	—

业务4：2016年12月7日，公司向苏州红袖服饰有限公司（开户银行：中国工商银行苏州市吴中支行；银行账号：1258514618026784625）销售女式高级西服90件，销售价格1 100元/件，增值税税率为17%，款项尚未收取。根据公司相关销售政策：女式高级西服一次性采购量超过88件，将给予客户5%的商业折扣。（操作指引见表9-4）

表9-4

操作指引

出纳	制单会计	稽核会计	会计主管	财务经理
1.开具增值税专用发票	2.审核销售单、增值税专用发票等 3.编制记账凭证	4.审核记账凭证	5.系统记账	—

业务5：2016年12月9日，上海三元服饰集团将收到的200件男式高级西服验收入库时发现，商品质量存在瑕疵，但不影响正常使用，要求公司在价格上给予5%的折让。公司经核实，同意并办妥了有关折让手续，折让销售额12 000元，涉及增值税额2 040元，开具了增值税专用发票（红字），上述款项已由工商银行杭州钱江支行予以全额退回。（操作指引见表9-5）

表9-5

操作指引

出纳	制单会计	稽核会计	会计主管	财务经理
1.开具增值税专用发票（红字） 2.填写付款申请书 4.办理付款业务	5. 审核销售折让单、增值税专用发票（红字）、付款申请书、网上银行电子回单等 6.编制记账凭证	7.审核记账凭证	8.系统记账	3.审批付款申请书

业务6：2016年12月11日，浙江英泰服饰有限公司收到月初所购商品，因质量问题退回10件女式高级西服，涉及销售额11 000元，增值税额1 870元。经公司审核，客户提出的退货条件符合相关规定，同意退货，开具了增值税专用发票（红字），并办妥相关手续。（操作指引见表9-6）

表9-6

操作指引

出纳	制单会计	稽核会计	会计主管	财务经理
1.开具增值税专用发票（红字）	2.审核退货单、增值税专用发票（红字）等 3.编制记账凭证	4.审核记账凭证	5.系统记账	—

业务7：2016年12月15日，公司与上海星辰公司签订协议，采用预收款方式向上海星辰公司销售男式高级西服20件，销售价格为1 200元/件。协议规定，该批商品应在签订协议时预付款项的60%（按销售价格计算），剩余款项于2017年1月7日发出商品时予以支付。当日上述预付款项已由工商银行杭州钱江支行收妥入账。（操作指引见表9-7）

表9-7

操作指引

出纳	制单会计	稽核会计	会计主管	财务经理
1.办理收款业务	2.审核销售合同（复印件）、银行进账单（收账通知）等 3.编制记账凭证	4.审核记账凭证	5.系统记账	—

业务8：2016年12月18日，公司收到受托方江苏汉王服饰销售公司（开户银行：中国工商银行江苏南通支行；银行账号：381202151809032128）的代销清单，出售女式高级西服60件，每件1 100元，销售额66 000元，增值税额11 220元，款项尚未收取。同时按照有关协议规定，公司应按照销售额的12%向江苏汉王服饰公司支付手续费7 920元。（操作指引见表9-8）

表9-8

操作指引

出纳	制单会计	稽核会计	会计主管	财务经理
1.开具增值税专用发票	2.审核商品代销清单、增值税专用发票、委托代销商品手续费清单等 3.编制记账凭证	4.审核记账凭证	5.系统记账	—

业务9：2016年12月20日，公司委托上海民生服饰公司（开户银行：中国工商银行松江支行；银行账号：2534021518090321246）销售男式高级西服150件，协议价格为1 200元/件，增值税税率

17%，销售款项尚未收取。代销协议约定，上海民生股饰公司在取得代销商品后，无论是否卖出、是否获利，均与本公司无关。（操作指引见表9-9）

表9-9 操作指引

出纳	制单会计	稽核会计	会计主管	财务经理
1.开具增值税专用发票	2.审核销售单、增值税专用发票等 3.编制记账凭证	4.审核记账凭证	5.系统记账	—

业务10： 2016年12月21日，公司向上海三元服饰集团销售男式西服面料50米，销售单价为45元，增值税税率17%，款项已由工商银行杭州钱江支行网银收妥入账。（操作指引见表9-10）

表9-10 操作指引

出纳	制单会计	稽核会计	会计主管	财务经理
1.办理收款业务 2.开具增值税专用发票	3.审核销售单、增值税专用发票、电子银行转账凭证（收款）等 4.编制记账凭证	5.审核记账凭证	6.系统记账	—

业务11： 2016年12月23日，公司接受浙江英泰服饰有限公司委托的面料缩水处理作业，该劳务一次性完成，合同总价款为30 000元，增值税额为5 100元，款项尚未收取。该项劳务属于主营业务之外的其他经营活动。（操作指引见表9-11）

表9-11 操作指引

出纳	制单会计	稽核会计	会计主管	财务经理
1.开具增值税专用发票	2.审核劳务单、增值税专用发票等 3.编制记账凭证	4.审核记账凭证	5.系统记账	—

业务12： 2016年12月25日，公司向上海民生服饰公司收取上月的服装加工技术专利权使用费，每月金额为2 000元，增值税额为120元，款项已由工商银行杭州钱江支行收妥入账。（操作指引见表9-12）

表9-12 操作指引

出纳	制单会计	稽核会计	会计主管	财务经理
1.办理收款手续 2.开具增值税专用发票	3.审核增值税专用发票、银行进账单（收账通知）等 4.编制记账凭证	5.审核记账凭证	6.系统记账	—

三、实训要求

将5位学生组成一个实训小组，分别扮演出纳、制单会计、稽核会计、会计主管、财务经理等角色，分岗位完成相关工作任务（具体见表9-13）。

表9-13 岗位工作任务明细表

序号	岗位	工作任务
1	出纳	➢办理收、付款等业务 ➢系统出纳签字
2	制单会计	➢审核原始凭证 ➢编制记账凭证
3	稽核会计	➢审核记账凭证
4	会计主管	➢完成相关审核工作 ➢系统主管签字 ➢完成系统记账
5	财务经理	➢完成相关财务审批

实训操作单

一、原始凭证

由出纳张晓霞完成相关业务单据的处理工作；由制单会计陈瑞刚完成相关业务原始凭证的审核工作（具体见表9-14）。

业务单据填写范本 9-1

表9-14 业务单据明细表

业务	原始凭证	
	单据名称	对应附件编号
1	销售单	9-1-1
	银行进账单（收账通知）	9-1-2
	增值税专用发票	9-1-3
2	销售单	9-1-4
	增值税专用发票	9-1-5
3	出库单	9-1-6
4	销售单	9-1-7
	增值税专用发票	9-1-8
5	销售折让单	9-1-9
	增值税专用发票（红字）	9-1-10
	付款申请书	9-1-11
	网上银行电子回单	9-1-12
6	退货单	9-1-13
	增值税专用发票（红字）	9-1-14
7	销售合同（复印件）	9-1-15
	银行进账单（收账通知）	9-1-16
8	商品代销清单	9-1-17
	增值税专用发票	9-1-18
	委托代销商品手续费清单	9-1-19
9	销售单	9-1-20
	增值税专用发票	9-1-21
10	销售单	9-1-22
	增值税专用发票	9-1-23
	电子银行转账凭证（收款）	9-1-24
11	劳务单	9-1-25
	增值税专用发票	9-1-26
12	增值税专用发票	9-1-27
	银行进账单（收账通知）	9-1-28

二、记账凭证

由制单会计陈瑞刚完成相关业务记账凭证的系统编制工作；由稽核会计李晓芳完成相关业务记账凭证的系统审核工作；由出纳张晓霞完成相关业务的出纳签字工作；由会计主管黄莹莹完成相关业务的主管签字工作（具体见表9-15）。

记账凭证填制标准 9-1

表9-15 **会计核算分录明细表**

业务	参考分录	记账凭证数量
1	借：银行存款——工行钱江支行 280 800 贷：主营业务收入——男式高级西服 240 000 应交税费——应交增值税（销项税额） 40 800	1
2	借：应收账款——浙江英泰服饰有限公司 102 960 贷：主营业务收入——女式高级西服 88 000 应交税费——应交增值税（销项税额） 14 960	1
3	借：发出商品——男式高级西服 41 600 贷：库存商品——男式高级西服 41 600	1
4	借：应收账款——苏州红袖服饰有限公司 110 038.50 贷：主营业务收入——女式高级西服 94 050 应交税费——应交增值税（销项税额） 15 988.50	1
5	借：主营业务收入——男式高级西服 12 000 应交税费——应交增值税（销项税额） 2 040 贷：银行存款——工行钱江支行 14 040	1
6	借：主营业务收入——女式高级西服 11 000 应交税费——应交增值税（销项税额） 1 870 贷：应收账款——浙江英泰服饰有限公司 12 870	1
7	借：银行存款——工行钱江支行 14 400 贷：预收账款——上海星辰公司 14 400	1
8	借：应收账款——江苏汉王服饰销售公司 77 220 贷：主营业务收入——女式高级西服 66 000 应交税费——应交增值税（销项税额） 11 220 借：销售费用——手续费 7 920 贷：应收账款——江苏汉王服饰销售公司 7 920	2
9	借：应收账款——上海民生服饰公司 210 600 贷：主营业务收入——男式高级西服 180 000 应交税费——应交增值税（销项税额） 30 600	1
10	借：银行存款——工行钱江支行 2 632.50 贷：其他业务收入——男式西服面料 2 250 应交税费——应交增值税（销项税额） 382.50	1
11	借：应收账款——浙江英泰服饰有限公司 35 100 贷：其他业务收入——面料缩水处理 30 000 应交税费——应交增值税（销项税额） 5 100	1
12	借：银行存款——工行钱江支行 2 120 贷：其他业务收入——专利权使用费 2 000 应交税费——应交增值税（销项税额） 120	1

三、会计账簿

由会计主管黄莹莹完成相关业务系统记账和账簿信息查询工作。

实训评价单

收入业务核算能力评分表见表9-16。

表 9-16 收入业务核算能力评分表

序号	评分项目	学生自评
1	销售商品收入业务	□优秀 □良好 □中等 □合格 □不合格
2	提供劳务收入业务	□优秀 □良好 □中等 □合格 □不合格
3	让渡资产使用权业务	□优秀 □良好 □中等 □合格 □不合格
教师评语	教师签字：	
评价成绩	□优秀 □良好 □中等 □合格 □不合格	

任务2 费用业务核算

实训任务单

一、实训项目

- 产品成本业务实训
- 期间费用业务实训

二、业务清单

2016年12月，公司部分费用业务（其中：产品成本核算业务以西服生产线为例）的相关资料如下：

业务1：2016年12月6日，公司销售部向杭州红星文具公司（开户银行：工商银行杭州市武林支行；银行账号：1290426234901327123）购入办公用品一批，增值税专用发票注明的价款为400元，增值税额为68元，上述款项采用现金方式支付。（操作指引见表9-17）

表 9-17 操作指引

出纳	制单会计	稽核会计	会计主管	财务经理
6.办理付款业务	2.审核费用报销单、增值税专用发票等 3.编制记账凭证	4.审核记账凭证	5.系统记账	1.审批费用报销单

业务2：2016年12月12日，公司向杭州闪讯广告公司（开户银行：工商银行杭州市西溪支行；银行账号：1202349010411632412）支付本月广告费，增值税专用发票注明的价款为48 000元，增值税额为2 880元。上述款项已签发工商银行杭州钱江支行转账支票予以支付。（操作指引见表9-18）

表 9-18 操作指引

出纳	制单会计	稽核会计	会计主管	财务经理
1.填写付款申请书 3.签发转账支票 9.办理付款业务	5.审核付款申请书、增值税普通发票、转账支票（存根联）等 6.编制记账凭证	7.审核记账凭证	8.系统记账	2.审批付款申请书 4.审批转账支票

业务3：2016年12月16日，公司办公室报销业务招待费，增值税普通发票注明的价款为1 660元，增值税额为99.60元。上述款项采用现金方式支付。（操作指引见表9-19）

表 9-19 操作指引

出纳	制单会计	稽核会计	会计主管	财务经理
6.办理付款业务	2.审核费用报销单、增值税普通发票等 3.编制记账凭证	4.审核记账凭证	5.系统记账	1.审批费用报销单

业务4：2016年12月22日，公司通过工商银行杭州钱江支行转账的方式支付律师王一博（开户银行：工商银行杭州市秋涛支行；银行账号1230605180902611918）的咨询费3 000元，其中代扣代缴的个人所得税为440元。（操作指引见表9-20）

表9-20

操作指引

出纳	制单会计	稽核会计	会计主管	财务经理
1.填写付款申请书 3.办理付款业务	4.审核付款申请书、电子银行转账凭证（付款）、劳务费清单等 5.编制记账凭证	6.审核记账凭证	7.系统记账	2.审批付款申请书

业务5：2016年12月28日，公司签发工商银行杭州钱江支行转账支票用于支付供货商杭州泰丰面料公司（开户银行：中国工商银行杭州市清泰支行，银行账号：1206122349104116327）的货款23 200元，享有信用期现金折扣200元。（操作指引见表9-21）

表9-21

操作指引

出纳	制单会计	稽核会计	会计主管	财务经理
1.填写付款申请书 3.签发转账支票 9.办理付款业务	5.审核付款申请书、转账支票（存根联）等 6.编制记账凭证	7.审核记账凭证	8.系统记账	2.审批付款申请书 4.审批转账支票

业务6：2016年12月31日，公司分配本月西服生产线发出的材料费用。（操作指引见表9-22）

表9-22

操作指引

成本会计	制单会计	稽核会计	会计主管	财务经理
1.编制发出材料汇总表 2.编制产品材料费用分配表	3.审核发出材料汇总表、领料单、产品材料费用分配表等 4.编制记账凭证	5.审核记账凭证	6.系统记账	—

业务7：2016年12月31日，公司结转本月西服生产线发出的材料成本差异。（操作指引见表9-23）

表9-23

操作指引

成本会计	制单会计	稽核会计	会计主管	财务经理
1.编制材料成本差异率计算表 2.编制发出材料成本差异分配表	3.审核材料成本差异率计算表、发出材料成本差异分配表等 4.编制记账凭证	5.审核记账凭证	6.系统记账	—

业务8：2016年12月31日，公司分配本月西服生产线发出的周转材料。（操作指引见表9-24）

表9-24

操作指引

成本会计	制单会计	稽核会计	会计主管	财务经理
1.编制发出周转材料汇总表	2.审核发出周转材料汇总表、领料单等 3.编制记账凭证	4.审核记账凭证	5.系统记账	—

业务9：2016年12月31日，公司分配本月外购水费2 100元。（操作指引见表9-25）

表9-25

操作指引

成本会计	制单会计	稽核会计	会计主管	财务经理
1.编制外购水费分配表	2.审核外购水费分配表、水费使用清单等 3.编制记账凭证	4.审核记账凭证	5.系统记账	—

业务10： 2016年12月31日，公司分配本月外购电费4 400元。（操作指引见表9-26）

表9-26

操作指引

成本会计	制单会计	稽核会计	会计主管	财务经理
1.编制外购电费分配表	2.审核外购电费分配表、电费使用清单等 3.编制记账凭证	4.审核记账凭证	5.系统记账	—

业务11： 2016年12月31日，公司分配本月西服生产线的职工薪酬160 250.49元。（操作指引见表9-27）

表9-27

操作指引

成本会计	制单会计	稽核会计	会计主管	财务经理
1.编制职工薪酬分配表	2.审核职工薪酬分配表、职工薪酬汇总表等 3.编制记账凭证	4.审核记账凭证	5.系统记账	—

业务12： 2016年12月31日，公司分配本月西服生产线的职工福利费7 740元。（操作指引见表9-28）

表9-28

操作指引

成本会计	制单会计	稽核会计	会计主管	财务经理
1.编制职工福利分配表	2.审核职工福利分配表、职工福利费汇总表等 3.编制记账凭证	4.审核记账凭证	5.系统记账	—

业务13： 2016年12月31日，公司计提本月固定资产折旧。（操作指引见表9-29）

表9-29

操作指引

成本会计	制单会计	稽核会计	会计主管	财务经理
1.编制固定资产折旧计算表	2.审核固定资产折旧计算表等 3.编制记账凭证	4.审核记账凭证	5.系统记账	—

业务14： 2016年12月31日，公司分配本月西服生产线的制造费用。（操作指引见表9-30）

表9-30

操作指引

成本会计	制单会计	稽核会计	会计主管	财务经理
1.编制制造费用分配表	2.审核制造费用分配表等 3.编制记账凭证	4.审核记账凭证	5.系统记账	—

业务15： 2016年12月31日，公司生产的本月西服产品验收入库。（操作指引见表9-31）

表9-31

操作指引

成本会计	制单会计	稽核会计	会计主管	财务经理
1.编制产品成本计算单 2.编制产品成本汇总表	3.审核产品成本计算单、产品入库单、产品成本汇总表等 4.编制记账凭证	5.审核记账凭证	6.系统记账	—

业务16： 2016年12月31日，公司结转本月西服产品的销售成本。（操作指引见表9-32）

表9-32

操作指引

成本会计	制单会计	稽核会计	会计主管	财务经理
1.编制销售成本计算表	2.审核销售成本计算表、出库单等 3.编制记账凭证	4.审核记账凭证	5.系统记账	—

业务17： 2016年12月31日，公司结转本月销售男式西服面料的成本1 500元。（操作指引见表9-33）

表9-33

操作指引

成本会计	制单会计	稽核会计	会计主管	财务经理
—	1.审核出库单等 2.编制记账凭证	3.审核记账凭证	4.系统记账	—

业务18： 2016年12月31日，公司结转本月提供缩水处理劳务的成本2 000元，该劳务成本全部为人工费用。（操作指引见表9-34）

表9-34

操作指引

成本会计	制单会计	稽核会计	会计主管	财务经理
—	1.审核劳务清单等 2.编制记账凭证	3.审核记账凭证	4.系统记账	—

业务19： 2016年12月31日，公司结转本月让渡专利使用权的成本1 200元。（操作指引见表9-35）

表9-35

操作指引

成本会计	制单会计	稽核会计	会计主管	财务经理
—	1.审核专利权摊销明细表等 2.编制记账凭证	3.审核记账凭证	4.系统记账	—

业务20： 2016年12月31日，公司预交本月所得税180 717元，收款单位：杭州市国家税务局江干分局；账号：1203037180903259178；开户行：工商银行杭州市杭海支行。（操作指引见表9-36）

表9-36

操作指引

出纳	制单会计	稽核会计	会计主管	财务经理
1.填写付款申请书 3.办理付款业务	4.审核付款申请书、企业所得税月（季）度预缴纳税申报表、电子银行转账凭证（付款）等 5.编制记账凭证	6.审核记账凭证	7.系统记账	2.审批付款申请书

三、实训要求

将6位学生组成一个实训小组，分别扮演出纳、制单会计、稽核会计、成本会计、会计主管、财务经理等角色，分岗位完成相关工作任务（具体见表9-37）。

表9-37

岗位工作任务明细表

序号	岗位	工作任务
1	出纳	➢ 办理收、付款等业务 ➢ 系统出纳签字
2	制单会计	➢ 审核原始凭证 ➢ 编制记账凭证
3	稽核会计	➢ 审核记账凭证
4	成本会计	➢ 编制各类成本计算表
5	会计主管	➢ 完成相关审核工作 ➢ 系统主管签字 ➢ 完成系统登账
6	财务经理	➢ 完成相关财务审批

实训操作单

一、原始凭证

由出纳张晓霞完成相关业务单据的处理工作；由成本会计曹珊珊完成各类产品成本的相关核算工作；由制单会计陈瑞刚完成相关业务原始凭证的审核工作（具体见表9-38）。

业务单据填写范本
9-2

表 9-38 **业务单据明细表**

业务	原始单据	
	单据名称	对应附件编号
1	费用报销单	9-2-1
	增值税专用发票	9-2-2
2	付款申请书	9-2-3
	转账支票	9-2-4
	增值税专用发票	9-2-5
3	费用报销单	9-2-6
	增值税专用发票	9-2-7
4	付款申请书	9-2-8
	电子银行转账凭证（付款）	9-2-9
	劳务费清单	9-2-10
5	付款申请书	9-2-11
	转账支票	9-2-12
6	发出材料汇总表	9-2-13
	领料单	9-2-14 至 9-2-18
	产品材料费用分配表	9-2-19
7	材料成本差异率计算表	9-2-20
	发出材料成本差异分配表	9-2-21
8	发出周转材料汇总表	9-2-22
	领料单	9-2-23 至 9-2-24
9	外购水费分配表	9-2-25
	水费使用清单	9-2-26
10	外购电费分配表	9-2-27
	电费使用清单	9-2-28
11	职工薪酬分配表	9-2-29
	职工薪酬汇总表	9-2-30
12	职工福利费分配表	9-2-31
	职工福利费汇总表	9-2-32
13	固定资产折旧计算表	9-2-33
14	制造费用分配表	9-2-34
15	产品成本计算单	9-2-35 至 9-2-36
	产品入库单	9-2-37 至 9-2-40
	产品成本汇总表	9-2-41
16	销售成本计算表	9-2-42
	出库单	9-2-43 至 9-2-45
17	出库单	9-2-46
18	劳务清单	9-2-47
19	专利权摊销明细表	9-2-48
20	付款申请书	9-2-49
	企业所得税月（季）度预缴纳税申报表	9-2-50
	电子银行转账凭证（付款）	9-2-51

二、记账凭证

由制单会计陈瑞刚完成相关业务记账凭证的系统编制工作；由稽核会计李晓芳完成相关业务记账凭证的系统审核工作；由出纳张晓霞完成相关业务的出纳签字工作；由会计主管黄莹莹完成相关业务的主管签字工作（具体见表9-39）。

记账凭证填制标准
9-2

表9-39 **会计核算分录明细表**

业务	参考分录			记账凭证数量
1	借：管理费用——办公费	400		1
	应交税费——应交增值税（进项税额）	68		
	贷：库存现金		468	
2	借：销售费用——广告费	48 000		1
	应交税费——应交增值税（进项税额）	2 880		
	贷：银行存款——工行钱江支行		50 880	
3	借：管理费用——业务招待费	1 759.60		1
	贷：库存现金		1 759.60	
4	借：管理费用——专家咨询费	3 000		1
	贷：库存现金		2 560	
	应交税费——应交个人所得税		440	
5	借：应付账款——杭州泰丰面料公司	23 400		1
	贷：银行存款——工行钱江支行		23 200	
	财务费用——现金折扣		200	
6	借：生产成本——男式高级西服	80 250.02		3
	——女式高级西服	48 999.98		
	制造费用	1 000		
	贷：原材料——男式西服面料		40 500	
	——女式西服面料		22 500	
	——拉链		24 750	
	——纽扣		27 500	
	——里料缝纫线		3 000	
	——面料缝纫线		11 000	
	——辅料		1 000	
7	借：生产成本——男式高级西服	3 330.38		1
	——女式高级西服	2 033.50		
	制造费用	41.50		
	贷：材料成本差异		5 405.38	
8	借：生产成本——男式高级西服	3 300		1
	——女式高级西服	2 200		
	贷：周转材料——包装盒		5 500	
9	借：制造费用	1 680		1
	管理费用	420		
	贷：应付账款——杭州水务控股集团有限公司		2 100	
10	借：制造费用	3 200		1
	管理费用	1 200		
	贷：应付账款——浙江电网公司杭州供电局		4 400	
11	借：生产成本——男式高级西服	59 400		3
	——女式高级西服	39 600		
	制造费用	12 426.09		
	管理费用	35 916.80		
	销售费用	12 907.60		
	贷：应付职工薪酬——工资、奖金、津贴和补贴		114 219.88	
	——社会保险费		29 468.72	
	——住房公积金		11 421.99	
	——工会经费和职工教育经费（工会经费）		2 284.40	
	——工会经费和职工教育经费（职工教育经费）		2 855.50	
12	借：生产成本——男式高级西服	3 240		2
	——女式高级西服	2 160		
	制造费用	360		
	管理费用	1 620		
	销售费用	360		
	贷：应付职工薪酬——职工福利费		7 740	

续表

业务	参考分录	记账凭证数量
13	借：制造费用　7 173.04 　　管理费用　13 807.20 　　其他业务成本　6 400 　贷：累计折旧　27 380.24	1
14	借：生产成本——男式高级西服　15 528.30 　　　　　　——女式高级西服　10 352.33 　贷：制造费用　25 880.63	1
15	借：库存商品——男式高级西服　173 565.00 　　　　　　——女式高级西服　109 158.00 　贷：生产成本——男式高级西服　173 565.00 　　　　　　　——女式高级西服　109 158.00	1
16	借：主营业务成本——男式高级西服　175 175.00 　　　　　　　　——女式高级西服　105 336.00 　贷：库存商品——男式高级西服　175 175.00 　　　　　　　——女式高级西服　105 336.00	1
17	借：其他业务成本——男式西服面料　1 500 　贷：原材料　1 500	1
18	借：其他业务成本——面料缩水处理　2 000 　贷：应付职工薪酬——工资、奖金、津贴和补贴　2 000	1
19	借：其他业务成本——专利权使用费　1 200 　贷：累计摊销　1 200	1
20	借：所得税费用　180 717 　贷：应交税费——应交企业所得税　180 717 借：应交税费——应交企业所得税　180 717 　贷：银行存款　180 717	2

三、会计账簿

由会计主管黄莹莹完成相关业务系统记账和账簿信息查询工作。

实训评价单

费用业务核算能力评分表见表9-40。

表9-40　**费用业务核算能力评分表**

序号	评分项目	学生自评
1	产品成本业务	□优秀　□良好　□中等　□合格　□不合格
2	期间费用业务	□优秀　□良好　□中等　□合格　□不合格
教师评语	教师签字：	
评价成绩	□优秀　□良好　□中等　□合格　□不合格	

任务3　利润业务核算

实训任务单

一、实训项目

➢ 利润形成业务实训

二、业务清单

业务1： 2016年12月31日，结转损益类账户。（操作指引见表9-41）

表 9-41

操作指引

业务	操作步骤
损益结转（手工处理）	1. 由会计主管编制损益类科目汇总表 2. 由制单会计编制记账凭证 3. 由稽核会计审核记账凭证 4. 由会计主管系统记账
损益结转（系统信息化处理） 重难点解析视频	1. 进入财务软件“企业应用平台”操作界面，以会计主管身份登录，点击进入“业务工作”界面 2. 双击“财务会计”进入总账系统，双击“期末”—“转账定义”—“期间损益”，进入“期间损益结转设置”窗口 3. 点击“本年利润”科目，选择“4103 本年利润”会计科目，点击“确定”，完成期间损益结转设置操作 4. 双击“期末”—“转账生成”，进入“转账生成”窗口，进行生成凭证操作 5. 选择左方列表中的“期间损益结转”，选择对应科目，双击确定“是否结转”，系统自动生成期间损益结转凭证

业务 2：2016年12月31日，进行系统对账工作。（操作指引见表9-42）

表 9-42

操作指引

业务	操作步骤
对账 重难点解析视频	1. 进入财务软件“企业应用平台”操作界面，以会计主管身份登录，点击进入“业务工作”界面 2. 双击“财务会计”进入总账系统，双击“期末”—“对账”，进入“对账”窗口，选择对账月份，点击“对账”，系统执行对账操作

业务 3：2016年12月31日，进行系统结账工作。（操作指引见表9-43）

表 9-43

操作指引

业务	操作步骤
结账 重难点解析视频	1. 进入财务软件“企业应用平台”操作界面，以会计主管身份登录，点击进入“业务工作”界面 2. 双击“财务会计”进入总账系统，双击“期末”—“结账”，进入“结账”窗口，选择对账月份，点击“下一步”，点击“对账”，系统返回对账的结果信息 3. 点击“下一步”，系统显示相关对账信息，确认无误后，点击“下一步”，系统进行再次确认的信息提示。确认无误后，单击“结账”，系统完成结账操作

三、实训要求

采取1人独立实训的方式，由学生扮演公司相关会计角色，完成相关公司结转损益类账户、对账与结账的工作任务。

实训操作单

1. 相关会计人员进行本月损益类账户结转手工处理。

记账凭证填制标准 9-3

- 损益类科目汇总表（附件 9-3-1）
- 利润形成业务的会计核算（具体见表 9-44）

表 9-44

会计核算分录明细表

序号	参考分录			记账凭证数量
1	借：主营业务收入	4 944 000		2
	其他业务收入	2 150 000		
	公允价值变动损益	30 000		
	投资收益	1 020 000		
	营业外收入	10 000		
	贷：本年利润		8 154 000	

续表

序号	参考分录	记账凭证数量
2	借：本年利润 7 611 849 　贷：主营业务成本 3 266 132 　　其他业务成本 1 589 000 　　税金及附加 11 000 　　销售费用 700 000 　　管理费用 600 000 　　财务费用 500 000 　　资产减值损失 750 000 　　营业外支出 15 000 　　所得税费用 180 717	2
3	借：本年利润 542 151 　贷：利润分配——未分配利润 542 151	1

2. 会计主管进行本月损益类账户结转系统信息化处理（附件9-3-2）。

➢ 结转月份：12月份

3. 会计主管进行本月系统对账（附件9-3-2）。

➢ 对账月份：12月份

4. 会计主管进行本月系统结账（附件9-3-2）。

➢ 对账月份：12月份

实训评价单

利润业务核算能力评分表见表9-45。

表9-45 利润业务核算能力评分表

序号	评分项目	学生自评
1	利润形成业务	□优秀 □良好 □中等 □合格 □不合格
教师评语	教师签字：	
评价成绩	□优秀 □良好 □中等 □合格 □不合格	

实训小结

财务成果岗位实训项目结构图如图9-1所示。

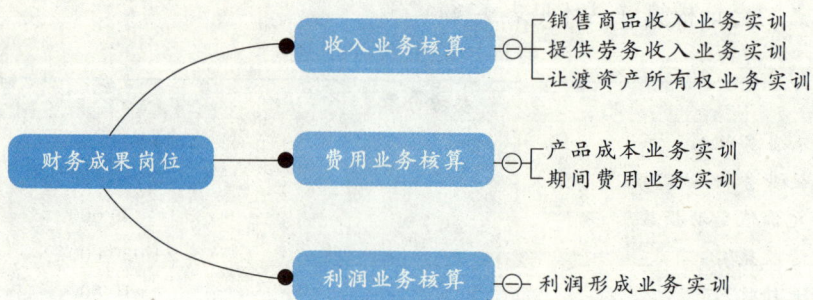

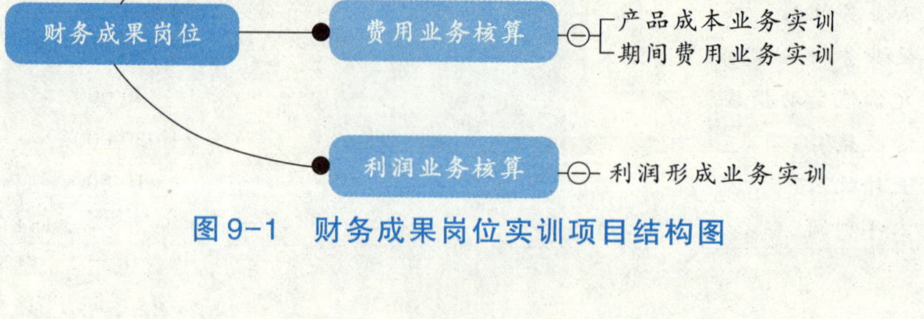

图9-1 财务成果岗位实训项目结构图

模块三　期末会计事项

背景资料：

浙江阳光服饰有限责任公司2017年1月末由财务经理徐敏完成会计报表的编制与分析工作，假设2017年1月份发生的经济事项如下所示：

经济事项参考分录

2017年1月份经济事项明细表

序号	经济事项
1	收到银行通知，用银行存款支付到期的商业承兑汇票1 000 000元
2	购入原材料一批，收到的增值税专用发票上注明的原材料价款为1 500 000元，增值税进项税额为255 000元，款项已通过银行转账支付，材料尚未验收入库
3	收到原材料一批，实际成本为1 000 000元，计划成本为950 000元，材料已验收入库，货款已于上月支付
4	用银行汇票支付采购材料价款，公司收到开户银行转来银行汇票多余款收账通知，通知上填写的多余款为2 340元，购入材料及运费998 000元，支付的增值税进项税额为169 660元，材料已验收入库，该批原材料计划成本为1 000 000元
5	销售产品一批，开出的增值税专用发票上注明的价款为3 000 000元，增值税销项税额为510 000元，货款尚未收到。该批产品实际成本为1 800 000元，产品已发出
6	公司将交易性金融资产（股票投资）出售取得价款165 000元，该投资的成本为130 000元，公允价值变动为增值20 000元，处置收益为15 000元，假设不考虑相关税金
7	购入不需安装的设备一台，收到的增值税专用发票上注明的设备价款为854 700元，增值税进项税额为145 300元，支付包装费、运杂费10 000元。价款及包装费、运杂费均以银行存款支付，设备已交付使用
8	购入工程物资一批用于建造职工集体宿舍，收到的增值税专用发票上注明的物资价款和增值税进项税额合计为1 500 000元，款项已通过银行转账支付
9	工程本年度发生应付职工薪酬2 280 000元
10	一项工程完工交付生产使用，已办理竣工手续，固定资产价值14 000 000元
11	基本生产车间一台机床报废，原价2 000 000元，已提折旧1 800 000元，支付相关费用5 000元，增值税进项税额850元；残值收入8 000元，增值税销项税额1 360元，均通过银行存款收支，该项固定资产已清理完毕
12	从银行借入3年期借款10 000 000元，款项已存入银行账户
13	销售产品一批，开出的增值税专用发票上注明的销售价款为7 000 000元，增值税销项税额为1 190 000元，款项已存入银行。销售产品的实际成本为4 200 000元
14	公司将要到期的一张面值为2 000 000元的无息银行承兑汇票（不含增值税），连同解讫通知和进账单交银行办理转账，收到银行盖章退回的进账单一联，款项银行已收妥

续表

序号	经济事项
15	公司出售一台不需用设备，收到价款3 000 000元，增值税销项税额510 000元；该设备原价4 000 000元，已提折旧1 500 000元，该项设备已运抵购入单位
16	通过公开市场交易取得交易性金融资产（股票投资），价款1 030 000元，交易费用20 000元，已通过证券资金账户转账支付，假设不考虑相关税金
17	支付本年度工资5 000 000元，其中：支付在建工程人员的工资2 000 000元
18	分配应支付的职工工资3 000 000元（不包括在建工程应负担的工资），其中：生产人员薪酬2 750 000元，车间管理人员薪酬100 000元，行政管理部门人员薪酬150 000元
19	提取职工福利费420 000元（不包括在建工程应负担的福利费280 000元），其中：生产工人福利费385 000元，车间管理人员福利费14 000元，行政管理部门福利费21 000元
20	基本生产车间领用原材料，计划成本为7 000 000元；领用低值易耗品，计划成本500 000元，采用一次摊销法核算
21	结转基本生产车间领用原材料和低值易耗品应分摊的材料成本差异（材料成本差异率为5%）
22	对行政管理部门使用的无形资产进行摊销，金额为600 000元
23	以银行存款支付本年基本生产车间应负担的水电费（含税）900 000元
24	计提固定资产折旧1 000 000元，其中：计入制造费用800 000元，计入管理费用200 000元
25	计提固定资产减值准备300 000元
26	收到应收账款510 000元，存入银行
27	计提本年度应收账款坏账准备9 000元
28	用银行存款支付本期发生的广告牌制作费100 000元，增值税进项税额17 000元
29	计算并结转本期相关制造费用
30	计算并结转本期完工产品成本12 824 000元。期末没有在产品，本期生产的产品全部完工入库
31	已用银行存款支付销售部门发生的其他费用100 000元
32	公司采用商业承兑汇票结算方式销售产品一批，开出的增值税专用发票上注明的销售价款为2 500 000元，增值税销项税额为425 000元，收到2 925 000元的商业承兑汇票一张，所售产品实际成本为1 500 000元
33	公司将上述2 925 000元的商业承兑汇票到银行办理贴现，贴现息为200 000元
34	公司本期产品销售应交纳的教育费附加为20 000元
35	用银行存款交纳上月增值税1 000 000元，教育费附加20 000元
36	本期在建工程应负担的长期借款利息费用为2 000 000元，长期借款为分期付息
37	本期应计入损益的长期借款利息费用为100 000元，长期借款为分期付息
38	归还短期借款本金2 500 000元
39	支付长期借款利息2 100 000元
40	归还长期借款本金6 000 000元
41	上年度销售产品一批，开出的增值税专用发票上注明的销售价款为100 000元，增值税销项税额为17 000元，购货方开出商业承兑汇票。本期由于购货方发生财务困难，无法按合同规定偿还债务，经双方协议，公司同意购货方用产品抵偿该应收票据。用于抵债的产品市价为80 000元，增值税税率为17%
42	持有的交易性金融资产2017年1月31日的公允价值为1 050 000元
43	结转本期产品销售成本7 500 000元
44	假设本例中，除计提固定资产减值准备300 000元造成固定资产账面价值与其计税基础存在差异外，不考虑其他项目的所得税影响。企业按照税法规定计算确定的应交所得税为948 650元，递延所得税资产为75 000元
45	各收支科目结转本年净利润
46	按照净利润的10%提取法定盈余公积金
47	将利润分配各明细科目的余额转入“未分配利润”明细科目，结转本年利润
48	用银行存款交纳当月应交所得税

会计陈瑞刚负责公司的相关涉税事项，公司主管税务机关为杭州国家税务局江干分局、杭州地方税务局江干分局。公司为增值税一般纳税人，适用税率为17%，企业所得税税率为25%，个人所得税税率为3%～45%的七级超额累进税率。

期初余额

项目十　会计报表

实训目标

- 掌握公司会计报表编制的基本流程
- 能正确编制公司资产负债表
- 能正确编制公司利润表
- 能正确编制公司所有者权益变动表
- 能正确编制公司现金流量表

任务1　资产负债表编制

实训任务单

一、实训项目

- 编制资产负债表实训

二、业务清单

业务1：2017年1月31日，编制公司本月的资产负债表。（操作指引见表10-1）

表10-1　　操作指引

工作项目	操作流程
编制资产负债表 重难点解析视频	1.填列资产负债表的“年初余额” 2.填列资产负债表的“期末余额” 填列方法主要包括：根据总账科目余额填列；根据明细账科目余额计算填列；根据总账科目和明细账科目余额分析计算填列；根据有关科目余额减去其备抵科目余额后的净额填列；综合运用上述填列方法分析填列

三、实训要求

采取1人独立实训的方式，由学生扮演公司会计报表的编制人员，完成资产负债表的相关编制工作任务。

实训操作单

表10-2　　业务单据明细表

业务	原始凭证	
	单据名称	对应附件编号
1	资产负债表（2016年12月31日）	10-1-1
	本期会计科目发生额汇总表	10-1-2
	资产负债表（2017年1月31日）	10-1-3

资产负债表编制

会计报表编制范例

实训评价单

资产负债表编制能力评分表见表10-3。

表 10-3 资产负债表编制能力评分表

序号	评分项目	学生自评
1	编制资产负债表	□优秀 □良好 □中等 □合格 □不合格
教师评语	教师签字：	
评价成绩	□优秀 □良好 □中等 □合格 □不合格	

任务2 利润表编制

实训任务单

一、实训项目

➢ 编制利润表实训

二、业务清单

业务1：2017年1月31日，编制公司本月的利润表。（操作指引见表10-4）

表 10-4 操作指引

工作项目	操作流程
编制利润表 重难点解析视频	1. 填列利润表的"上期金额" 2. 填列利润表的"本期金额" 填列方法主要包括： 第一步，以营业收入为基础，计算营业利润 第二步，以营业利润为基础，计算利润总额 第三步，以利润总额为基础，计算净利润（或净亏损） 第四步，以净利润（或净亏损）和其他综合收益为基础，计算综合收益总额 第五步，以综合收益总额为基础，计算每股收益

三、实训要求

采取1人独立实训的方式，由学生扮演公司会计报表的编制人员，完成利润表的相关编制工作任务。

实训操作单

业务单据明细表见表10-5。

表 10-5 业务单据明细表

业务	原始凭证	
	单据名称	对应附件编号
1	损益类科目累计发生额汇总表（2017年1月）	10-2-1
	利润表（2017年1月）	10-2-2

利润表编制
会计报表编制范例

实训评价单

利润表编制能力评分表见表10-6。

表10-6 **利润表编制能力评分表**

序号	评分项目	学生自评
1	编制利润表	□优秀 □良好 □中等 □合格 □不合格
教师评语	教师签字：	
评价成绩	□优秀 □良好 □中等 □合格 □不合格	

任务3 所有者权益变动表编制

实训任务单

一、实训项目

➤ 编制所有者权益变动表实训

二、业务清单

业务1：2017年1月31日，编制公司本月的所有者权益变动表。（操作指引见表10-7）

表10-7 **操作指引**

工作项目	操作流程
编制所有者权益变动表	1.填列所有者权益变动表的“上年余额” 2.填列所有者权益变动表的“本年余额” 填列方法：一般根据“实收资本（或股本）”“资本公积”“盈余公积”“利润分配”“库存股”“以前年度损益调整”等科目的发生额分析填列

三、实训要求

采取1人独立实训的方式，由学生扮演公司会计报表的编制人员，完成所有者权益变动表的相关编制工作任务。

实训操作单

表10-8 **业务单据明细表**

业务	原始凭证	
	单据名称	对应附件编号
1	所有者权益项目明细表（2016年12月31日）	10-3-1
	所有者权益变动项目明细表（2017年1月）	10-3-2
	所有者权益变动表（2017年1月）	10-3-3

所有者权益变动表编制

会计报表编制范例

实训评价单

所有者权益变动表编制能力评分表见表10-9。

表10-9 **所有者权益变动表编制能力评分表**

序号	评分项目	学生自评
1	编制所有者权益变动表	□优秀 □良好 □中等 □合格 □不合格
教师评语	教师签字：	
评价成绩	□优秀 □良好 □中等 □合格 □不合格	

任务4 现金流量表编制

实训任务单

一、实训项目

➤ 编制现金流量表实训

二、业务清单

业务1： 2017年1月31日，编制公司本月的现金流量表。（操作指引见表10-10）

表10-10 **操作指引**

工作项目	操作流程
编制现金流量表 重难点解析视频	1.填列现金流量表的“上期金额” 2.填列现金流量表的“本期金额” 填列方法主要包括：直接法和间接法两种方法。其中：直接法是指通过现金流入和现金流出的主要类别直接列示现金流量表主表中各项目的现金流量的方法；间接法是指通过对权责发生制的净利润进行调整，取得经营活动产生的现金流量净额的方法

三、实训要求

采取1人独立实训的方式，由学生扮演公司会计报表的编制人员，完成现金流量表的相关编制工作任务。

实训操作单

表10-11 **业务单据明细表**

业务	原始凭证	
	单据名称	对应附件编号
1	本期现金流量分析明细表	10-4-1
	现金流量表（2017年1月）	10-4-2

现金流量表编制

会计报表编制范例

实训评价单

现金流量表编制能力评分表见表10-12。

表10-12 **现金流量表编制能力评分表**

序号	评分项目	学生自评
1	编制现金流量表	□优秀 □良好 □中等 □合格 □不合格
教师评语	教师签字：	
评价成绩	□优秀 □良好 □中等 □合格 □不合格	

实训小结

会计报表实训项目结构图如图10-1所示。

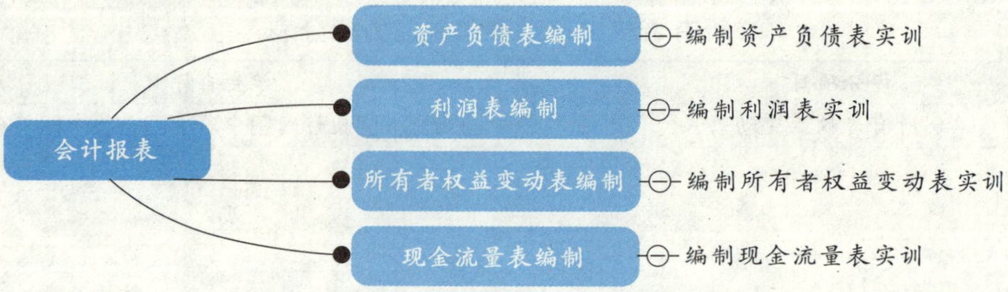

图10-1 会计报表实训项目结构图

项目十一　财务分析

实训目标

- 掌握公司财务分析的基本方法
- 能正确进行偿债能力的分析工作
- 能正确进行营运能力的分析工作
- 能正确进行盈利能力的分析工作
- 能正确进行发展能力的分析工作
- 能正确进行现金流量的分析工作

任务1　偿债能力分析

实训任务单

一、实训项目

- 短期偿债能力分析实训
- 长期偿债能力分析实训

二、业务清单

业务1：2017年1月31日，对公司本月的短期偿债能力进行分析。（操作指引见表11-1）

表11-1　操作指引

评价指标	计算公式
营运资金	营运资金=流动资产-流动负债
流动比率	流动比率=流动资产÷流动负债
速动比率	速动比率=速动资产÷流动负债 速动资产=货币资金+交易性金融资产+应收款项
现金比率	现金比率=（货币资金+交易性金融资产）÷流动负债

业务2：2017年1月31日，对公司本月的长期偿债能力进行分析。（操作指引见表11-2）

表11-2　操作指引

评价指标	计算公式
资产负债率	资产负债率=负债总额÷资产总额
产权比率	产权比率=负债总额÷所有者权益
权益乘数	权益乘数=总资产÷（股东权益或所有者权益）
利息保障倍数	利息保障倍数=息税前利润÷全部利息费用 =（净利润+利润表中的利息费用+所得税费用）÷全部利息费用

三、实训要求

沿用“项目十　会计报表”的相关业务资料，采取1人独立实训的方式，由学生扮演公司会计报表的分析人员，完成相关偿债能力分析的工作任务。

偿债能力分析
专业能力分析示例

实训操作单

1.完成短期偿债能力的分析表（附件11-1-1）。评价标准见表11-3。

表11-3　短期偿债能力评价标准

评价指标	评价标准
营运资金	当营运资金为正，说明企业财务状况稳定，不能偿债的风险较小；反之，当营运资金为负，企业部分非流动资产是以流动负债作为资金来源，企业不能偿债的风险很大
流动比率	流动比率越大，通常短期偿债能力越强，一般情况下，生产企业合理的最低流动比率是2
速动比率	速动比率越大，短期偿债能力越强，一般情况下，生产企业合理的最低速动比率是1
现金比率	反映企业直接偿付流动负债的能力，现金比率越大，短期偿债能力越强。但是现金比率过高，意味着企业盈利能力较差

2.完成长期偿债能力的分析表（附件11-1-2）。评价标准见表11-4。

表11-4　长期偿债能力评价标准

评价指标	评价标准
资产负债率	资产负债率越低，表明企业资产对负债的保障能力越高，企业的长期偿债能力越强
产权比率	产权比率越低，表明企业长期偿债能力越强，债权人权益保障程度越高
权益乘数	权益乘数越大，表明企业负债比例越高
利息保障倍数	利息保障倍数越高，表明企业长期偿债能力越强

实训评价单

偿债指标分析能力评分表见表11-5。

表11-5　偿债指标分析能力评分表

序号	评分项目	学生自评
1	短期偿债能力分析	□优秀　□良好　□中等　□合格　□不合格
2	长期偿债能力分析	□优秀　□良好　□中等　□合格　□不合格
教师评语	教师签字：	
评价成绩	□优秀　□良好　□中等　□合格　□不合格	

任务2　营运能力分析

实训任务单

一、实训项目

- 流动资产营运能力分析实训
- 固定资产营运能力分析实训
- 总资产营运能力分析实训

二、业务清单

业务1： 2017年1月31日，对公司本月的流动资产营运能力进行分析。（操作指引见表11-6）

表 11-6

操作指引

评价指标	计算公式
应收账款周转率	应收账款周转次数=销售收入净额÷应收账款平均余额 应收账款周转天数=计算期天数÷应收账款周转次数 应收账款平均余额=（期初应收账款+期末应收账款）÷2
存货周转率	存货周转次数=销售成本÷存货平均余额 存货周转天数=计算期天数÷存货周转次数 存货平均余额=（期初存货+期末存货）÷2
流动资产周转率	流动资产周转次数=销售收入净额÷流动资产平均余额 流动资产周转天数=计算期天数÷流动资产周转次数 流动资产平均余额=（期初流动资产+期末流动资产）÷2

业务2：2017年1月31日，对公司本月的固定资产营运能力进行分析。（操作指引见表11-7）

表 11-7

操作指引

评价指标	计算公式
固定资产周转率	固定资产周转率=销售收入净额÷固定资产平均净值 固定资产平均净值=（期初固定资产净值+期末固定资产净值）÷2

业务3：2017年1月31日，对公司本月的总资产营运能力进行分析。（操作指引见表11-8）

表 11-8

操作指引

评价指标	计算公式
总资产周转率	总资产周转率=销售收入净额÷平均总资产 平均总资产=（期初总资产+期末总资产）÷2

三、实训要求

沿用“项目十　会计报表”的相关业务资料，采取1人独立实训的方式，由学生扮演公司会计报表的分析人员，完成相关营运能力分析的工作任务。

营运能力分析

专业能力分析示例

实训操作单

1.完成流动资产营运能力的分析表（附件11-2-1）。评价标准见表11-9。

表 11-9

流动资产营运能力评价标准

评价指标	评价标准
应收账款周转率	应收账款周转率越高、周转天数越短，表明应收账款管理效率越高
存货周转率	存货周转速度越快，存货占用水平越低，流动性越强，表明存货管理效率越高
流动资产周转率	流动资产周转次数越多，表明以相同的流动资产完成的周转越多，流动资产利用效果越好

2.完成固定资产营运能力的分析表（附件11-2-2）。评价标准见表11-10。

表 11-10

固定资产营运能力评价标准

评价指标	评价标准
固定资产周转率	固定资产周转率越高，说明企业固定资产投资得当，结构合理，利用效率高，企业的营运能力较强

3.完成总资产营运能力的分析表（附件11-2-3）。评价标准见表11-11。

表 11-11

总资产营运能力评价标准

评价指标	评价标准
总资产周转率	总资产周转率越高，说明企业资产整体的使用效率越高

实训评价单

营运指标分析能力评分表见表11-12。

表 11-12 营运指标分析能力评分表

序号	评分项目	学生自评
1	流动资产营运能力分析	□优秀 □良好 □中等 □合格 □不合格
2	固定资产营运能力分析	□优秀 □良好 □中等 □合格 □不合格
3	总资产营运能力分析	□优秀 □良好 □中等 □合格 □不合格
教师评语	教师签字：	
评价成绩	□优秀 □良好 □中等 □合格 □不合格	

任务3 盈利能力分析

实训任务单

一、实训项目

➢ 盈利能力分析实训

二、业务清单

业务1：2017年1月31日，对公司本月的盈利能力进行分析。（操作指引见表11-13）

表 11-13 操作指引

评价指标	计算公式
销售毛利率	销售毛利率=销售毛利÷销售收入 销售毛利=销售收入－销售成本
销售净利率	销售净利率=净利润÷销售收入
总资产净利率	$\text{总资产净利率}=\frac{\text{净利润}}{\text{平均总资产}}=\frac{\text{净利润}}{\text{销售收入}}\times\frac{\text{销售收入}}{\text{平均总资产}}$ $=\text{销售净利率}\times\text{总资产周转率}$
净资产收益率	$\text{净资产收益率}=\frac{\text{净利润}}{\text{平均净资产}}=\frac{\text{净利润}}{\text{平均总资产}}\times\frac{\text{平均总资产}}{\text{平均净资产}}$ $=\text{总资产净利率}\times\text{权益乘数}$

三、实训要求

沿用“项目十 会计报表”的相关业务资料，采取1人独立实训的方式，由学生扮演公司会计报表的分析人员，完成相关盈利能力分析的工作任务。

实训操作单

盈利能力分析

专业能力分析示例

1.完成盈利能力的分析表（附件11-3-1）。评价标准见表11-14。

表 11-14 盈利能力评价标准

评价指标	评价标准
销售毛利率	销售毛利率越高，表明产品的盈利能力越强
销售净利率	销售净利率越高，表明产品的盈利能力越强
总资产净利率	总资产净利率越高，表明企业资产的利用效果越好
净资产收益率	净资产收益率越高，股东和债权人的利益保障程度越高

实训评价单

盈利指标分析能力评分表见表11-15。

表 11-15　　盈利指标分析能力评分表

序号	评分项目	学生自评
1	盈利能力分析	□优秀　□良好　□中等　□合格　□不合格
教师评语	教师签字：	
评价成绩	□优秀　□良好　□中等　□合格　□不合格	

任务 4　发展能力分析

实训任务单

一、实训项目

➢ 发展能力分析实训

二、业务清单

业务 1：2017 年 1 月 31 日，对公司本月的发展能力进行分析。（操作指引见表 11-16）

表 11-16　　操作指引

评价指标	计算公式
销售收入增长率	销售收入增长率=本年销售收入增长额÷上年销售收入
总资产增长率	总资产增长率=本年资产增长额÷年初资产总额
营业利润增长率	营业利润增长率=本年营业利润增长额÷上年营业利润总额
资本保值增值率	资本保值增值率=期末所有者权益÷期初所有者权益
资本积累率	资本积累率=本年所有者权益增长额÷年初所有者权益

三、实训要求

沿用“项目十　会计报表”的相关业务资料，采取 1 人独立实训的方式，由学生扮演公司会计报表的分析人员，完成相关发展能力分析的工作任务。

实训操作单

发展能力分析

专业能力分析示例

1. 完成发展能力的分析表（附件 11-4-1）。评价标准见表 11-17。

表 11-17　　发展能力评价标准

评价指标	评价标准
销售收入增长率	销售收入增长率越高，表明企业销售收入的增长速度越快，企业市场前景越好
总资产增长率	总资产增长率越高，表明企业一定时期内资产经营规模扩张的速度越快
营业利润增长率	营业利润增长率越高，表明企业发展能力越强
资本保值增值率	资本保值增值率越高，表明企业盈利能力越强，企业发展能力较强
资本积累率	资本积累率越高，表明企业的资本积累越多，应对风险、持续发展的能力越强

实训评价单

发展指标分析能力评分表见表 11-18。

表 11-18 **发展指标分析能力评分表**

序号	评分项目	学生自评
1	发展能力分析	☐优秀 ☐良好 ☐中等 ☐合格 ☐不合格
教师评语	教师签字：	
评价成绩	☐优秀 ☐良好 ☐中等 ☐合格 ☐不合格	

任务5 现金流量分析

实训任务单

一、实训项目

- 现金流量结构分析实训
- 获取现金能力分析实训

二、业务清单

业务1： 2017年1月31日，对公司本月的现金流量结构进行分析。（操作指引见表11-19）

表 11-19 **操作指引**

评价指标	计算公式
经营活动的流入流出量比率	经营活动的流入流出量比率=经营活动的流入量÷经营活动的流出量
投资活动的流入流出量比率	投资活动的流入流出量比率=投资活动的流入量÷投资活动的流出量
筹资活动的流入流出量比率	筹资活动的流入流出量比率=筹资活动的流入量÷筹资活动的流出量

业务2： 2017年1月31日，对公司本月的获取现金能力进行分析。（操作指引见表11-20）

表 11-20 **操作指引**

评价指标	计算公式
销售现金比率	销售现金比率=经营活动现金流量净额÷销售收入
每股营业现金净流量	每股营业现金净流量=经营活动现金流量净额÷普通股股数
全部资产现金回收率	全部资产现金回收率=经营活动现金流量净额÷平均总资产

三、实训要求

沿用“项目十　会计报表”的相关业务资料，采取1人独立实训的方式，由学生扮演公司会计报表的分析人员，完成相关现金流量分析的工作任务。

实训操作单

现金流量分析

专业能力分析示例

1. 完成现金流量结构的分析表（附件11-5-1）。评价标准见表11-21。

表 11-21 **现金流量结构评价标准**

评价指标	评价标准
经营活动的流入流出量比率	经营活动的流入流出比率越大越好，表明企业每1元的流出可以换回更多的现金
投资活动的流入流出量比率	投资活动的流入流出比率越小，表明企业处于发展时期，投资机会较多；投资活动流入流出比率越大，表明企业处于衰退期，投资机会较少
筹资活动的流入流出量比率	筹资活动的流入流出比率越小，表明还款大于借款

2. 完成获取现金能力的分析表（附件11-5-2）。评价标准见表11-22。

表 11-22 **获取现金能力评价标准**

评价指标	评价标准
销售现金比率	销售现金比率越高，反映每1元销售收入得到的现金流量净额比率越高
每股营业现金净流量	每股营业现金净流量反映企业最大的分派股利能力
全部资产现金回收率	全部资产现金回收率反映企业全部资产产生现金的能力

实训评价单

现金流量指标分析能力评分表见表11-23。

表 11-23 **现金流量指标分析能力评分表**

序号	评分项目	学生自评
1	现金流量结构分析	□优秀 □良好 □中等 □合格 □不合格
2	获取现金能力分析	□优秀 □良好 □中等 □合格 □不合格
教师评语	教师签字：	
评价成绩	□优秀 □良好 □中等 □合格 □不合格	

实训小结

财务分析实训项目结构图如图11-1所示。

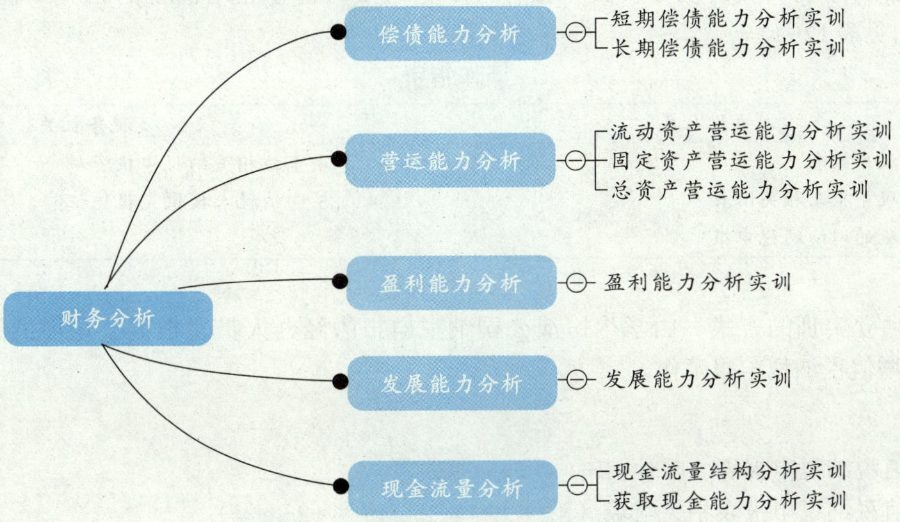

图 11-1 财务分析实训项目结构图

项目十二　纳税申报

实训目标

- 掌握公司纳税事项的申报流程
- 能正确办理企业增值税的纳税申报
- 能正确办理企业所得税的纳税申报
- 能正确办理个人所得税的纳税申报

任务1　企业增值税纳税申报

实训任务单

一、实训项目

- 增值税纳税申报实训

二、业务清单

增值税的会计核算

重难点解析视频

业务1：公司办税人员向税务机关申报办理2017年2月份企业增值税的相关纳税事项。（操作指引见表12-1）

表12-1　操作指引

办税人员	税务机关
1.填列增值税纳税申报表 2.填列增值税纳税申报表相关附表 3.办理相关增值税的网络纳税申报	4.审核相关纳税申报资料 5.向纳税人提供完税凭证

三、实训要求

采取1人独立实训的方式，由学生扮演公司纳税申报的经办人员，根据公司提供的相关业务资料，完成公司增值税纳税申报工作。

实训操作单

企业增值税纳税申报填列

业务操作基本规范

1.填报增值税纳税申报表（附件12-1-1）。

2.填报增值税纳税申报表相关附表（附件12-1-2至附件12-1-4）。

公司增值税纳税申报工作涉及的业务资料如下：假设浙江阳光服饰有限责任公司2017年1月增值税留抵税额为2 560元，本年2月份公司发生的增值税相关经济业务如下：

1.2月3日，从绍兴富盛纺织有限公司购进生产用男式西服面料一批，取得对方单位开具的增值税专用发票，注明货款80 000元，增值税13 600元（适用税率17%）。同时，公司支付运输费2 500元，增值税275元（适用税率11%），取得增值税专用发票，上述增值税专用发票已到税务机关认证。

2.2月5日，销售一批男式高级西服给浙江嘉华商业有限公司，开具增值税专用发票，注明销售额51 000元，增值税8 670元，销售款已存入银行。

3.2月8日，从杭州创佳包装有限公司购入包装盒一批。对方单位开具增值税普通发票，注明金额为3 510元（适用税率17%），货物已经验收入库，货款已全部支付。

4.2月15日，外购缝纫机10台，取得增值税专用发票，注明价款160 000元，增值税税额27 200

（适用税率17%），增值税专用发票已认证。缝纫机当即投入生产使用，全部款项已支付。

5. 2月19日，向宁波泰顺贸易有限公司销售600件女式高级西服，开具增值税专用发票，注明销售额270 000元，增值税45 900元（适用税率17%），货款尚未支付。

6.2月23日，响应协会“献爱心，送温暖”活动，公司向杭州市养老院赠送衬衫1 000件，价值160 000元（税务机关认定的计税价格为200 000元，适用税率17%），开具增值税专用发票。

7.2月26日，向小规模纳税人江苏尚艺服饰专营店销售衬衣一批，开具普通发票，注明金额为29 250元（适用税率17%），款项已经收讫。

8.2月31日，盘点发现上月购进的女式西服面料被盗，价值31 500元，增值税适用税率17%，其中含分摊的运输费用4 600元（适用税率11%），相关增值税发票上月均已认证并申报抵扣，经查系管理不善造成的。

实训评价单

企业增值税纳税申报能力评分表见表12-2。

表12-2 企业增值税纳税申报能力评分表

序号	评分项目	学生自评
1	增值税纳税申报工作	□优秀 □良好 □中等 □合格 □不合格
教师评语	教师签字：	
评价成绩	□优秀 □良好 □中等 □合格 □不合格	

任务2 企业所得税纳税申报

实训任务单

一、实训项目

➢ 企业所得税纳税申报实训

二、业务清单

所得税费用核算

重难点解析视频

业务1：公司办税人员向税务机关，申报办理2017年2月份企业所得税的相关纳税事项。（操作指引见表12-3）

表12-3 操作指引

办税人员	税务机关
1.填列企业所得税年度纳税申报表 2.填列企业所得税年度纳税申报表相关附表 3.办理相关企业所得税网络纳税申报	4.审核相关纳税申报资料 5.向纳税人提供完税凭证

三、实训要求

采取1人独立实训的方式，由学生扮演公司纳税申报的经办人员，根据公司提供的相关业务资料，完成公司企业所得税纳税申报工作。

实训操作单

1.填报企业所得税年度纳税申报表（A类）（附件12-2-1）。

2.填报企业所得税年度纳税申报表相关附表（附件12-2-2至附件12-2-8）。

企业所得税纳税申报填列

业务操作基本规范

公司企业所得税纳税申报工作涉及的业务资料如下：浙江阳光服饰有限责任公司属于增值税一般纳税人，无汇总企业，无分支机构。税务机关核定的企业所得税征收方式为查账征收，按照实际利润预缴企业所得税，预缴所得税额873 650元。公司财务执行《企业会计准则》，采用资产负债表债务法进行核算，适用的所得税税率为25%，相关业务数据具体见表12-4。

表12-4 利润表 会企02表

编制单位：浙江阳光服饰有限责任公司 2017年2月 单位：元

项　目	本期金额	上期金额（略）
一、营业收入	12 500 000	
减：营业成本	7 500 000	
税金及附加	20 000	
销售费用	200 000	
管理费用	971 000	
财务费用	300 000	
资产减值损失	309 000	
加：公允价值变动收益（损失以“-”号填列）		
投资收益（损失以“-”号填列）	15 000	
其中：对联营企业和合营企业的投资收益		
二、营业利润（亏损以“-”号填列）	3 215 000	
加：营业外收入	500 000	
其中：非流动资产处置利得	500 000	
减：营业外支出	220 400	
其中：非流动资产处置损失	197 000	
三、利润总额（亏损总额以“-”号填列）	3 494 600	
减：所得税费用	873 650	
四、净利润（净亏损以“-”号填列）	2 620 950	
五、其他综合收益的税后净额	（略）	
（一）以后不能重分类进损益的其他综合收益		
（二）以后将重分类进损益的其他综合收益		
六、综合收益总额	（略）	
七、每股收益	（略）	
（一）基本每股收益		
（二）稀释每股收益		

假定公司2017年2月份涉及的相关纳税调整事项如下：

1.本月公司成本费用中列支实发工资总额500 000元，职工福利费150 000元，职工工会经费5 000元和职工教育经费45 000元。

2.“投资收益”中包括国债利息收入6 000元，取得被投资企业（非上市国有公司）分派的税后股息2 000元（被投资企业的企业所得税税率为25%）。

3.公司本月提取固定资产减值准备金20 000元。

4.向非金融企业借款2 000 000元，共支付年利息240 000元（当年金融企业贷款的年利率为6%）。

5.公司本月发生的业务招待费60 000元已全额扣除。

6.“管理费用”中包含新技术的研发费用为180 000元。

7.“营业外支出”账户中列示缴纳的税款滞纳金3 000元，非广告性赞助7 000万元，全额予以扣除。

实训评价单

企业所得税纳税申报能力评分表见表12-5。

表 12-5 企业所得税纳税申报能力评分表

序号	评分项目	学生自评
1	企业所得税纳税申报工作	□优秀 □良好 □中等 □合格 □不合格
教师评语	教师签字：	
评价成绩	□优秀 □良好 □中等 □合格 □不合格	

任务 3 个人所得税纳税申报

实训任务单

一、实训项目

➢ 个人所得税纳税申报实训

二、业务清单

业务 1：公司办税人员向税务机关，申报办理 2017 年 3 月个人所得税的相关纳税事项。（操作指引见表 12-6）

表 12-6 操作指引

办税人员	税务机关
1. 填列扣缴个人所得税报告表	3. 审核相关纳税申报资料
2. 办理相关个人所得税网络纳税申报	4. 向纳税人提供完税凭证

三、实训要求

采取 1 人独立实训的方式，由学生扮演公司纳税申报的经办人员，根据公司提供的相关业务资料，完成公司个人所得税的纳税申报工作。

实训操作单

➢ 填报扣缴个人所得税报告表（附件 12-3-1）。

个人所得税纳税申报填列 业务操作基本规范

公司个人所得税纳税申报工作涉及的业务资料如下：浙江阳光服饰有限责任公司职工薪酬主要包括基本工资、岗位工资、奖金等项目；扣除项目主要包括住房公积金、医疗保险、养老保险、失业保险、工会经费、个人所得税等项目。2017 年 3 月份公司职工薪酬具体内容见表 12-7。

表 12-7 职工薪酬计算表

编制单位：浙江阳光服饰有限责任公司　　2017 年 3 月　　单位：元

部门	姓名	身份证号码	基本工资	岗位工资	奖金	应领工资	住房公积金	养老保险	医疗和失业保险	工会经费	个人所得税	实发工资
办公室	冯勇	210211****1111	6 000	4 800	3 000	13 800	1 380	1 104	276	138	925.4	9 976.6
办公室	张一山	210202****122	3 500	2 800	1 500	7 800	780	624	156	78	161.2	6 000.8
办公室	张丹	210204****3378	2 000	1 500	500	4 000	400	320	80	40	0	3 160
财务部	徐敏	210212****022	5 000	4 000	2 000	11 000	1 100	880	220	110	483	8 207
财务部	黄莹莹	210202****0205	4 500	3 500	1 800	9 800	980	784	196	98	319.2	7 422.8
财务部	张晓霞	210204****3369	3 000	2 500	1 500	7 000	700	560	140	70	98	5 432
财务部	陈瑞刚	210203****5233	3 000	2 500	1 500	7 000	700	560	140	70	98	5 432
财务部	李晓芳	210201****1159	2 500	2 000	700	5 200	520	416	104	52	18.24	4 089.76
财务部	曹珊珊	210202****0862	2 000	1 500	500	4 000	400	320	80	40	0	3 160
人力资源部	石明明	234278****0887	4 500	3 000	1 700	9 200	920	736	184	92	271.8	6 996.2

续表

部门	姓名	身份证号码	基本工资	岗位工资	奖金	应领工资	住房公积金	养老保险	医疗和失业保险	工会经费	个人所得税	实发工资
人力资源部	梁悦	321456****6780	3 000	2 500	800	6 300	630	504	126	63	44.31	4 932.69
采购部	李凡韵	345612****4560	5 000	4 000	2 000	11 000	1 100	880	220	110	483	8 207
采购部	王洪亮	237890****1239	2 500	2 000	600	5 100	510	408	102	51	15.87	4 013.13
生产部	黄梦达	456219****4531	4 500	3 500	1 200	9 200	920	736	184	92	271.8	6 996.2
生产部	陈丽华	489024****3421	3 500	2 800	1 000	7 300	730	584	146	73	121.7	5 645.3
生产部	宋刚	578921****5421	3 000	2 500	800	6 300	630	504	126	63	44.31	4 932.69
生产部	王亚芬	563859****3478	2 000	1 500	500	4 000	400	320	80	40	0	3 160
生产部	刘一天	894024****4560	2 000	1 500	500	4 000	400	320	80	40	0	3 160
销售部	任星星	210211****1302	4 000	2 700	1 500	8 200	820	656	164	82	192.8	6 285.2
销售部	张伟	210202****1321	3 000	2 500	1 200	6 700	670	536	134	67	74.3	5 218.7
销售部	张云	210212****0343	2 000	1 500	300	3 800	380	304	76	38	0	3 002
后勤部	姜红	210202****0216	3 000	2 500	600	6 100	610	488	122	61	39.57	4 779.43
后勤部	左明明	210204****3410	2 000	1 500	500	4 000	400	320	80	40	0	3 160

实训评价单

个人所得税纳税申报能力评分表见表12-8。

表12-8 个人所得税纳税申报能力评分表

序号	评分项目	学生自评
1	个人所得税纳税申报工作	□优秀 □良好 □中等 □合格 □不合格
教师评语	教师签字：	
评价成绩	□优秀 □良好 □中等 □合格 □不合格	

实训小结

纳税申报实训项目结构图如图12-1所示。

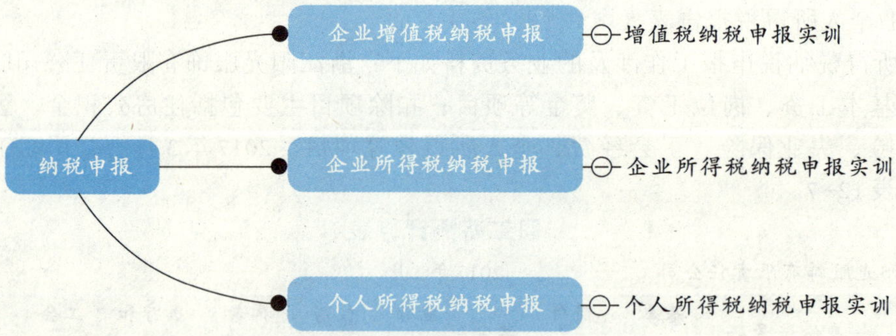

图12-1 纳税申报实训项目结构图

主要参考文献

1.李华. 出纳实务［M］. 3版. 北京：高等教育出版社，2014.
2.李华. 出纳业务综合实训［M］. 北京：中国人民大学出版社，2015.
3.李华. 财务会计［M］. 大连：东北财经大学出版社，2018.
4.姚军胜. 会计电算化［M］. 北京：中国人民大学出版社，2015.
5.厦门网中网软件有限公司. 会计技能竞赛平台［DB/OL］. http：//kjzhsx.zfc.edu.cn/game_ss/all.
6.浙江衡信教育科技有限公司. 税务实训平台［DB/OL］. http：//www.baoxuexi.com/.

附件　原始凭证

附件 1-1-1

指定代表或者共同委托代理人授权委托书

申请人：______________________________

指定代表或者委托代理人：______________________________

委托事项及权限：

1.办理______________________________（企业名称）的

□名称预先核准　□设立　□变更　□注销　□备案　□撤销变更登记

□股权出质（□设立　□变更　□注销　□撤销）　□其他__________手续。

2.同意□　不同意□　核对登记材料中的复印件并签署核对意见。

3.同意□　不同意□　修改企业自备文件的错误。

4.同意□　不同意□　修改有关表格的填写错误。

5.同意□　不同意□　领取营业执照和有关文书。

指定或者委托的有效期限：自　　　年　月　日至　　　年　月　日

指定代表或委托代理人或者经办人信息	签　　字：
	固定电话：
	移动电话：
（指定代表或委托代理人、具体经办人身份证复印件粘贴处）	

（申请人签字或盖章）　　　　　　　　　　　　　　年　　月　　日

附件 1-1-2

承诺书

______________________________局：

由______________、______________、______________投资组建______________，现全体股东承诺：我企业名称在今后使用过程中如有名称相近似的企业提出异议或上级部门要求撤销，本企业自愿服从市场监督部门的裁决，无条件变更公司名称，由此产生的法律后果及诉讼赔偿由本公司承担，特此承诺。

______________公司全体股东

自然人股东（签字）：

法人股东（盖章）：

年　月　日

附件 1-1-3

企业名称预先核准申请书

□企业设立名称预先核准			
申请企业名称			
备选企业字号	1.		
	2.		
	3.		
企业住所地			
注册资本（金）	________万元	企业类型	
经营范围			
投资人	名称或姓名	证照号码	
□已核准名称项目调整（投资人除外）			
已核准名称		通知书文号	
拟调整项目	原申请内容	拟调整内容	
□已核准名称延期			
已核准名称		通知书文号	
原有效期		有效期延至	____年__月__日
指定代表或者共同委托代理人			
具体经办人姓名		身份证件号码	
联系电话			
授权期限	自　　年　　月　　日至　　年　　月　　日		
授权权限	1.同意□　不同意□　核对登记材料中的复印件并签署核对意见 2.同意□　不同意□　修改有关表格的填写错误 3.同意□　不同意□　领取“企业名称预先核准通知书”		
（指定代表或委托代理人、具体经办人身份证件复印件粘贴处）			
申请人签字或盖章	年　月　日		

附件 1-1-4

企业名称预先核准申请文件一览表

序号	资料名称	完成情况
1	有限责任公司的全体股东签署的“企业名称预先核准申请书”	□完成　□未完成
2	有限责任公司的全体股东签署的“授权委托书”	□完成　□未完成
3	有限责任公司的全体股东签署的“承诺书”	□完成　□未完成
4	全体股东或者发起人指定代表或者共同委托代理人的身份证件复印件	□完成　□未完成
5	国家工商行政管理总局规定要求提交的其他文件	□完成　□未完成

附件 1-2-1

______章程

第一章　总则

第一条　依据《中华人民共和国公司法》(以下简称《公司法》)及有关法律、法规的规定，设立__________公司（以下简称公司)，特制定本章程。

第二条　本章程中的各项条款与法律、法规、规章不符的，以法律、法规、规章的规定为准。

第二章　公司名称和住所

第三条　公司名称：__________

第四条　公司住所：__________

第三章　公司经营范围

第五条　公司经营范围：__________

第四章　公司认缴注册资本及股东的姓名（名称）、出资方式、认缴出资额及出资期限

第六条　公司注册资本实行认缴制，公司认缴注册资本______万元，股东按期足额缴纳本章程中规定的各自所认缴的出资额。公司成立后，向股东签发出资证明书。出资证明书载明公司名称、公司成立时间、公司注册资本、股东姓名或者名称、认缴出资额和出资日期、出资证明书编号及核发日期并由公司盖章。出资证明书遗失的，应立即向公司申报注销，经公司法定代表人审核后予以补发。公司应设置股东名册，记载股东的姓名、住所、出资额及出资证明书编号等内容。

第七条　股东姓名（名称)、证件号码、缴纳出资期限、认缴注册资本金额、出资方式一览表：

股东姓名（名称）	证件号码	缴纳出资期限	认缴注册资本金额（万元）	出资方式
合　计				

（一）股东以其认缴的出资额为限对公司承担责任。

（二）股东应当按期足额缴纳各自所认缴的出资额，股东不按照规定缴纳出资的，除应当向公司足额缴纳外，还应当向已按期足额缴纳出资的股东承担违约责任。

（三）股东滥用股东权利给公司或者其他股东造成损失的，应当依法承担赔偿责任。股东滥用公司法人独立地位和股东有限责任，逃避债务，严重损害公司债权人利益的，应当对公司债务承担连带责任。

第五章　公司的机构及其产生办法、职权、议事规则

第八条　股东会由全体股东组成，是公司的权力机构，行使下列职权：

（一）决定公司的经营方针和投资计划；

（二）选举和更换执行董事，决定有关执行董事的报酬事项；

（三）选举和更换由股东代表出任的监事，决定监事的报酬事项；

（四）审议批准执行董事的报告；

（五）审议批准监事的报告；

（六）审议批准公司的年度财务预算方案、决算方案；

（七）审议批准公司的利润分配方案和弥补亏损的方案；

（八）对公司增加或者减少注册资本作出决议；

（九）对股东向股东以外的人转让出资作出决议；

（十）对公司合并、分立、解散、清算或者变更公司形式等事项作出决议；

（十一）修改公司章程；

（十二）聘任或解聘公司经理；

（十三）公司章程规定的其他职权。

第九条　股东会的首次会议由出资最多的股东召集和主持。

第十条　股东会会议由股东按照出资比例行使表决权。

第十一条　股东会会议分为定期会议和临时会议。

召开股东会会议，应当于会议召开______日以前通知全体股东。

定期会议按季度定时召开一次。代表______以上表决权的股东、监事提议召开临时会议的，应当召开临时会议。

股东出席股东会会议也可书面委托他人参加股东会议，行使委托书中载明的权利。

第十二条　股东会会议由执行董事召集并主持；执行董事不能履行或者不履行召集股东会会议职责的，由监事召集和主持；监事不召集和主持的，代表______以上表决权的股东可以自行召集和主持。

第十三条　股东会会议作出修改公司章程、增加或者减少注册资本决议，以及公司合并、分立、解散或者变更公司形式的决议，必须经代表______以上表决权的股东通过。

第十四条　公司不设董事会，设执行董事____人，由股东选举产生。执行董事任期___年，任期届满，可连选连任。执行董事在任期届满前，股东会不得无故解除其职务。

第十五条　执行董事对股东会负责，行使下列职权：

（一）负责召集股东会，并向股东会会议报告工作；

（二）执行股东会的决议；

（三）审订公司的经营计划和投资方案；
（四）制订公司的年度财务预算方案、决算方案；
（五）制订公司的利润分配方案和弥补亏损方案；
（六）制订公司增加或者减少注册资本以及发行公司债券的方案；
（七）制订公司合并、分立、解散及变更公司形式的方案；
（八）决定公司内部管理机构的设置；
（九）决定聘任或者解聘公司经理及其报酬事项，并根据经理的提名决定聘任或者解聘公司副经理、财务负责人及其报酬事项；
（十）制定公司的基本管理制度；
（十一）在发生战争、特大自然灾害等紧急情况下，对公司事务行使特别裁决权和处置权，但这类裁决权和处置权须符合公司利益，并在事后向股东会报告。

第十六条　公司可设经理，由股东会聘任或解聘。经理对股东会负责，行使下列职权：
（一）主持公司的生产经营管理工作；
（二）组织实施公司年度经营计划和投资方案；
（三）拟订公司内部管理机构设置方案；
（四）拟定公司的基本管理制度；
（五）制定公司的具体规章；
（六）提请聘任或者解聘公司副经理，财务负责人；
（七）聘任或者解聘除应由股东会决定聘任或者解聘以外的负责管理人员，经理列席股东会会议；
（八）股东会授予的其他职权。

第十七条　公司不设监事会，设监事__________人，由公司股东会选举产生。监事对股东会负责，监事任期每届__________年，任期届满，可连选连任。

第十八条　监事行使下列职权：
（一）检查公司财务；
（二）对执行董事、高级管理人员执行公司职务的行为进行监督，对违反法律、行政法规、公司章程或者股东会决议的执行董事、高级管理人员提出罢免的建议；
（三）当执行董事、高级管理人员的行为损害公司的利益时，要求执行董事、高级管理人员予以纠正；
（四）提议召开临时股东会会议，在执行董事不履行《公司法》规定的召集和主持股东会会议职责时召集和主持股东会会议；
（五）向股东会会议提出提案；
（六）依照《公司法》第一百五十二条的规定，对执行董事、高级管理人员提起诉讼；
（七）公司章程规定的其他职权。

第六章　公司的法定代表人

第十九条　执行董事为公司的法定代表人，任期三年，由股东会选举产生，任期届满，可连选连任。

第二十条　法定代表人行使以下职权：
（一）召集和主持股东会议；
（二）检查股东会议的落实情况，并向股东会报告；
（三）代表公司签署有关文件；
（四）在发生战争、特大自然灾害等紧急情况下，对公司事务行使特别裁决权和处置权，但这类裁决权和处置权须符合公司利益，并在事后向股东会报告；
（五）公司章程规定的其他职权。

第七章　股东会会议认为需要规定的其他事项

第二十一条　股东之间可以相互转让其部分或全部出资。

第二十二条　股东向股东以外的人转让股权，应当经其他股东过半数同意。股东应就其股权转让事项书面通知其他股东征求同意，其他股东自接到书面通知之日起满三十日未答复的，视为同意转让。其他股东半数以上不同意转让的，不同意的股东应当购买该转让的股权；不购买的，视为同意转让。

经股东同意转让的股权，在同等条件下，其他股东有优先购买权。两个以上股东主张行使优先购买权的，协商确定各自的购买比例；协商不成的，按照转让时各自的出资比例行使优先购买权。

第二十三条　公司的营业期限__________年，自公司营业执照签发之日起计算。

第二十四条　有下列情形之一的，公司清算组应当自公司清算结束之日起30日内向原公司登记机关申请注销登记：
（一）公司被依法宣告破产；
（二）公司章程规定的营业期限届满或者公司章程规定的其他解散事由出现，但公司通过修改公司章程而存续的除外；
（三）股东会决议解散；
（四）依法被吊销营业执照、责令关闭或者被撤销；
（五）人民法院依法予以解散；
（六）法律、行政法规规定的其他解散情形。

第八章　附　则

第二十五条　公司登记事项以公司登记机关核定的为准。

第二十六条　公司章程经股东签字后生效。

第二十七条　本章程一式__________份，并报公司登记机关一份。

全体股东签字：　　　　　　　　　　　　年　月　日

附件 1-3-1

公司设立登记申请书

<table>
<tr><td colspan="6">□基本信息</td></tr>
<tr><td>名　　称</td><td colspan="5"></td></tr>
<tr><td>名称预先核准文号</td><td colspan="5"></td></tr>
<tr><td>住　　所</td><td colspan="5"></td></tr>
<tr><td>生产经营地</td><td colspan="5"></td></tr>
<tr><td>联系电话</td><td colspan="2"></td><td>邮政编码</td><td colspan="2"></td></tr>
<tr><td colspan="6">□设立</td></tr>
<tr><td>法定代表人姓名</td><td></td><td>职务</td><td colspan="3">□董事长　□执行董事　□经理</td></tr>
<tr><td>注册资本</td><td colspan="2">______万元</td><td>公司类型</td><td colspan="2"></td></tr>
<tr><td>设立方式（股份公司填写）</td><td colspan="5">□发起设立　　□募集设立</td></tr>
<tr><td>经营范围</td><td colspan="5"></td></tr>
<tr><td>经营期限</td><td colspan="2">□______年　　□长期</td><td colspan="2">申请执照副本数量</td><td>____个</td></tr>
<tr><td colspan="6">□申请人声明</td></tr>
<tr><td colspan="6">本公司依照《公司法》及《公司登记管理条例》相关规定申请登记、备案，提交材料真实有效。通过联络员登录企业信用信息公示系统向登记机关报送、向社会公示的企业信息为本企业提供、发布的信息，信息真实、有效。

法定代表人签字：　　　　　　年　　月　　日</td></tr>
</table>

附件 1-3-2

企业申请设立登记文件一览表

序号	资料名称	完成情况
1	公司法定代表人签署的“公司设立登记申请书”	□完成　□未完成
2	“指定代表或者共同委托代理人授权委托书”及指定代表或委托代理人的身份证件复印件	□完成　□未完成
3	全体股东签署的公司章程	□完成　□未完成
4	股东的主体资格证明或者自然人身份证件复印件	□完成　□未完成
5	董事、监事、经理的任职文件及身份证件复印件	□完成　□未完成
6	法定代表人任职文件和身份证件复印件	□完成　□未完成
7	住所使用证明	□完成　□未完成
8	“企业名称预先核准申请书”“企业名称预先核准通知书”	□完成　□未完成
9	其他相关法律、行政法规和国务院规定设立公司必须提交的文件	□完成　□未完成

附件3-1-1

开立单位银行结算账户申请书

存款人名称		电话	
地址		邮编	
存款人类别		组织机构代码	
法定代表人（ ） 单位负责人（ ）	姓名		
	证件种类		
	证件号码		
行业分类	A（ ）B（ ）C（ ）D（ ）E（ ）F（ ）G（ ）H（ ）I（ ）J（ ） K（ ）L（ ）M（ ）N（ ）O（ ）P（ ）Q（ ）R（ ）S（ ）T（ ）		
注册资金		地区代码	
经营范围			
证明文件种类		证明文件编号	
国税登记证号		地税登记证号	
关联企业			
账户性质	基本（ ） 一般（ ） 专用（ ） 临时（ ）		
资金性质		有效日期	年 月 日

以下为存款人上级法人或主管单位信息：

上级法人或主管单位名称			
基本存款账户开户登记证核准号		组织机构代码	
法定代表人（ ） 单位负责人（ ）	姓名		
	证件种类		
	证件号码		

以下栏目由开户银行审核后填写：

开户银行名称		开户银行代码	
账户名称		账号	
基本存款账户开户登记证核准号		开户日期	
本存款人申请开立银行结算账户，并承诺所提供的开户资料真实、有效。 存款人（公章） 年 月 日	开户银行审核意见： 经办人（签章）： 银行（签章）： 年 月 日	人民银行审核意见： （非核准类账户除外） 经办人（签章）： 银行（签章）： 年 月 日	

填列说明：

1.申请开立临时存款账户，必须填列有效日期；申请开立专用存款账户，必须填列资金性质。

2.该行业标准由银行在营业场所公告，“行业分类”中各字母代表的行业种类如下：A：农、林、牧、渔业；B：采矿业；C：制造业；D：电力、燃气及水的生产供应业；E：建筑业；F：交通运输、仓储和邮政业；G：信息传输、计算机服务及软件业；H：批发和零售业；I：住宿和餐饮业；J：金融业；K：房地产业；L：租赁和商务服务业；M：科学研究、技术服务和地质勘查业；N：水利、环境和公共设施管理；O：居民服务和其他服务业；P：教育业；Q：卫生、社会保障和社会福利业；R：文化、教育和娱乐业；S：公共管理和社会组织；T：其他行业。

3.带括号的选项填“√”。

附件3-1-2

开立单位基本存款账户申请文件一览表

序号	资料名称	完成情况
1	统一社会信用代码（正本）和三份复印件	□完成 □未完成
2	法人代表身份证原件和三份复印件	□完成 □未完成
3	单位行政公章、财务专用章、法人代表或财务负责人印章	□完成 □未完成
4	开户银行要求的其他相关文件	□完成 □未完成

附件 3-1-5

库存现金限额申请批准书

申请单位：　　　　　　　　　　　　　　　　　　单位：

开户银行：　　　　　　　　　　　　　　　　　　账号：

<table>
<tr><td>每日现金支付项目</td><td>保留现金理由</td><td>申请金额</td><td>批准金额</td><td>备注</td></tr>
<tr><td colspan="5">与银行商定现金保留天数：　　　　天</td></tr>
<tr><td></td><td></td><td></td><td></td><td></td></tr>
<tr><td></td><td></td><td></td><td></td><td></td></tr>
<tr><td></td><td></td><td></td><td></td><td></td></tr>
<tr><td></td><td></td><td></td><td></td><td></td></tr>
<tr><td></td><td></td><td></td><td></td><td></td></tr>
<tr><td>合计</td><td></td><td></td><td></td><td></td></tr>
</table>

<table>
<tr><td>申请单位

盖章
年　月　日</td><td>银行审查意见

盖章
年　月　日</td><td>申请主管部门意见

盖章
年　月　日</td></tr>
</table>

附件 3-2-1

中国工商银行　浙江省分行营业部空白支票请购单　④

年　月　日　　　　　　　　　　　　　　　　编号：

<table>
<tr><td rowspan="3">请购人</td><td>全　称</td><td></td><td rowspan="3">请购凭证</td><td>名　称</td><td></td></tr>
<tr><td>账　号</td><td></td><td>号　码</td><td></td></tr>
<tr><td>开户银行</td><td></td><td>数　量</td><td></td></tr>
<tr><td>金额</td><td>人民币
（大写）</td><td colspan="3"></td><td>千 百 十 元 角 分</td></tr>
<tr><td colspan="2">本存款人已通读本请购单背面所列《支票票据行为诚信承诺书》，对其所列全部内容已理解并承诺遵守。</td><td>上列空白支票工本费已从你（单位）账户中支付。

（银行盖章）</td><td colspan="2">请购人签收：</td><td>会计分录：
借：
贷：
授权柜员　操作柜员</td></tr>
</table>

第四联银行回执作业单位收据或记账凭证

附件 3-2-2

中国工商银行　　　凭证

中间业务收入—收费回单

账号：1202021518090325917　　　　　　付款方式：转账

户名：浙江阳光服饰有限责任公司

收费日期：20151205　　　　　　　　　合计收费：￥20.00

收费种类：

转账支票：20.00

合计大写金额：人民币贰拾元整

地区：1202　　　　　　　　　　　　　网点：0201

附件3-2-3　　中国工商银行　浙江省分行营业部空白支票请购单　④

年　月　日　　　　编号：

<table>
<tr><td rowspan="3">请购人</td><td>全　称</td><td></td><td rowspan="3">请购凭证</td><td>名　称</td><td></td></tr>
<tr><td>账　号</td><td></td><td>号　码</td><td></td></tr>
<tr><td>开户银行</td><td></td><td>数　量</td><td></td></tr>
<tr><td>金额</td><td>人民币（大写）</td><td colspan="3"></td><td>千 百 十 元 角 分</td></tr>
<tr><td colspan="2">本存款人已通读本请购单背面所列《支票票据行为诚信承诺书》，对其所列全部内容已理解并承诺遵守。</td><td>上列空白支票工本费已从你（单位）账户中支付。
（银行盖章）</td><td>请购人签收：</td><td colspan="2">会计分录：
借：
贷：
授权柜员　操作柜员</td></tr>
</table>

第四联银行回执作业单位收据或记账凭证

附件3-2-4

中国工商银行　凭证

中间业务收入—收费回单

账号：1202021518090325917　　付款方式：转账

户名：浙江阳光服饰有限责任公司

收费日期：20151208　　合计收费：￥30.00

收费种类：

转账支票：30.00

合计大写金额：人民币叁拾元整

地区：1202　　网点：0201

附件 3-3-1　　**中国工商银行电子银行企业客户服务协议**

甲方：＿＿＿＿＿＿＿＿＿＿＿＿＿＿＿

乙方：中国工商银行＿＿＿＿＿＿＿＿＿

为明确双方的权利和义务，规范双方业务行为，甲方、乙方本着平等互利的原则，就电子银行服务相关事宜，达成本协议。

第一条　定义

下列用语在本协议中的含义为：

“电子银行”是指通过网络和电子终端为客户提供自助金融服务的虚拟银行。中国工商银行电子银行通过电话银行、网上银行、手机银行等为客户提供查询、转账、支付结算和理财等资金管理服务。

“客户证书”是指用于存放客户身份标识，并对客户发送的电子银行交易信息进行数字签名的电子文件。

“企业”是指在我行开立账户的企事业及其他单位。

“分支机构”是指甲方在财务上能有效控制、支配或管理的，在乙方开立有存、贷款账户的分公司、子公司、办事处、销售网点、代表处或其他相关机构。

“电子银行业务指令”是指客户以客户编号（卡号）或客户证书以及相应密码，通过网络向银行发出的查询、转账等要求。

“账户查询、转账授权书”是指甲方的分支机构授权乙方为甲方提供其账户信息，或同时授权乙方按照甲方的电子银行业务指令从其账户中划转资金的书面证明文件。

第二条　甲方权利、义务

一、权利

（一）甲方自愿申请注册乙方电子银行，经乙方同意后，将有权根据注册项目的不同享受相应的服务。

（二）甲方有权对签署“账户查询、转账授权书”的分支机构，依据分支机构授权的权限不同，通过电子银行渠道查询其账户或从其账户划转资金。

（三）服务有效期内甲方有权办理电子银行注销手续。

（四）协议终止或在服务有效期内中止时，甲方无须退回客户证书和读卡器。

（五）甲方对乙方电子银行服务如有疑问、建议或意见时，可拨打“95588”、登录乙方网站或到乙方各营业网点进行咨询和投诉。

二、义务

（一）甲方办理电子银行业务，须遵守《中国工商银行电子银行章程》。

（二）甲方办理电子银行注册、注销、变更等手续，应提供相关资料，填写相关申请表，并加盖预留银行印鉴。甲方应保证所填写的申请表和所提供的资料真实、准确、完整。

（三）甲方领取客户证书时，须确定并交回“企业网上银行客户证书领用单”，通知银行解冻客户证书。

（四）甲方必须指定专人妥善保管和使用客户编号（卡号）、密码及客户证书，不得提供给未指定的其他人使用，并对所有使用客户编号（卡号）、密码及客户证书进行的操作负责。

（五）甲方客户证书在有效期内损毁、锁码、遗失或密码泄露、遗忘，应及时到营业网点办理更换、解锁、挂失或密码重置手续。办妥上述手续之前所产生的一切后果由甲方承担。

（六）甲方在使用电子银行服务过程中，所提供的资料信息如有更改，如增加（撤销）分支机构、增（删）账号、变更分支机构开户银行、账号、户名等，应及时办理有关手续，办妥上述手续之前所产生的一切后果由甲方承担。

（七）如甲方发现乙方对其电子银行业务指令的处理确有错误，应及时通知乙方。

（八）甲方使用乙方电子银行服务，应按照中国工商银行电子银行业务相关收费标准支付各项费用，并同意乙方从其账户主动扣收。

（九）甲方不得以与第三方发生纠纷为理由拒绝支付应付乙方的款项。

（十）甲方不得有意诋毁、损害乙方声誉或恶意攻击乙方电子银行系统。

（十一）甲方办理电子银行业务时，如其使用的服务功能涉及乙方其他业务规定或规则的需同时遵守。

第三条　乙方权利、义务

一、权利

（一）乙方有权根据甲方资信情况，决定是否受理甲方的注册申请。

（二）乙方有权制定电子银行业务收费标准，并在网站及营业网点进行公布。相关收费标准变更时，无需另行通知。

（三）乙方具有对电子银行系统进行升级、改造的权利。

（四）对甲方未按时支付有关费用、不遵守乙方有关业务规定或存在恶意操作，诋毁、损害乙方声誉等行为的，乙方有权单方终止对甲方提供电子银行服务，并保留追究甲方责任的权利。

（五）如甲方的某些分支机构已在甲方相关申请表中列示但并未签署“账户查询、转账授权书”的，乙方不负责为甲方提供未经授权的电子银行服务。

（六）乙方根据甲方的电子银行业务指令办理业务，为甲方办理转账等业务的时间以乙方在电子银行系统中处理的时间为准。对所有使用甲方客户编号（卡号）、密码或客户证书进行的操作均视为甲方本人所为，由此产生的电子信息记录均作为处理电子银行业务的有效凭据。

（七）乙方因以下情况没有正确执行甲方提交的电子银行业务指令，不承担任何责任：

1.乙方接收到的指令信息不明、存在乱码、不完整等；

2.甲方账户存款余额或信用额度不足；

3.甲方账户内资金被依法冻结或扣划；

4.甲方未能按照乙方的有关业务规定正确操作；

5.不可抗力或其他不属乙方过失的情况。

（八）协议终止或在服务有效期内中止时，乙方不退还甲方已缴纳的有关费用。

二、义务

（一）乙方对于电子银行所使用的相关软件的合法性承担责任。

（二）乙方负责及时为甲方办理电子银行注册手续，并按甲方注册功能的不同为甲方提供相应的电子银行服务。

（三）乙方负责向甲方提供电子银行业务咨询服务，并在乙方网站公布业务介绍、热点解答等内容。

（四）乙方对甲方提供的申请资料和其他信息有保密的义务，但法律法规另有规定的除外。

（五）乙方同意甲方申请后，应及时将客户证书及密码交付给甲方，并保证在交付之前该客户证书均处于冻结状态。

（六）在乙方电子银行和资金清算等系统正常运行情况下，乙方负责及时准确地处理甲方发送的电子银行业务指令。提供服务如下：

1.为甲方提供24小时网上查询服务。

2.对甲方发出的系统内同城支付指令即时处理，实时入账。

3.对甲方发出的系统内异地支付指令，加急指令即时处理，2小时内入账；普通指令当天处理，次工作日内入账。

4.对甲方发出的系统外同城/异地支付指令，按人民银行有关规定处理。

（七）乙方收到甲方对电子银行业务的问题反映时，应及时进行调查并告知甲方调查结果。

（八）因乙方工作失误导致甲方支付指令处理延误的，乙方按《支付结算办法》的有关规定赔偿。

第四条　法律适用条款

本协议的成立、生效、履行和解释，均适用中华人民共和国法律；法律无明文规定的，可适用通行的金融惯例。

本协议是乙方的其他既有协议和约定的补充而非替代文件，如本协议与其他既有协议和约定有冲突，涉及电子银行业务的，应以本协议为准。

第五条　争议的解决

双方在履行本协议的过程中，如发生争议，应协商解决；协商不成的，任何一方均可向市级以上仲裁机构提请仲裁。

第六条　协议的变更和终止

乙方针对系统升级、功能更新等情况，保留变更本协议与条款的权利，有关变更，无须事先通知甲方。

乙方提供的电子银行服务受甲方注册账户情况的制约，如该账户挂失、止付、清户等原因不能使用，相关服务自动中止。甲方注册账户状态恢复正常时，乙方重新提供相应服务。

甲方完成乙方电子银行的注销手续时，本协议即为终止。

在甲方违反本协议规定或其他乙方业务规定的情况下，乙方有权中止或终止本协议。协议终止并不意味着终止前所发生的未完成交易指令的撤销，也不能消除因终止前的交易所带来的任何法律后果。

第七条　协议的效力和生效

本协议的任何条款如因任何原因而被确认无效，都不影响本协议其他条款的效力。

本协议自乙方向甲方交付客户证书和密码之日起生效。

甲方法人代表（授权代理人）签章：　　　　　　　　　　　乙方（银行盖章）：

单位公章：

日期：　　年　　月　　日　　　　　　　　　　　　　　　日期：　　年　　月　　日

附件3-3-3

中国工商银行企业客户证书领取单

单位名称	
主申请账号	

现授权我单位：　　　　　　　　　　　　共（　　）人

证件号：

前往贵行领取企业客户证书及相应密码信封，请予受理。

单位预留印鉴：

特别提示：客户证书是我行为客户提供的办理网上银行业务的高级别安全工具，可以进行大额网上资金交易，有效防范风险。建议贵单位安排2人到我行营业网点分别领取客户证书和密码信封。

序　号	客户证书序号	客户证书ID 名称
1		
2		
3		
4		
5		
6		
7		
8		

现对上述客户证书和密码签收，请贵行对上述客户证书予以解冻。

领取时间：　　年　　月　　日　　时　　分

领取人签章：

银行移交人（移交证书介质）：　　　　　　银行移交人（移交密码信封）：

印鉴审核人：　　　　　　印鉴复核人：

银行印章：

业务代理网点客户领取证书回访核实情况：　　　　　　核实人：

证书解冻时间：　　年　　月　　日　　时　　分

业务代理网点操作员：　　　　　　审核员：

附件4-1-1

税种认定申请文件一览表

序号	资料名称	完成情况
1	营业执照副本	完成□　未完成□
2	经办人身份证	完成□　未完成□
3	其他相关资料	完成□　未完成□

附件4-2-1

增值税一般纳税人资格登记表

纳税人名称			纳税人识别号		
法定代表人（负责人、业主）		证件名称及号码		联系电话	
财务负责人		证件名称及号码		联系电话	
办税人员		证件名称及号码		联系电话	
税务登记日期					
生产经营地址					
注册地址					
纳税人类别：企业□ 非企业性单位□ 个体工商户□ 其他□					
主营业务类别：工业□ 商业□ 服务业□ 其他□					
会计核算健全：是□ 否□					
一般纳税人资格生效之日：当月1日 □ 次月1日□					
纳税人（代理人）承诺： 上述各项内容真实、可靠、完整。如有虚假，愿意承担相关法律责任。 经办人： 法定代表人： 代理人： （签章） 年 月 日					
以下由税务机关填写					
主管税务机关受理情况	受理人： 主管税务机关（章） 年 月 日				

附件4-3-1

纳税人领购发票票种核定申请表

纳税人识别号							
纳税人名称							
领票人		联系电话		身份证件类型		身份证件号码	
发票种类名称	发票票种核定操作类型	单位（数量）	每月最高领票数量	每次最高领票数量	持票最高数量	定额发票累计领票金额	领票方式
纳税人（签章） 经办人： 法定代表人（业主、负责人）： 填表日期： 年 月 日							
发票专用章印模：							

附件 4-3-2

税务行政许可申请表

申请日期：　　年　　月　　日			编号：	
申请人	姓名		身份证件号码	
	电话		邮政编码	
	住址			
	单位		法定代表人	
	邮政编码		电话	
	地址			
	委托代理人		身份证件号码	
	住址		电话	
申请事项	（在申请事项前划“√”）			
	1.企业印制发票审批			
	2.对纳税人延期缴纳税款的核准			
	3.对纳税人延期申报的核准			
	4.对纳税人变更纳税定额的核准			
	5增值税专用发票（增值税税控系统）最高开票限额审批			
	6.对采取实际利润额预缴以外的其他企业所得税预缴方式的核定			
	7.非居民企业选择由其主要机构场所汇总缴纳企业所得税的审批			
受理人（审核人）			收到日期：　　年　　月　　日	

附件 4-3-3

增值税专用发票最高开票限额申请单

申请事项（由纳税人填写）	纳税人名称		纳税人识别号	
	地址		联系电话	
	购票人信息			
	申请增值税专用发票（增值税税控系统）最高开票限额	□初次　□变更　（请选择一个项目并在□内打“√”） □一亿元　□一千万元　□一百万元 □十万元　□一万元　□一千元 （请选择一个项目并在□内打“√”）		
	申请货物运输业增值税专用发票（增值税税控系统）最高开票限额	□初次　□变更　（请选择一个项目并在□内打“√”） □一亿元　□一千万元　□一百万元 □十万元　□一万元　□一千元 （请选择一个项目并在□内打“√”）		
	申请理由： 经办人（签字）：　　　　纳税人（印章）： 年　月　日　　　　年　月　日			
区县税务机关意见	发票种类		批准最高开票限额	
	增值税专用发票（增值税税控系统）			
	货物运输业增值税专用发票（增值税税控系统）			
	经办人（签字）：　　批准人（签字）：　　税务机关（印章）： 年　月　日			

注：本申请表一式两联：第一联由申请纳税人留存；第二联由区县税务机关留存。

附件 4-3-4

纳税人领购发票票种核定申请表

纳税人识别号							
纳税人名称							
领票人		联系电话		身份证件类型		身份证件号码	
发票种类名称	发票票种核定操作类型	单位（数量）	每月最高领票数量	每次最高领票数量	持票最高数量	定额发票累计领票金额	领票方式
纳税人（签章）							
经办人：		法定代表人（业主、负责人）：			填表日期：　年　月　日		
发票专用章印模：							

附件 5-1-1

提现申请书

年　月　日

收款单位				
单位地址		联系电话		
收款人开户行		开户账号		
用途				
大写金额	拾　万　仟　佰　拾　元　角　分		小写金额	¥

审批：　　审核：　　制表：

附件 5-1-2

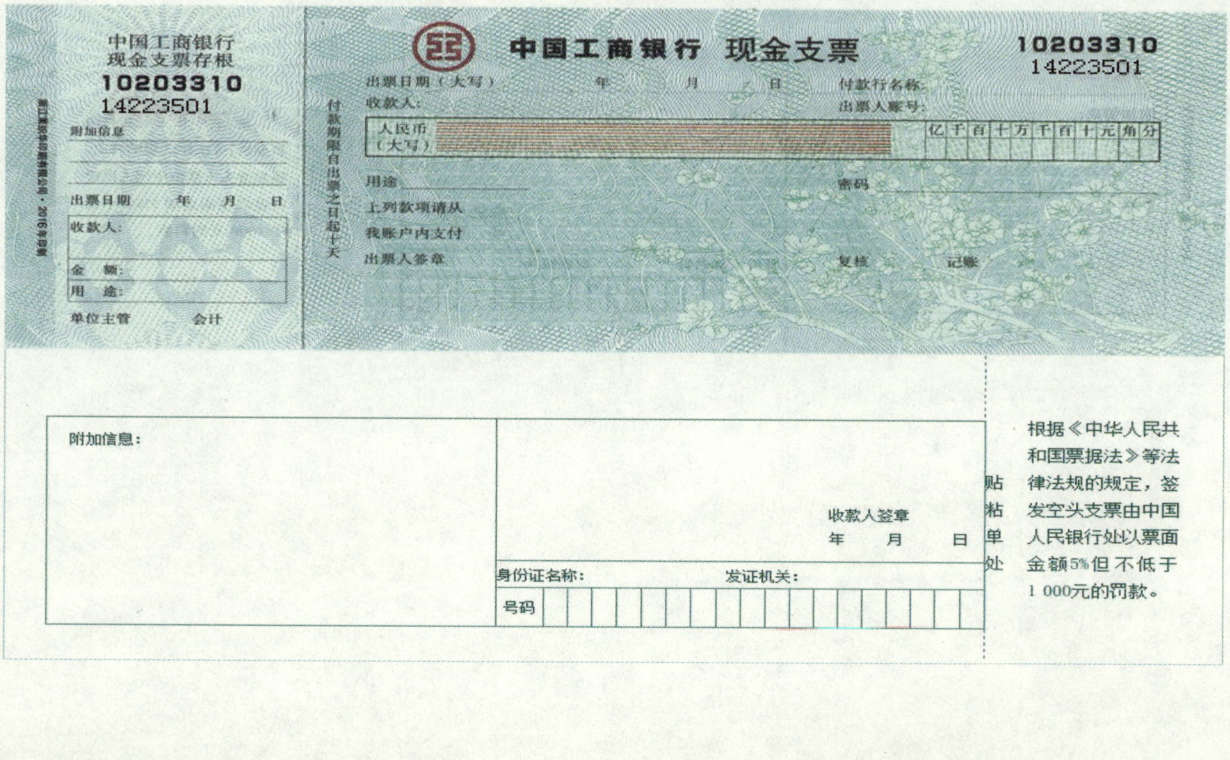
中国工商银行
现金支票存根
10203310
14223501
附加信息
出票日期　年　月　日
收款人：
金　额：
用　途：
单位主管　会计

中国工商银行 现金支票
10203310
14223501
出票日期（大写）　年　月　日　付款行名称：
收款人：　出票人账号：
付款期限自出票之日起十天
人民币（大写）　亿 千 百 十 万 千 百 十 元 角 分
用途　密码
上列款项请从
我账户内支付
出票人签章　复核　记账

附加信息：
收款人签章
年　月　日
身份证件名称：　发证机关：
号码
贴粘单处
根据《中华人民共和国票据法》等法律法规的规定，签发空头支票由中国人民银行处以票面金额5%但不低于1 000元的罚款。

附件 5-1-3

定额备用金申请表

2016年12月5日

申请部门	销售部	人民币（大写）	伍仟元整（¥5 000.00）
申请理由	办公费		
备用金保管人	张云	保管方式	现金
申请部门负责人	同意　任星星　2016.12.5　现金付讫		
审批：　同意　徐敏　2016.12.5		记账：　陈瑞刚　2016.12.5	

附件 5-1-4

提现申请书

年　月　日

收款单位			
单位地址		联系电话	
收款人开户行		开户账号	
用途			
大写金额	拾　万　仟　佰　拾　元　角　分	小写金额	¥

审批：　　　　审核：　　　　制表：

附件 5-1-5

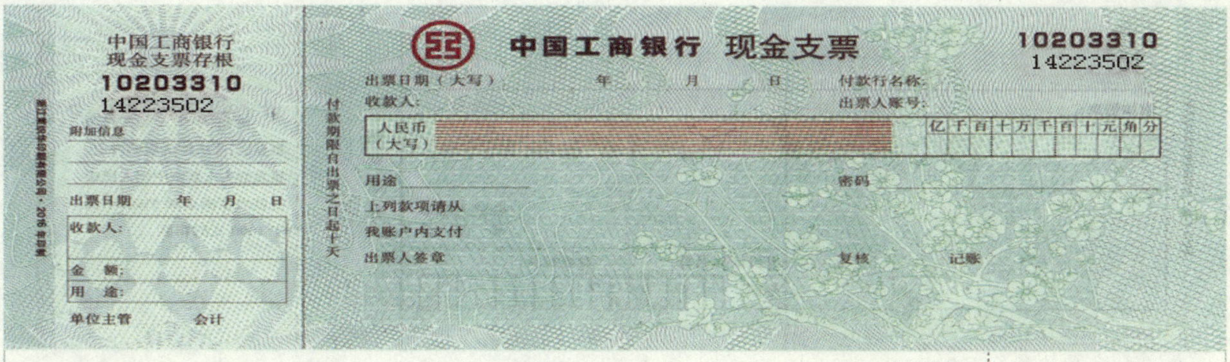

中国工商银行
现金支票存根
10203310
14223502
附加信息
出票日期　年　月　日
收款人：
金　额：
用　途：
单位主管　会计

付款期限自出票之日起十天

中国工商银行　现金支票
10203310
14223502
出票日期（大写）　年　月　日　付款行名称：
收款人：　出票人账号：
人民币（大写）　亿 千 百 十 万 千 百 十 元 角 分
用途　密码
上列款项请从
我账户内支付
出票人签章　复核　记账

附加信息：

收款人签章
年　月　日

身份证名称：　发证机关：
号码

贴粘单处

根据《中华人民共和国票据法》等法律法规的规定，签发空头支票由中国人民银行处以票面金额5%但不低于1 000元的罚款。

附件5-1-6

收款收据

No

年　月　日

今收到	
金额（大写）　佰　拾　万　仟　佰　拾　元　角　分	
¥：	（单位盖章）

存根（白）　记账（黄）

核准　　会计　　记账　　出纳　　经手人

附件5-1-7

现金盘点盈亏报告表

2016年12月15日　　单位：元

面值	数量	金额
100元	40	4 000.00
50元	20	1 000.00
20元	5	100.00
10元	1	10.00
5元	1	5.00
1元	2	2.00
5角	0	0
1角	2	0.20
1分	8	0.08
合计		5 117.28
其他项目		—
未报销费用		—
借支		—
总计		5 117.28
账面数		5 197.28
盘点亏盈		-80.00

主管批准	
总经理	按制度相关规定处理，追究出纳人员的责任。　冯勇
财务经理	按制度相关规定处理，追究出纳人员的责任。　徐敏
会计主管	按制度相关规定处理，追究出纳人员的责任。　黄莹莹

上列款项于12月15日16时盘点，盘点时出纳人员在场。

保管人：张晓霞　　主管：黄莹莹　　盘点人：陈瑞刚

附件5-1-8

职工困难补助发放表

单位：浙江阳光服饰有限责任公司

姓名	部门	补助金额	领款人签字
王亚芬	生产车间	800.00	王亚芬
刘一天	生产车间	800.00	刘一天
姜红	后勤部门	400.00	姜红
合计		¥2 000.00	

现金付讫

审核：冯勇　　复核：徐敏　　出纳：张晓霞　　制单：梁悦

附件5-1-9

浙江省增值税普通发票

№ 20598112

4502073210

此联不作报销、扣税凭证使用

开票日期：2016年12月26日

购买方	名　　称：张亮良 纳税人识别号： 地址、电话：浙江省杭州市学苑路25号13062322218 开户行及账号：	密码区	67/*+3*0/611*++0/+0*/*+3+ 2/9*11*+666666**066611*+ 66666*1**+216***6000*261* 2*4/*547203994+42*64151* 6915361/3* 加密版本：01 4502073210 20598112

货物或应税劳务、服务名称	规格型号	单位	数量	单价	金额	税率	税额
衬衫		件	100	30.00	3 000.00	17%	510.00
合　计					¥3 000.00		¥510.00
价税合计（大写）	⊗叁仟伍佰壹拾元整					（小写）	¥3 510.00

销售方	名　　称：浙江阳光服饰有限责任公司 纳税人识别号：92110019651283321H 地址、电话：浙江省杭州市钱塘路118号0571-86736598 开户行及账号：工商银行杭州市钱江支行1202021518090325917	备注	浙江阳光服饰有限责任公司 92110019651283321H 发票专用章

收款人：张晓霞　　复核：陈瑞刚　　开票人：张晓霞　　销售方（章）

第一联：记账联　销售方记账凭证

附件5-1-10

现金盘点盈亏报告表

2016年12月31日

单位：元

面值	数量	金额	主管批准	
100元	30	3 000.00		总经理
50元	10	500.00		同意处理意见。 冯勇
20元	10	200.00		
10元	10	100.00		
5元	1	5.00		财务经理
1元	4	4.00		同意财务部处理意见。 徐敏
5角	0	0		
1角	2	0.20		
1分	8	0.08		
合计		3 809.28		
其他项目		—		会计主管
未报销费用		—		无法查明原因，按制度相关规定处理，作“营业外收入”处理。 黄莹莹
借支		—		
总计		3 809.28		
账面数		3 789.28		
盘点亏盈		20.00		

上列款项于12月31日16时盘点，盘点时出纳人员在场。

保管人：张晓霞　　主管：黄莹莹　　盘点人：陈瑞刚

附件 5-2-1

银行存款日记账

户名：浙江阳光服饰有限责任公司　　2016年11月30日　　币种：人民币

账号：1202021518090325917　　单位：元

2016年		记账凭证编号	现金凭证		摘要	借方金额（收入）	贷方金额（支出）	借方余额（结存）
月	日		名称	编号				
11	1	（略）	（略）	（略）	期初余额			3 628 700.00
11	1				购入转账支票		30.00	3 628 670.00
11	1				收到前欠货款	5 000 000.00		8 628 670.00
11	1				提现		14 000.00	8 614 670.00
11	2				提现		10 000.00	8 604 670.00
11	2				支付工程款		150 000.00	8 454 670.00
11	2				送存银行	3 590.00		8 458 260.00
11	3				取得租赁收入	30 000.00		8 488 260.00
11	3				申请银行本票		95 000.00	8 393 260.00
11	3				销售收入	147 420.00		8 540 680.00
11	4				支付前欠货款		70 200.00	8 470 480.00
11	5				购入现金支票		20.00	8 470 460.00
11	5				提现		8 000.00	8 462 460.00
11	5				汇票多余款结算		26 000.00	8 436 460.00
11	6				销售款送存银行	680.00		8 437 140.00
11	7				预付货款		85 500.00	8 351 640.00
11	7				申请银行汇票		470 000.00	7 881 640.00
11	9				销售收入	4 042.00		7 885 682.00
11	9				支付排污费		5 000.00	7 880 682.00
11	9				转入信用卡资金		100 000.00	7 780 682.00
11	10				购入原材料		68 130.00	7 712 552.00
11	10				支付税款		64 460.00	7 648 092.00
11	10				提现		323 800.00	7 324 292.00
11	12				支付广告费		69 000.00	7 255 292.00
11	12				提现		5 500.00	7 249 792.00
11	13				票据到期收款	117 000.00		7 366 792.00
11	14				支付代垫运费		9 000.00	7 357 792.00
11	17				预付保险费		120 000.00	7 237 792.00
11	18				提现		6 000.00	7 231 792.00
11	19				收到银行汇票余款	4 686.50		7 236 478.50
11	20				收到销售款	204 750.00		7 441 228.50
11	21				收到前欠货款	367 800.00		7 809 028.50
11	22				预付货款		50 000.00	7 759 028.50
11	23				支付到期票款		46 800.00	7 712 228.50
11	23				提现		6 000.00	7 706 228.50
11	25				收到销售款	200 070.00		7 906 298.50
11	25				支付利息费用		1 125.00	7 905 173.50
11	26				转出还贷资金		101 500.00	7 803 673.50
11	27				收到贴现货款	497 500.00		8 301 173.50
11	27				支付设备款		234 000.00	8 067 173.50
11	28				取得短期借款	1 000 000.00		9 067 173.50
11	28				支付购料款		936 015.50	8 131 158.00
11	29				收到前欠货款	430 200.00		8 561 358.00
11	30				支付退休金		120 000.00	8 441 358.00
11	30				收到利息收入	300.00		8 441 658.00
11	30				支付养老保险金		65 646.00	8 376 012.00
11	30				支付医疗保险金		21 100.50	8 354 911.50
11	30				本月合计	8 008 038.50	3 281 827.00	8 354 911.50

附件 5-2-3

银行存款余额调节表

编制单位：　　　　　　　　年　月　日　　　　　　　　单位：元

项目	金额	项目	金额
企业银行存款日记账余额		银行对账单余额	
加：银行已收、企业未收款		加：企业已收、银行未收款	
减：银行已付、企业未付款		减：企业已付、银行未付款	
调节后的银行存款余额		调节后的银行存款余额	

附件 5-2-4

ICBC 中国工商银行　**现金缴款单**

年　月　日　　　　序号：

客户填写部分	收款人户名											
	收款人账号						收款人开户行					
	缴款人						款项来源					
	币种(√)	人民币 □	大写：									
		外币：										
	券别	100元	50元	20元	10元	5元	2元	1元				辅币(金额)
	张数											
银行填写部分	日期：		日志号：		交易码：		币种：					
	金额：		终端号：		主　管：		柜员：					
	尊敬的客户：请您认真核对银行打印的要素，特别是记账日期、金额、收款人户名和收款人账号											

金额栏：亿 千 百 十 万 千 百 十 元 角 分

第一联　银行记账凭证

制票：　　　　复核：

附件 5-2-5

ICBC 中国工商银行　　**现金存款凭条**

日期：2016 年 12 月 2 日　　　　浙25294726

存款人	全　称	浙江阳光服饰有限责任公司		
	账　号	1202021518090325917	款项来源	销售款
	开户行	中国工商银行杭州市钱江支行	交款人	张晓霞

金额（大写）　陆仟伍佰玖拾元整

金额（小写）	亿	千	百	十	万	千	百	十	元	角	分
					¥	6	5	9	0	0	0

票面	张数	十	万	千	百	十	元	票面	张数	千	百	十	元	角	分
壹佰元	60			6	0	0	0	伍角							
伍拾元	10				5	0	0	贰角							
贰拾元	4					8	0	壹角							
拾元	1					1	0	伍分							
伍元								贰分							
贰元								壹分							
壹元								其他							

备注：中国工商银行　杭州钱江支行　2016.12.2　业务清讫（2）

第二联　客户核对联

附件 5-2-6

中国农业银行 转账支票

20204402
20704235

出票日期（大写） 贰零[illegible]年 壹拾贰 月 零叁 日　　付款行名称：建设银行杭州秋涛支行

收款人：浙江阳光服饰有限责任公司　　出票人账号：3300384561254612361 5

付款期限自出票之日起十天

人民币（大写）	叁万伍仟壹佰元整	亿	千	百	十	万	千	百	十	元	角	分
					¥	3	5	1	0	0	0	0

用途 购货款　　密码 4568 5733 4070 8843

上列款项请从　　行号 236601

我账户内支付

出票人签章　　复核　　记账

杭州[illegible]有限责任公司 财务专用章　　张海军印

⑈98553 ⑆571033458⑆ 45301040011362⑈ 01

附加信息：	被背书人	被背书人
	背书人签章 年 月 日	背书人签章 年 月 日

贴粘单处

根据《中华人民共和国票据法》等法律法规的规定，签发空头支票由中国人民银行处以票面金额5%但不低于1 000元的罚款。

附件 5-2-7

中国工商银行 进账单

年 月 日

出票人	全称	
	账号	
	开户银行	
金额	人民币（小写）	亿 千 百 十 万 千 百 十 元 角 分
收款人	全称	
	账号	
	开户银行	
票据种类		票据张数
票据号码		

深圳来华印刷有限公司印制 中国人民银行杭州中心支行监制

中国工商银行 进账单（回单） 1

年 月 日

出票人	全称		收款人	全称	
	账号			账号	
	开户银行			开户银行	
金额	人民币（大写）				亿 千 百 十 万 千 百 十 元 角 分
票据种类		票据张数			
票据号码					
复核：	记账：		受理银行签章		

此联是受理银行交给持（出）票人的回单

注意：本回单不作进账提货的证明，不作账务处理的依据，仅供查询用。

附件 5-2-8

付款申请书

年 月 日

用途	金额											收款单位（个人）：
	亿	千	百	十	万	千	百	十	元	角	分	账号：
												开户行：

金额（大写）合计		电汇☐ 信汇☐ 汇票☐ 转账☐ 其他☐					
总经理		财务部门	经理		业务部门	经理	
			出纳			经办人	

附件 5-2-9

中国工商银行
转账支票存根
10203310
22343501

附加信息

出票日期　　年　　月　　日

收款人：

金　额：

用　途：

单位主管　　会计

中国工商银行　转账支票　10203310
22343501

出票日期（大写）　　年　　月　　日　　付款行名称：

收款人：　　出票人账号：

付款期限自出票之日起十天

人民币（大写）	亿	千	百	十	万	千	百	十	元	角	分

用途　　密码

上列款项请从　　行号

我账户内支付

出票人签章　　复核　　记账

84316 571022123 21209900077422 01

附加信息：	被背书人	被背书人
	背书人签章 年　月　日	背书人签章 年　月　日

贴粘单处

根据《中华人民共和国票据法》等法律法规的规定，签发空头支票由中国人民银行处以票面金额5%但不低于1 000元的罚款。

附件 5-2-10

中国工商银行　网上银行电子回单

回单号码：20161120911203

付款人	户名	杭州橙色服装公司	收款人	户名	浙江阳光服饰有限责任公司
	账号	1202090325917022389		账号	1202021518090325917
	开户银行	中国工商银行杭州市江滨支行		开户银行	中国工商银行杭州市钱江支行
金额		人民币叁拾陆万柒仟捌佰元整　　¥367 800.00			
摘要		收到客户前欠货款	业务（产品）种类		汇划收报
用途		货款结算			
交易流水号		103648978	时间戳		2016-12-09　15:36
		备注：略			
		验证码：MP1230546YH84			

中国工商银行 电子回单专用章

记账网点	工商银行杭州市钱江支行	记账柜员	12	记账日期	2016年12月9日

打印日期：2016年12月9日

重要提示：

1. 如果您是收款方，请到工行网站www.icbc.com.cn电子回单验证处进行回单验证。
2. 本回单不作为收款方发货依据，并请勿重复记账。
3. 您可以选择发送邮件，将此电子回单发送给指定的接收人。

附件 5-2-11

借款申请书

借款单位				借款种类			
借款金额（大写）				借款金额（小写）			
借款用途							
（分期）借款计划				（分期）还款计划			
年	月	日	金额（大写）	年	月	日	金额（大写）
抵押贷款抵押品	名称			数量	金额（大写）		
	抵押品保管地点和保管方式						
担保贷款担保单位和担保人				担保价值			
借款单位盖章： 年 月 日							
信贷员审核意见				信贷员			年 月 日
营业所贷款审批小组意见				组长			年 月 日
县（市）支行贷款审批小组意见				组长			年 月 日
上级行贷款审批小组意见				组长			年 月 日

附件 5-2-12

付款申请书

年 月 日

用途	金额											收款单位（个人）：
	亿	千	百	十	万	千	百	十	元	角	分	账号：
												开户行：
金额（大写）合计								电汇☐ 信汇☐ 汇票☐ 转账☐ 其他☐				

总经理		财务部门	经理		业务部门	经理	
			出纳			经办人	

附件 5-2-13

中国工商银行
INDUSTRIAL AND COMMERCIAL BANK OF CHINA

业务委托书

委托日期 年 月 日 **02985462**

银行打印	略...				
客户填写	业务类型 □电汇 □信汇 □汇票申请书 □本票申请书 □其他			汇款方式 □普通 □加急	
	委托人	全称		收款人	全称
		账号或地址			账号或地址
		开户行名称			开户行名称
		开户银行 省 市			开户银行 省 市
	金额	人民币（大写）		亿 千 百 十 万 千 百 十 元 角 分	
	支付密码	******		上列款项及相关费用请从我账户内支付：	
	加急汇款签字				
	用途				
	附加信息及用途：			委托人签章	

第一联 记账联

事后监督： 会计主管： 复核： 记账：

附件 5-2-14

付款申请书

年 月 日

用途	金额											收款单位（个人）：
	亿	千	百	十	万	千	百	十	元	角	分	账号：
												开户行：
金额（大写）合计												电汇□ 信汇□ 汇票□ 转账□ 其他□

总经理		财务部门	经理		业务部门	经理	
			出纳			经办人	

附件 5-2-15

浙江省增值税专用发票

№ 21183202

发 票 联

4502073210 开票日期：2016年12月19日

购买方	名称：浙江阳光服饰有限责任公司 纳税人识别号：92110019651283321H 地址、电话：浙江省杭州市钱塘路118号 0571-86736598 开户行及账号：工商银行杭州市钱江支行 1202021518090325917	密码区	67/*+3*0/611*++0/+0*/*+3+ 2/9*11*+666666**066611*+ 66666*1**+216***6000*261* 2*4/*547203994+42*64151* 6915361/3*	加密版本：01 4502073210 21183202

货物或应税劳务、服务名称	规格型号	单位	数量	单价	金额	税率	税额
服饰陈列模型		个	1 000	800.00	800 000.00	17%	136 000.00
合计					￥800 000.00		￥136 000.00
价税合计（大写）	⊗玖拾叁万陆仟元整				（小写）￥936 000.00		

销售方	名称：杭州广丰服饰批发公司 纳税人识别号：91330129070924811A 地址、电话：杭州市北山弄183号 0571-86963908 开户行及账号：工商银行杭州市江城支行 1202232412490104116	备注	杭州广丰服饰批发公司 91330129070924811A 发票专用章

第三联：发票联 购买方记账凭证

收款人：李密思 复核：钱茜茜 开票人：李密思 销售方（章）

附件5-2-16

产品入库单

2016年12月19日

产品编号	产品名称	计量单位	实收数量	单位成本	总成本	备注
6	服饰陈列模型	个	1 000	800.00	800 000.00	周转材料

主管：姜红　　保管：左明明　　交库：王洪亮　　会计：曹珊珊

附件5-2-17

中国工商银行　网上银行电子回单

回单号码：31161120911164

付款人	户名	浙江阳光服饰有限责任公司	收款人	户名	杭州广丰服饰批发公司
	账号	1202021518090325917		账号	1202232412490104116
	开户银行	中国工商银行杭州市钱江支行		开户银行	中国工商银行杭州市江城支行
金额		人民币玖拾叁万陆仟元整　　¥936 000.00			
摘要		支付供应商购货款	业务（产品）种类		汇划发报
用途		货款结算			
交易流水号		1489780311	时间戳		2016-12-19　10:25
		备注：略			
		验证码：BV4612316KJ08			
记账网点	工商银行杭州市钱江支行	记账柜员	10	记账日期	2016年12月19日

中国工商银行　电子回单　专用章

打印日期：2016年12月19日

重要提示：

1. 如果您是收款方，请到工行网站www.icbc.com.cn电子回单验证处进行回单验证。
2. 本回单不作为收款方发货依据，并请勿重复记账。
3. 您可以选择发送邮件，将此电子回单发送给指定的接收人。

附件5-2-18

贷款凭证（3）（收账通知）

2016年12月21日

贷款单位	浙江阳光服饰有限责任公司	种类	短期	贷款户账号	1202021252395180903							
				存款户账号	1202072151180903259							
金额	人民币（大写）伍拾万元整			千	百	十	万	千	百	十	元	角	分
					¥	5	0	0	0	0	0	0	0
用途	资金周转	单位申请期限		自2016年12月21日起至2017年6月21日								
		银行核定		自2016年12月21日起至2017年6月21日								
上述贷款已核准发放，并已列入你单位账号 月利率0.46% 银行盖章　2016年12月21日				单位会计分录 收入 付出 复核　记账 主管　会计								

中国交通银行　杭州西湖支行　2016.12.21　业务清讫（1）

附件 5-2-19

借款借据

贷款合同编号：201612116

借款人名称	浙江阳光服饰有限责任公司	借款用途	资金周转
开户银行	中国交通银行杭州西湖支行	借款种类	短期
账号	1202021252395180903		

借款金额（大写）	人民币（大写）伍拾万元整	小写	千	百	十	万	千	百	十	元	角	分
				¥	5	0	0	0	0	0	0	0

起息日	2016年12月21日	到期日	2017年12月21日	利率	0.46%（月）

借款单位（人）印章：（印章：浙江阳光服饰有限责任公司）

债权人签名（或印章）：（印章：中国交通银行 杭州西湖支行 2016.12.21 业务清讫（1））

借款人签名（或印章）：（印章：冯勇印）

偿还记录	年	月	日	偿还金额	余额	备注

附件 5-2-20

委邮

委托收款凭证（收账通知）

4 第 125 号

委托日期2016 年12月15日 委托号码：2016120933

付款期限2016 年12月25日

付款人	全称	杭州星星服饰公司	收款人	全称	浙江阳光服饰有限责任公司		
	账号或地址	1202405800132543891		账号	1236021259475180909		
	开户银行	工商银行杭州市鼓楼支行		开户银行	杭州银行杭州市秋涛支行	行号	6335

委收金额	人民币（大写）	肆拾叁万零贰佰元整	千	百	十	万	千	百	十	元	角	分
				¥	4	3	0	2	0	0	0	0

款项内容	销货款	委托收款凭据名称	增值税专用发票等	附寄单证张数	4

备注	上列款项 1. 已全部或回收入你方账户 2. 全部未收到 （印章：杭州银行 杭州秋涛支行 2016.12.15 业务清讫（1）） 收款人开户盖章 2016 年12 月25日

单位主管 商玛茵 会计 颜文文 复核 李航 记账 张明 付款人开户银行收到日期 2016 年12月25日 支付日期2016 年12月25日

此联付款人开户银行在款项收妥后给收款人的收账通知

附件 5-2-21

付款申请书

年 月 日

用途	金额											收款单位（个人）：
	亿	千	百	十	万	千	百	十	元	角	分	账号：
												开户行：
金额（大写）合计												电汇□ 信汇□ 汇票□ 转账□ 其他□

总经理		财务部门	经理		业务部门	经理	
			出纳			经办人	

附件 5-2-22

中国工商银行 INDUSTRIAL AND COMMERCIAL BANK OF CHINA

业务委托书

委托日期　　年　　月　　日　　02985463

银行打印	略...					
客户填写	业务类型	□电汇 □信汇 □汇票申请书 □本票申请书 □其他		汇款方式	□普通 □加急	
	委托人	全称		收款人	全称	
		账号或地址			账号或地址	
		开户行名称			开户行名称	
		开户银行	省　市		开户银行	省　市
	金额	人民币（大写）		亿千百十万千百十元角分		
	支付密码	******		上列款项及相关费用请从我账户内支付：		
	加急汇款签字					
	用途					
	附加信息及用途：			委托人签章		

第一联　记账联

事后监督：　　会计主管：　　复核：　　记账：

附件 5-2-23

浙江省增值税专用发票

№ 28716201

4502073210　　发票联　　开票日期：2016年12月28日

购买方	名称：浙江阳光服饰有限责任公司 纳税人识别号：92110019651283321H 地址、电话：浙江省杭州市钱塘路118号 0571-86736598 开户行及账号：工商银行杭州市钱江支行 1202021518090325917			密码区	67/*+3*0/611*++0/+0*/*+3+ 2/9*11* + 666666**066611* + 66666*1** + 216***6000*261* 2*4/*547203994+42*64151* 6915361/3*	加密版本：01 4502073210 28716201	
货物或应税劳务、服务名称	规格型号	单位	数量	单价	金额	税率	税额
水费		吨	790	4.00	3 160.00	13%	410.80
合计					￥3 160.00		￥410.80
价税合计（大写）	⊗叁仟伍佰柒拾元捌角整				（小写）￥3 570.80		
销售方	名称：杭州水务控股集团有限公司 纳税人识别号：91330148112901193A 地址、电话：杭州市清泰街32号 0571-86683375 开户行及账号：建行杭州市清泰支行 120140107387012582			备注	杭州水务控股集团有限公司 91330148112901193A 发票专用章		

第三联：发票联　购买方记账凭证

收款人：郭小溪　　复核：张宏达　　开票人：郭小溪　　销售方（章）

附件5-2-24

"一户通"系统同城特约委托收款凭证（付款通知）2　编号：

付款日期 2016 年 12 月 28 日

付款人	全称	浙江阳光服饰有限责任公司	收款人	全称	杭州水务控股集团有限公司
	账号	1202021518090325917		账号	120140107387012582
	开户银行	中国工商银行杭州市钱江支行		开户银行	中国建设银行杭州市清泰支行
金额	人民币（大写）	叁仟伍佰柒拾元捌角整		人民币（小写）	¥3 570.80
款项内容		水费		协议号码	hz290116
				付款人开户银行签章：	中国工商银行 杭州钱江支行 2016.12.28 业务清讫（3） 2016年12月28日

此联付款人开户银行给付款人的付款通知

附件5-3-1

付款申请书

年　月　日

用途	金额											收款单位（个人）：
	亿	千	百	十	万	千	百	十	元	角	分	账号：
												开户行：
金额（大写）合计						电汇□　信汇□　汇票□　转账□　其他□						

总经理		财务部门	经理		业务部门	经理	
			出纳			经办人	

附件5-3-2

中国工商银行　业务委托书

INDUSTRIAL AND COMMERCIAL BANK OF CHINA

委托日期　　年　　月　　日　　　　02985464

银行打印	略...					
客户填写	业务类型	□电汇　□信汇　□汇票申请书　□本票申请书　□其他			汇款方式	□普通　□加急
	委托人	全称		收款人	全称	
		账号或地址			账号或地址	
		开户行名称			开户行名称	
		开户银行	省　市		开户银行	省　市
	金额	人民币（大写）			亿 千 百 十 万 千 百 十 元 角 分	
	支付密码	******		上列款项及相关费用请从我账户内支付：		
	加急汇款签字					
	用途					
	附加信息及用途：			委托人签章		

第一联　记账联

事后监督：　　会计主管：　　复核：　　记账：

附件 5-3-3

付款期限 壹个月

中国工商银行
银行汇票　　2　地名

出票日期（大写）贰零壹陆 年 壹拾贰 月 零伍 日　　代理付款行：工行杭州钱江支行　行号：2988

收款人：浙江阳光服饰有限责任公司		账号：1202021518090325917	
出票金额	人民币（大写） 贰拾陆万元整		
实际结算金额	人民币（大写）	千 百 十 万 千 百 十 元 角 分	

申请人：苏州星光有限责任公司　　账号：4202167011809764589

出票行：工行苏州市劳动支行　行号：113307

备　注：购货款

凭票付款

出票行签章

密押：	
多余金额	
千 百 十 万 千 百 十 元 角 分	复核　　记账

此联代理付款行付款后作联行往账借方凭证附件

中国工商银行 3111155111311 汇票专用章

附件 5-3-4

付款期限 壹个月

中国工商银行
银行汇票　（解讫通知）　3　地名　BA 01　00000000

出票日期（大写） 贰零壹陆 年 壹拾贰 月 零伍 日		代理付款银行：工行杭州市钱江支行	行号：2988
收款人：浙江阳光服饰有限责任公司		账号：1202021518090325917	
出票金额	人民币（大写） 贰拾陆万元整		
实际结算金额	人民币（大写）	千 百 十 万 千 百 十 元 角 分	

申请人：苏州星光有限责任公司　　账号：4202167011809764589

出票行：工行苏州市劳动支行　行号：113307

备注：购货款

代理付款行签章

复核　经办

密押：	
多余金额	
千 百 十 万 千 百 十 元 角 分	复核　　记账

此联代理付款行兑付后随报单寄出票行由出票行作多余款贷方凭证

中国工商银行 3111155111311 汇票专用章

附件 5-3-5

中国工商银行　进账单

年　月　日

出票人	全称	
	账号	
	开户银行	
金额	人民币（小写）	亿 千 百 十 万 千 百 十 元 角 分
收款人	全称	
	账号	
	开户银行	
票据种类		票据张数
票据号码		

深圳市美华印刷有限公司印制　中国人民银行杭州中心支行监制

中国工商银行 进账单（回单）　1

年　月　日

出票人	全称		收款人	全称	
	账号			账号	
	开户银行			开户银行	
金额	人民币（大写）				亿 千 百 十 万 千 百 十 元 角 分
票据种类		票据张数			
票据号码					
复核：　记账：			受理银行签章		

此联是受理银行交给持（出）票人的回单

注意：本回单不作进账提货的证明，不作账务处理的依据，仅供查询用。

附件 5-3-6

付款申请书

年　月　日

用途	金额											收款单位（个人）：
	亿	千	百	十	万	千	百	十	元	角	分	账号：
												开户行：
金额（大写）合计												电汇□　信汇□　汇票□　转账□　其他□

总经理		财务部门	经理		业务部门	经理	
			出纳			经办人	

附件 5-3-7

中国工商银行
INDUSTRIAL AND COMMERCIAL BANK OF CHINA

业务委托书

委托日期　　年　　月　　日

02985465

银行打印	略...					
客户填写	业务类型	□电汇　□信汇　□汇票申请书　□本票申请书　□其他			汇款方式	□普通　□加急
	委托人	全称		收款人	全称	
		账号或地址			账号或地址	
		开户行名称			开户行名称	
		开户银行	省　市		开户银行	省　市
	金额	人民币（大写）				亿 千 百 十 万 千 百 十 元 角 分
	支付密码	******		上列款项及相关费用请从我账户内支付：		
	加急汇款签字					
	用途					
	附加信息及用途：			委托人签章		

第一联　记账联

事后监督：　　会计主管：　　复核：　　记账：

附件 5-3-8

付款申请书

年　月　日

用途	金额											收款单位（个人）：
	亿	千	百	十	万	千	百	十	元	角	分	账号：
												开户行：
金额（大写）合计												电汇□　信汇□　汇票□　转账□　其他□

总经理		财务部门	经理		业务部门	经理	
			出纳			经办人	

附件5-3-9

中国工商银行
转账支票存根
10203310
22343502

附加信息

出票日期　年　月　日

收款人：

金　额：

用　途：

单位主管　会计

中国工商银行　转账支票　10203310 22343502

出票日期（大写）　年　月　日　付款行名称：

收款人：　出票人账号：

付款期限自出票之日起十天

人民币（大写）	亿	千	百	十	万	千	百	十	元	角	分

用途　密码

上列款项请从　行号

我账户内支付

出票人签章　复核　记账

⑈84316 ⑆5710221231⑆ 212099000774221⑈ 01

附加信息：	被背书人	被背书人
	背书人签章 年　月　日	背书人签章 年　月　日

贴粘单处

根据《中华人民共和国票据法》等法律法规的规定，签发空头支票由中国人民银行处以票面金额5%但不低于1 000元的罚款。

附件5-3-10

中国工商银行　进账单

年　月　日

出票人	全　称	
	账　号	
	开户银行	
金额	人民币（小写）	亿 千 百 十 万 千 百 十 元 角 分
收款人	全　称	
	账　号	
	开户银行	
票据种类		票据张数
票据号码		

深圳光华印刷有限公司印刷　中国人民银行杭州中心支行监制

中国工商银行　进账单　（回　单）　1

年　月　日

出票人	全　称		收款人	全　称	
	账　号			账　号	
	开户银行			开户银行	
金额	人民币（大写）		亿 千 百 十 万 千 百 十 元 角 分		
票据种类		票据张数			
票据号码					
复核：　记账：			受理银行签章		

此联是受理银行交给持（出）票人的回单

注意：本回单不作进账提货的证明，不作账务处理的依据，仅供查询用。

附件5-3-11

付款期限　壹个月

中国工商银行　（多余款收账通知）　4　汇票号码　0037743

银行汇票

出票日期（大写）　贰零壹陆　年　壹拾壹　月　贰拾伍　日

代理付款行：工行三亚红星支行　行号：400496

收款人：海南服饰机械集团公司　账号：6987340152010509198

出票金额　人民币（大写）　肆拾柒万元整

实际结算金额 人民币（大写）	千	百	十	万	千	百	十	元	角	分
肆拾陆万伍仟叁佰壹拾叁元伍角整		¥	4	6	5	3	1	3	5	0

申请人：浙江阳光服饰有限责任公司　账号：1202021518090325917

出票行：工行杭州钱江支行　行号：2988

备　注：设备购货款

凭票付款

出票行签章

密押：3001465021

多余金额									
千	百	十	万	千	百	十	元	角	分
		¥	4	6	8	6	5	0	

（印章：中国工商银行 1245573310981 汇票专用章）

（印章：中国工商银行 杭州钱江支行 2016.12.19 业务清讫（3））

此联出票行结清多余款后交申请人

附件5-3-12

费 用 报 销 单

报销日期：2016年12月23日

费用项目	类别	金额	负责人（签章）	冯勇
公司经费	业务招待费	1 650.00		
			审查意见	同意报销。 张一山
			报销人	张丹
报销金额合计		¥1 650.00	支付方式	信用卡
核实金额（大写）：壹仟陆佰伍拾元整				
借款数：—		应退数：—		应补金额：—

审核人：徐敏　　复核人：黄莹莹　　出纳：张晓霞

附件5-3-13

浙江省增值税普通发票

发票联

№ 38113826

4502073210　　开票日期：2016年12月23日

购买方	名　　称：浙江阳光服饰有限责任公司 纳税人识别号：92110019651283321H 地 址 、电 话：浙江省杭州市钱塘路118号 0571-86736598 开户行及账号：工商银行杭州市钱江支行 1202021518090325917	密码区	67/*+3*0/611*++0/+0*/*+3+ 2/9*11* + 666666**066611* + 66666*1** + 216***6000*261* 2*4/*547203994+42*64151* 6915361/3*	加密版本：01 4502073210 38113826

货物或应税劳务、服务名称	规格型号	单位	数量	单价	金额	税率	税额
餐费					1 556.60	6%	93.40
合　计					¥1 556.60		¥93.40
价税合计（大写）	⊗壹仟陆佰伍拾元整				（小写）¥1 650.00		

销售方	名　　称：杭州大红鹰餐饮集团 纳税人识别号：913301982865322106 地 址 、电 话：浙江省杭州市双菱路56号 0571-86938688 开户行及账号：中国银行杭州庆春支行 1202098512490337380 9	备注	杭州大红鹰餐饮集团 913301982865322106 发票专用章

收款人：杨红樱　　复核：徐佳佳　　开票人：杨红樱　　销售方（章）

第二联：发票联　购买方记账凭证

附件5-3-14

付款期限 壹个月

中国建设银行
本　票

2　地名　EB 00000000 03

出票日期（大写）　贰零壹陆 年 壹拾贰 月 零壹 日

收款人：浙江阳光服饰有限责任公司			申请人：杭州美星服饰公司
凭票即付 人民币（大写） 壹拾壹万柒仟元整			¥117 000.00
转账 ☑	现金 ☐		
备注： 中国工商银行 124315211670 本票专用章		出票行签章	出纳　复核　经办

此联出票行结清本票时作借方凭证

注意事项
一、本票在指定的城市范围使用。
二、本票经背书人可以转让。

被背书人	被背书人	被背书人
背书人签章 年　月　日	背书人签章 年　月　日	背书人签章 年　月　日

附件 5-3-15

中国工商银行　进账单

年　月　日

出票人	全称	
	账号	
	开户银行	
金额	人民币（小写）	亿 千 百 十 万 千 百 十 元 角 分
收款人	全称	
	账号	
	开户银行	
票据种类		票据张数
票据号码		

深圳光华印刷有限公司印制　中国人民银行杭州中心支行监制

中国工商银行　进账单（回单）　1

年　月　日

出票人	全称		收款人	全称	
	账号			账号	
	开户银行			开户银行	
金额	人民币（大写）				亿 千 百 十 万 千 百 十 元 角 分
票据种类		票据张数			
票据号码					
复核：　记账：				受理银行签章	

此联是受理银行交给持（出）票人的回单

注意：本回单不作进账提货的证明，不作账务处理的依据，仅供查询用。

附件 5-3-16

付款申请书

年　月　日

用途	金额											收款单位（个人）：
	亿	千	百	十	万	千	百	十	元	角	分	账号：
												开户行：
金额（大写）合计						电汇□　信汇□　汇票□　转账□　其他□						

总经理		财务部门	经理		业务部门	经理	
			出纳			经办人	

附件 5-3-17

中国工商银行
转账支票存根
10203310
22343503

附加信息

出票日期　年　月　日

收款人：

金额：

用途：

单位主管　会计

中国工商银行　转账支票　10203310　22343503

付款期限自出票之日起十天

出票日期（大写）　年　月　日　付款行名称：

收款人：　出票人账号：

人民币（大写）　亿 千 百 十 万 千 百 十 元 角 分

用途　密码

上列款项请从　行号

我账户内支付

出票人签章　复核　记账

⑈84316 ⑆571022123⑆ 212099000774 22⑈ 01

附加信息：	被背书人	被背书人
	背书人签章 年　月　日	背书人签章 年　月　日

贴粘单处

根据《中华人民共和国票据法》等法律法规的规定，签发空头支票由中国人民银行处以票面金额5%但不低于1 000元的罚款。

附件 5-3-18

中国工商银行 **进账单**

年　月　日

出票人	全称	
	账号	
	开户银行	
金额	人民币（小写）	亿 千 百 十 万 千 百 十 元 角 分
收款人	全称	
	账号	
	开户银行	
票据种类		票据张数
票据号码		

深圳光华印制有限公司印制　中国人民银行杭州中心支行监制

中国工商银行 进账单（回单）　1

年　月　日

出票人	全称		收款人	全称	
	账号			账号	
	开户银行			开户银行	
金额	人民币（大写）				亿 千 百 十 万 千 百 十 元 角 分
票据种类		票据张数			
票据号码					
	复核：　记账：			受理银行签章	

此联是受理银行交给持（出）票人的回单

注意：本回单不作进账提货的证明，不作账务处理的依据，仅供查询用。

附件 6-1-1

付款申请书

年　月　日

用途	金额											收款单位（个人）：
	亿	千	百	十	万	千	百	十	元	角	分	账号：
												开户行：
金额（大写）合计												电汇□ 信汇□ 汇票□ 转账□ 其他□

总经理		财务部门	经理		业务部门	经理	
			出纳			经办人	

附件 6-1-2

中国工商银行
转账支票存根
10203310
22343504

附加信息

出票日期　年　月　日

收款人：

金　额：

用　途：

单位主管　会计

中国工商银行 转账支票　10203310　22343504

出票日期（大写）　年　月　日　付款行名称：

收款人：　出票人账号：

人民币（大写）	亿	千	百	十	万	千	百	十	元	角	分

付款期限自出票之日起十天

用途　密码

上列款项请从　行号

我账户内支付

出票人签章　复核　记账

⑈84316 ⑆5710221231⑆ 212099000774 22⑈ 01

附加信息：	被背书人	被背书人
	背书人签章 年　月　日	背书人签章 年　月　日

贴粘单处

根据《中华人民共和国票据法》等法律法规的规定，签发空头支票由中国人民银行处以票面金额5%但不低于1 000元的罚款。

附件 6-1-6

中国工商银行 INDUSTRIAL AND COMMERCIAL BANK OF CHINA

业务委托书

委托日期 年 月 日 02985466

银行打印	略...				
业务类型	□电汇 □信汇 □汇票申请书 □本票申请书 □其他			汇款方式	□普通 □加急
委托人	全称		收款人	全称	
	账号或地址			账号或地址	
	开户行名称			开户行名称	
	开户银行	省 市		开户银行	省 市
金额	人民币（大写）		亿千百十万千百十元角分		
支付密码	******		上列款项及相关费用请从我账户内支付：		
加急汇款签字					
用途					
附加信息及用途：			委托人签章		

客户填写

第一联 记账联

事后监督： 会计主管： 复核： 记账：

附件 6-1-7

上海市增值税专用发票

№ 34756431

2222232425 发票联 开票日期：2016 年 12 月 7 日

购买方	名称：浙江阳光服饰有限责任公司 纳税人识别号：92110019651283321H 地址、电话：浙江省杭州市钱塘路 118 号 0571-86736598 开户行及账号：工商银行杭州市钱江支行 1202021518090325917			密码区	67/*+3*0/611*++0/+0*/*+3+ 2/9*11* + 666666**066611* + 66666*1** + 216***6000*261* 2*4/*547203994+42*64151* 6915361/3*	加密版本：01 2222232425 34756431	
货物或应税劳务、服务名称	规格型号	单位	数量	单价	金额	税率	税额
包装盒		个	500	3.00	1 500.00	17%	255.00
合计					￥1 500.00		￥255.00
价税合计（大写）	⊗壹仟柒佰伍拾伍元整					（小写）	￥1 755.00
销售方	名称：上海广利服装辅料公司 纳税人识别号：911101005695244636 地址、电话：上海市黄浦东路 23 号 021-88754537 开户行及账号：工商银行上海黄浦支行 213455151809064951			备注	上海广利服装辅料公司 911101005695244636 发票专用章		

第三联：发票联 购买方记账凭证

收款人：陈晓敏 复核：杨弘毅 开票人：陈晓敏 销售方（章）

附件 6-1-8

产品入库单

产品编号	产品名称	计量单位	实收数量	单位成本	总成本	备注
7	包装盒	个	500	3.00	1 500.00	周转材料

主管：姜红 保管：左明明 交库：王洪亮 会计：曹珊珊

附件 6-1-9

上海市增值税专用发票

发 票 联

№ 34756851

2222232425

开票日期：2016 年 12 月 12 日

购买方	名　　称：浙江阳光服饰有限责任公司 纳税人识别号：92110019651283321H 地 址 、电 话：浙江省杭州市钱塘路 118 号 0571-86736598 开户行及账号：工商银行杭州市钱江支行 1202021518090325917	密码区	67/*+3*0/611*++0/+0*/*+3+ 2/9*11*+666666**066611*+ 66666*1**+216***6000*261* 2*4/*547203994+42*64151* 6915361/3* 加密版本：01 2222232425 34756851

货物或应税劳务、服务名称	规格型号	单位	数量	单价	金额	税率	税额
拉链		米	6 000	5.00	30 000.00	17%	5 100.00
纽扣		个	6 000	5.00	30 000.00	17%	5 100.00
里料缝纫线		千克	112.5	33.50	3 768.75	17%	640.69
面料缝纫线		千克	112.5	111.50	12 543.75	17%	2 132.44
合　计					￥76 312.50		￥12 973.13
价税合计（大写）	⊗捌万玖仟贰佰捌拾伍元陆角叁分				（小写）￥89 285.63		

销售方	名　　称：上海广利服装辅料公司 纳税人识别号：911101005695244636 地 址 、电 话：上海市黄浦东路 23 号 021-88754537 开户行及账号：工商银行上海黄浦支行 213455151809064951	备注	

收款人：陈晓敏　　复核：杨弘毅　　开票人：陈晓敏　　销售方（章）

（印章：上海广利服装辅料公司 911101005695244636 发票专用章）

第三联：发票联　购买方记账凭证

附件 6-1-10

付款申请书

年　月　日

用途	金额											收款单位（个人）：	
	亿	千	百	十	万	千	百	十	元	角	分	账号：	
												开户行：	
金额（大写）合计						电汇□　信汇□　汇票□　转账□　其他□							
总经理		财务部门	经理					业务部门	经理				
			出纳						经办人				

附件 6-1-11

中国工商银行　网上银行电子回单

回单号码：62120911162290

付款人	户名	浙江阳光服饰有限责任公司	收款人	户名	浙江蓝天服饰有限公司
	账号	1202021518090325917		账号	2134651518090235467
	开户银行	中国工商银行杭州市钱江支行		开户银行	中国工商银行杭州市西溪支行
金额		人民币壹仟壹佰柒拾元整　　￥1 170.00			
摘要		支付加工费	业务（产品）种类		汇划发报
用途		款项结算			
交易流水号		2489803001	时间戳		2016-12-18　11:25
		备注：略			
		验证码：ML5618916PJ01			
记账网点	工商银行杭州市钱江支行	记账柜员	6	记账日期	2016 年 12 月 18 日

（印章：中国工商银行 电子回单专用章）

打印日期：2016 年 12 月 18 日

重要提示：

1. 如果您是收款方，请到工行网站 www.icbc.com.cn 电子回单验证处进行回单验证。
2. 本回单不作为收款方发货依据，并请勿重复记账。
3. 您可以选择发送邮件，将此电子回单发送给指定的接收人。

附件 6-1-12

浙江省增值税专用发票

№ 11289363

4502073210

发票联

开票日期：2016年12月18日

购买方	名　　称：浙江阳光服饰有限责任公司 纳税人识别号：92110019651283321H 地 址 、电 话：浙江省杭州市钱塘路118号 0571-86736598 开户行及账号：工商银行杭州市钱江支行 120202151809032591 7	密码区	67/*+3*0/611*++0/+0*/*+3+ 2/9*11* + 666666**066611* + 66666*1** + 216***6000*261* 2*4/*547203994+42*64151* 6915361/3* 加密版本：01 4502073210 11289363

货物或应税劳务、服务名称	规格型号	单位	数量	单价	金额	税率	税额
定型加工费		米	100	10.00	1 000.00	17%	170.00
合　计					¥1 000.00		¥170.00
价税合计（大写）	⊗壹仟壹佰柒拾元整				（小写）¥1 170.00		

销售方	名　　称：浙江蓝天服饰有限公司 纳税人识别号：912239100435446535 地 址 、电 话：浙江省杭州市西溪路18号 0571-88754235 开户行及账号：工商银行杭州市西溪支行 213465151809023546 7	备注	浙江蓝天服饰有限公司 912239100435446535 发票专用章

收款人：张丹丹　　复核：王倩　　开票人：张丹丹　　销售方（章）

第三联：发票联 购买方记账凭证

附件 6-1-13

产品入库单

2016年12月18日

产品编号	产品名称	计量单位	实收数量	单位成本	总成本	备注
8	男式西服面料	米	100	10.00	1 000.00	原材料

主管：姜红　　保管：左明明　　交库：王洪亮　　会计：曹珊珊

附件 6-1-14

领料单

仓库：材料仓库　　2016年12月21日

编号	类别	材料名称	规格	单位	数量		实际价格	
					请领	实发	单价	金额
02	周转材料	包装盒		个	100	100	3.00	300.00
合计								
用途	装文印资料		领料部门		发料部门		财务部门	
			负责人	领料人	核准人	发料人	审核	会计
			张一山	张丹	姜红	左明明	黄莹莹	曹珊珊

会计记账联

附件 6-1-15

收料凭证汇总表

填制单位：浙江阳光服饰有限责任公司　　2016年12月31日　　金额单位：元

材料名称	入库单位	入库数量	计划单价	计划总成本
男式西服面料	米	1 475	30.00	44 250.00
女式西服面料	米	1 350	25.00	33 750.00
拉链	米	6 000	4.50	27 000.00
纽扣	个	6 000	5.00	30 000.00
里料缝纫线	千克	112.50	30.00	3 375.00
面料缝纫线	千克	112.50	110.00	12 375.00
合计	—	—	—	150 750.00

审核：黄莹莹　　制单：曹珊珊

附件 6-1-16

入库材料成本差异计算表

编制单位：浙江阳光服饰有限责任公司　　2016年12月31日　　金额单位：元

材料名称	计划总成本	实际总成本	材料成本差异
男式西服面料	44 250.00	47 937.50	3 687.50
女式西服面料	33 750.00	37 125.00	3 375.00
拉链	27 000.00	30 000.00	3 000.00
纽扣	30 000.00	30 000.00	0.00
里料缝纫线	3 375.00	3 768.75	393.75
面料缝纫线	12 375.00	12 543.75	168.75
合计	150 750.00	161 375.00	10 625.00

审核：黄莹莹　　制单：曹珊珊

附件 6-1-17

存货盘点报告

企业名称：浙江阳光服饰有限责任公司　　2016年12月31日　　金额单位：元

存货名称	计量单位	单价	数量		盘盈		盘亏		差异原因
			账存	实存	数量	金额	数量	金额	
纽扣	个	5	500	360			140	700.00	待查
合计								¥700.00	

会计：黄莹莹　　盘点人：姜红　　保管人：左明明

附件 6-1-18

存货盘盈／亏处理报告表

企业名称：浙江阳光服饰有限责任公司　　2016年12月31日　　金额单位：元

存货名称	计量单位	单价	数量		盘盈		盘亏		差异原因
			账存	实存	数量	金额	数量	金额	
纽扣	个	5	500	360			140	700.00	管理不善
财务部门建议处理意见	经查明为仓库管理人员管理不善所致。盘盈金额（¥700.00）及进项税额转出（¥119.00）列入管理费用。 徐敏 2016.12.31								
单位主管部门批复处理意见	同意财务部意见。 冯勇 2016.12.31								

附件 6-2-1

付款申请书

年　月　日

用途	金额											收款单位（个人）：
	亿	千	百	十	万	千	百	十	元	角	分	账号：
												开户行：
金额（大写）合计							电汇☐ 信汇☐ 汇票☐ 转账☐ 其他☐					
总经理		财务部门	经理		业务部门	经理						
			出纳			经办人						

附件 6-2-2

中国工商银行 转账支票存根

10203310
22343505

附加信息

出票日期 年 月 日

收款人:

金 额:

用 途:

单位主管 会计

中国工商银行 转账支票 10203310 22343505

付款期限自出票之日起十天

出票日期（大写） 年 月 日 付款行名称:

收款人: 出票人账号:

人民币（大写）	亿	千	百	十	万	千	百	十	元	角	分

用途 密码

上列款项请从 行号

我账户内支付

出票人签章 复核 记账

⑈84316 ⑆571022123⑆ 212099000774220⑈ 01

附加信息:	被背书人	被背书人
	背书人签章 年 月 日	背书人签章 年 月 日

贴粘单处

根据《中华人民共和国票据法》等法律法规的规定，签发空头支票由中国人民银行处以票面金额5%但不低于1 000元的罚款。

附件 6-2-3

浙江省增值税专用发票

№ 69361183

4502073210 发票联 开票日期：2016年12月1日

购买方	名 称：浙江阳光服饰有限责任公司 纳税人识别号：92110019651283321H 地 址 、电 话：浙江省杭州市钱塘路118号 0571-86736598 开户行及账号：工商银行杭州市钱江支行 1202021518090325917	密码区	67/*+3*0/611*++0/+0*/*+3+ 2/9*11* + 666666**066611* + 66666*1** + 216***6000*261* 2*4/*547203994+42*64151* 6915361/3*	加密版本：01 4502073210 69361183

货物或应税劳务、服务名称	规格型号	单位	数量	单价	金额	税率	税额
缝纫机		台	2	75 000.00	150 000.00	17%	25 500.00
合 计					¥150 000.00		¥25 500.00
价税合计（大写）	⊗壹拾柒万伍仟伍佰元整				（小写）¥175 500.00		

销售方	名 称：浙江红光机械有限责任公司 纳税人识别号：913012354465352397 地 址 、电 话：浙江省杭州市绍兴路32号 0571-83587541 开户行及账号：工商银行杭州市绍兴支行 1220235213465151462	备注	浙江红光机械有限责任公司 913012354465352397 发票专用章

收款人：陈霞 复核：张一倩 开票人：陈霞 销售方（章）

第三联：发票联 购买方记账凭证

附件 6-2-4

付款申请书

年 月 日

<table>
<tr><td rowspan="3">用途</td><td colspan="11">金额</td><td>收款单位（个人）：</td></tr>
<tr><td>亿</td><td>千</td><td>百</td><td>十</td><td>万</td><td>千</td><td>百</td><td>十</td><td>元</td><td>角</td><td>分</td><td>账号：</td></tr>
<tr><td></td><td></td><td></td><td></td><td></td><td></td><td></td><td></td><td></td><td></td><td></td><td>开户行：</td></tr>
<tr><td>金额（大写）合计</td><td colspan="11"></td><td>电汇☐ 信汇☐ 汇票☐ 转账☐ 其他☐</td></tr>
</table>

<table>
<tr><td rowspan="2">总经理</td><td rowspan="2"></td><td rowspan="2">财务部门</td><td>经理</td><td></td><td rowspan="2">业务部门</td><td>经理</td><td></td></tr>
<tr><td>出纳</td><td></td><td>经办人</td><td></td></tr>
</table>

附件6-2-5

中国工商银行　网上银行电子回单

回单号码：32151291630165

付款人	户名	浙江阳光服饰有限责任公司	收款人	户名	杭州德利建筑公司
	账号	1202021518090325917		账号	1202128675445305432
	开户银行	中国工商银行杭州市钱江支行		开户银行	建设银行杭州市文辉支行
金额		人民币肆拾肆万肆仟元整　¥444 000.00			
摘要		支付工程款	业务（产品）种类		跨行发报
用途		款项结算			
交易流水号		2171465303	时间戳		2016-12-5　11:25
		备注：略			
		验证码：23113890SNM4823			

记账网点	工商银行杭州市钱江支行	记账柜员	5	记账日期	2016年12月5日

（印章：中国工商银行 电子回单专用章）

打印日期：2016年12月5日

重要提示：
1. 如果您是收款方，请到工行网站www.icbc.com.cn电子回单验证处进行回单验证。
2. 本回单不作为收款方发货依据，并请勿重复记账。
3. 您可以选择发送邮件，将此电子回单发送给指定的接收人。

附件6-2-6

浙江省增值税专用发票

№ 23712925

4502073210　　发票联　　开票日期：2016年12月5日

（印章：全国统一发票监制章 浙江省 国家税务总局监制）

购买方	名　称：浙江阳光服饰有限责任公司 纳税人识别号：92110019651283321H 地址、电话：浙江省杭州市钱塘路118号 0571-86736598 开户行及账号：工商银行杭州市钱江支行 1202021518090325917	密码区	67/*+3*0/611*++0/+0*/*+3+ 2/9*11* + 666666**066611* + 66666*1** + 216***6000*261* 2*4/*547203994+42*64151* 6915361/3* 加密版本：01 4502073210 23712925

货物或应税劳务、服务名称	规格型号	单位	数量	单价	金额	税率	税额
工程款					400 000.00	11%	44 000.00
合　计					¥400 000.00		¥44 000.00
价税合计（大写）	⊗肆拾肆万肆仟元整				（小写）¥444 000.00		

销售方	名　称：杭州德利建筑公司 纳税人识别号：913100435754646541 地址、电话：浙江省杭州市文辉路42号 0571-88754345 开户行及账号：建设银行杭州市文辉支行 1202128675445305432	备注	（印章：杭州德利建筑公司 913100435754646541 发票专用章）

收款人：陈青青　　复核：李飞飞　　开票人：陈青青　　销售方：（章）

第三联：发票联　购买方记账凭证

附件6-2-7

固定资产验收单

2016年12月8日　　编号：gd0012

名称	规格型号	来源		数量	购（造）价		使用年限	预计残值
服装加工生产线	—	自建		1	¥1 230 000.00		20年	¥49 200.00
安全费	月折旧率	建造单位			交工日期		附件	
—	0.40%	浙江长城器械有限责任公司			2016年12月8日		增值税专用发票等	
验收部门	生产部	验收人员	黄梦达	管理部门	生产部		管理人员	宋刚
备注	—							

审核：黄莹莹　　制单：曹珊珊

附件 6-2-8

浙江省增值税专用发票

发票联

№ 29361365

4502073210　　　　开票日期：2016年12月15日

购买方	名　　称：浙江阳光服饰有限责任公司 纳税人识别号：92110019651283321H 地址、电话：浙江省杭州市钱塘路118号 0571-86736598 开户行及账号：工商银行杭州市钱江支行 1202021518090325917	密码区	67/*+3*0/611*++0/+0*/*+3+ 2/9*11* + 666666**066611* + 66666*1** + 216***6000*261* 2*4/*547203994+42*64151* 6915361/3* 加密版本：01 4502073210 29361365

货物或应税劳务、服务名称	规格型号	单位	数量	单价	金额	税率	税额
修理费			1	500.00	500.00	17%	85.00
合　　计					￥500.00		￥85.00
价税合计（大写）	⊗伍佰捌拾伍元整				（小写）￥585.00		

销售方	名　　称：浙江亚光服饰机械修理公司 纳税人识别号：916039153527231129 地址、电话：浙江省杭州市美政路162号 0571-83821176 开户行及账号：农业银行杭州市美政支行 1265120235213488921	备注	浙江亚光服饰机械修理公司 916039153527231129 发票专用章

收款人：陆佰权　　复核：吕琦　　开票人：陆佰权　　销售方（章）

第三联：发票联　购买方记账凭证

附件 6-2-9

固定资产报废单

2016年12月20日　　　　凭证编号：15402

固定资产名称	规格型号	单位	数量	购买日期	已计提折旧月数	原始价值	已提折旧	备注
蒸烫机	X-11	台	1	2012.12	48	155 000.00	119 040.00	
固定资产状况及报废原因	设备老化，工作效率低，消耗大于生产，维修成本太高，建议出售。							
处理意见	设备使用部门		固定资产管理部门		财务部门		领导审批	
	同意。 黄梦达 2016.12.20		同意。 姜红 2016.12.20		同意。 徐敏 2016.12.20		同意。 冯勇 2016.12.20	

附件 6-2-10

浙江省增值税专用发票

发票联

№ 34864531

4502073210　　　　开票日期：2016年12月25日

购买方	名　　称：浙江阳光服饰有限责任公司 纳税人识别号：92110019651283321H 地址、电话：浙江省杭州市钱塘路118号 0571-86736598 开户行及账号：工商银行杭州市钱江支行 1202021518090325917	密码区	67/*+3*0/611*++0/+0*/*+3+ 2/9*11* + 666666**066611* + 66666*1** + 216***6000*261* 2*4/*547203994+42*64151* 6915361/3* 加密版本：01 4502073210 34864531

货物或应税劳务、服务名称	规格型号	单位	数量	单价	金额	税率	税额
机器设备拆装劳务					2 000.00	6%	120.00
合　　计					￥2 000.00		￥120.00
价税合计（大写）	⊗贰仟壹佰贰拾元整				（小写）￥2 120.00		

销售方	名　　称：浙江环球机械有限责任公司 纳税人识别号：912204359646446543 地址、电话：浙江省杭州市天水路26号 0571-88754214 开户行及账号：建设银行杭州市天水支行 102128675445307962	备注	浙江环球机械有限责任公司 912204359646446543 发票专用章

收款人：陈其霞　　复核：韩水灵　　开票人：陈其霞　　销售方（章）

第三联：发票联　购买方记账凭证

附件 6-2-14

中国工商银行 进账单（收账通知） 3

2016年12月28日

出票人	全　　称	杭州胜利服饰机械公司	收款人	全　　称	浙江阳光服饰有限责任公司
	账　　号	1202021518060324321		账　　号	1202021518090325917
	开户银行	中国银行杭州市下沙支行		开户银行	中国工商银行杭州市钱江支行
金额	人民币（大写）	肆万叁仟贰佰玖拾元整		千百十万千百十元角分	¥ 4 3 2 9 0 0 0
票据种类	转账支票	票据张数	1		
票据号码	2209812				
	复核 徐颖　记账 郭丹			收款人开户银行盖章	

中国工商银行 杭州钱江支行 2016.12.28 业务清讫（2）

此联是收款人开户银行交给收款人的收账通知

附件 6-2-15

固定资产清理损益计算表

2016年12月31日

清理项目	蒸烫机	清理原因	设备老化
固定资产清理借方发生额		固定资产清理贷方发生额	
清理支出内容	金额	清理收入内容	金额
固定资产净值	35 960.00	出售固定资产价款	37 000.00
清理费用	2 000.00		
借方合计	37 960.00	贷方合计	37 000.00
固定资产清理	~~净收益~~ 净损失	金额：960.00	

审核：黄莹莹　　制单：曹珊珊

附件 6-2-16

固定资产盘盈盘亏报告表

2016年12月31日　　单位：元

固定资产编号	固定资产名称	盘盈				盘亏				
		数量	原价	估计折旧额	估计净值	数量	原价	已提折旧额	已提减值准备	净值
001	断布机					1	12 000.00	5 760.00	—	6 240.00
合计						1	12 000.00	5 760.00	—	6 240.00
差异原因	财产清查盘亏设备。									
财务部门建议处理意见	批准盘亏，作为营业外支出处理。 徐敏 2016.12.31									
资产管理部门建议处理意见	同意盘亏处理。 姜红 2016.12.31									
单位主管领导批复处理意见	同意盘亏处理。 冯勇 2016.12.31									

附件 6-2-17

固定资产减值准备计提表

项目：衬衫生产线

编制单位：浙江阳光服饰有限责任公司　　2016年12月31日　　单位：元

减值原因	“固定资产”账面价值	“固定资产”可收回金额
生产线贬值	1 126 000.00	1 123 000.00
应确认减值损失	“固定资产减值准备”累计余额	本期应计提减值准备
3 000.00	1 000.00	2 000.00

审核：黄莹莹　　制单：曹珊珊

附件 6-3-1

付款申请书

年 月 日

用途	金额											收款单位（个人）：
	亿	千	百	十	万	千	百	十	元	角	分	账号：
												开户行：
金额（大写）合计				电汇☐ 信汇☐ 汇票☐ 转账☐ 其他☐								
总经理		财务部门	经理		业务部门	经理						
			出纳			经办人						

附件 6-3-2

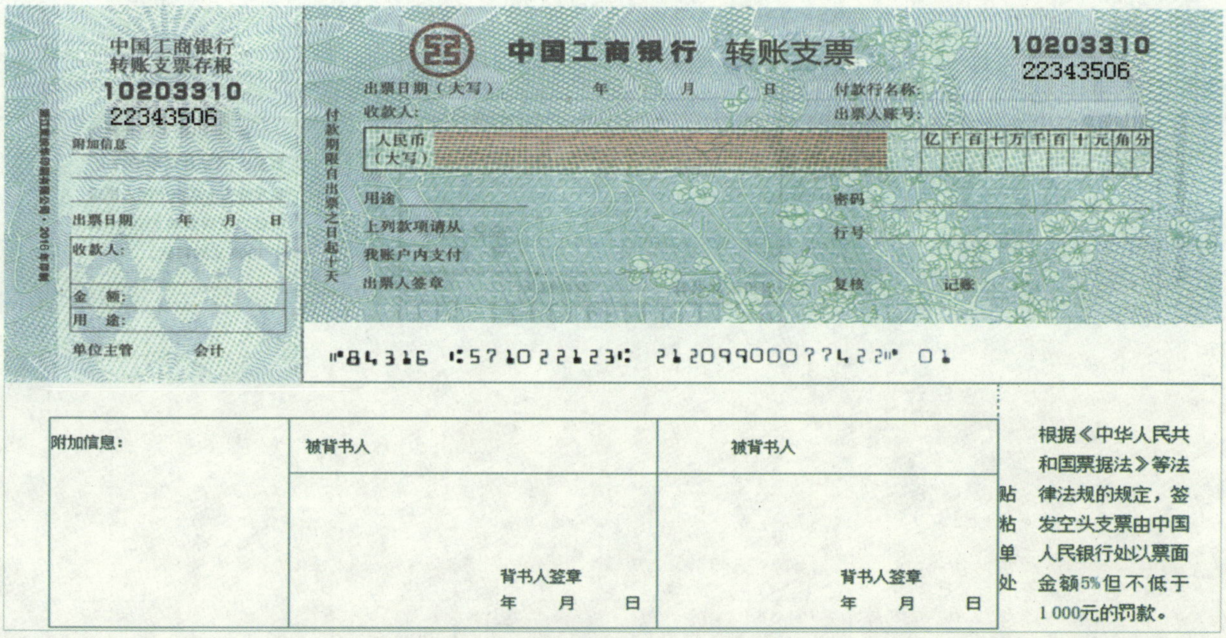
中国工商银行
转账支票存根
10203310
22343506
附加信息
出票日期 年 月 日
收款人：
金 额：
用 途：
单位主管 会计

中国工商银行 转账支票 10203310 22343506
付款期限自出票之日起十天
出票日期（大写） 年 月 日 付款行名称：
收款人： 出票人账号：
人民币（大写） 亿 千 百 十 万 千 百 十 元 角 分
用途 密码
上列款项请从 行号
我账户内支付
出票人签章 复核 记账

附加信息： 被背书人 被背书人
背书人签章 年 月 日 背书人签章 年 月 日
贴粘单处
根据《中华人民共和国票据法》等法律法规的规定，签发空头支票由中国人民银行处以票面金额5%但不低于1 000元的罚款。

附件 6-3-3

国家知识产权局商标收费收据

NO21130773

2016年12月3日

缴款单位	浙江阳光服饰有限责任公司
项目	商标权注册费用
金额	人民币贰万肆仟元整（¥24 000.00）
付款方式	☐现金 ☑支票 ☐邮局 ☐银行
备注	1.申请号 IS375766 2.交费日期 2016年12月3日

收款人：刘丽利　　　　盖章：

（印章：国家知识产权局杭州市商标局 财务收费专用章）

附件 6-3-4

付款申请书

年　月　日

<table>
<tr><td rowspan="3">用途</td><td colspan="11">金额</td><td>收款单位（个人）：</td></tr>
<tr><td>亿</td><td>千</td><td>百</td><td>十</td><td>万</td><td>千</td><td>百</td><td>十</td><td>元</td><td>角</td><td>分</td><td>账号：</td></tr>
<tr><td></td><td></td><td></td><td></td><td></td><td></td><td></td><td></td><td></td><td></td><td></td><td>开户行：</td></tr>
<tr><td>金额（大写）合计</td><td colspan="11"></td><td>电汇□　信汇□　汇票□　转账□　其他□</td></tr>
</table>

<table>
<tr><td rowspan="2">总经理</td><td rowspan="2"></td><td rowspan="2">财务部门</td><td>经理</td><td></td><td rowspan="2">业务部门</td><td>经理</td><td></td></tr>
<tr><td>出纳</td><td></td><td>经办人</td><td></td></tr>
</table>

附件 6-3-5

中国工商银行　网上银行电子回单

回单号码：51189533667539

<table>
<tr><td rowspan="3">付款人</td><td>户名</td><td>浙江阳光服饰有限责任公司</td><td rowspan="3">收款人</td><td>户名</td><td>杭州金点子科技有限公司</td></tr>
<tr><td>账号</td><td>1202021518090325917</td><td>账号</td><td>1202518867402158231</td></tr>
<tr><td>开户银行</td><td>中国工商银行杭州市钱江支行</td><td>开户银行</td><td>中国银行杭州市朝晖支行</td></tr>
<tr><td colspan="2">金额</td><td colspan="4">人民币陆万壹仟肆佰捌拾元整　　￥61 480.00</td></tr>
<tr><td colspan="2">摘要</td><td>支付技术研发费用</td><td colspan="2">业务（产品）种类</td><td>跨行发报</td></tr>
<tr><td colspan="2">用途</td><td colspan="4">款项结算</td></tr>
<tr><td colspan="2">交易流水号</td><td>37161283531</td><td colspan="2">时间戳</td><td>2016-12-05　9:25</td></tr>
<tr><td colspan="2" rowspan="2">中国工商银行
电子回单
专用章</td><td colspan="4">备注：略</td></tr>
<tr><td colspan="4">验证码：BV31073L1M12326</td></tr>
</table>

记账网点	工商银行杭州市钱江支行	记账柜员	5	记账日期	2016年12月5日

打印日期：2016年12月5日

重要提示：

1. 如果您是收款方，请到工行网站www.icbc.com.cn电子回单验证处进行回单验证。
2. 本回单不作为收款方发货依据，并请勿重复记账。
3. 您可以选择发送邮件，将此电子回单发送给指定的接收人。

附件 6-3-6

浙江省增值税专用发票

№ 34532451

4502073210　　发票联（全国统一发票监制章 浙江 国家税务总局监制）　　开票日期：2016年12月5日

<table>
<tr><td>购买方</td><td colspan="5">名　　称：浙江阳光服饰有限责任公司
纳税人识别号：92110019651283321H
地址、电话：浙江省杭州市钱塘路118号 0571-86736598
开户行及账号：工商银行杭州市钱江支行 1202021518090325917</td><td>密码区</td><td colspan="2">67/*+3*0/611*++0/+0*/*+3+
2/9*11*+666666**066611*+
66666*1**+216***6000*261*
2*4/*547203994+42*64151*
6915361/3*
加密版本：01
4502073210
34532451</td></tr>
<tr><td colspan="2">货物或应税劳务、服务名称</td><td>规格型号</td><td>单位</td><td>数量</td><td>单价</td><td>金额</td><td>税率</td><td>税额</td></tr>
<tr><td colspan="2">技术研发费用</td><td></td><td></td><td>1</td><td>58 000.00</td><td>58 000.00</td><td>6%</td><td>3 480.00</td></tr>
<tr><td colspan="2">合　计</td><td></td><td></td><td></td><td></td><td>￥58 000.00</td><td></td><td>￥3 480.00</td></tr>
<tr><td colspan="2">价税合计（大写）</td><td colspan="5">⊗陆万壹仟肆佰捌拾元整</td><td colspan="2">（小写）￥61 480.00</td></tr>
<tr><td>销售方</td><td colspan="5">名　　称：杭州金点子科技有限公司
纳税人识别号：912100234546446763
地址、电话：浙江省杭州市朝晖路30号 0571-88754237
开户行及账号：中国银行杭州市朝晖支行 1202518867402158231</td><td>备注</td><td colspan="2">杭州金点子科技有限公司
912100234546446763
发票专用章</td></tr>
</table>

收款人：马小龙　　复核：周丹丹　　开票人：马小龙　　销售方（章）

第三联：发票联　购买方记账凭证

附件 6-3-7

付款申请书

年　月　日

<table>
<tr><td rowspan="3">用途</td><td colspan="11">金额</td><td colspan="5">收款单位（个人）：</td></tr>
<tr><td>亿</td><td>千</td><td>百</td><td>十</td><td>万</td><td>千</td><td>百</td><td>十</td><td>元</td><td>角</td><td>分</td><td colspan="5">账号：</td></tr>
<tr><td></td><td></td><td></td><td></td><td></td><td></td><td></td><td></td><td></td><td></td><td></td><td colspan="5">开户行：</td></tr>
<tr><td colspan="2">金额（大写）合计</td><td colspan="9"></td><td colspan="5">电汇□　信汇□　汇票□　转账□　其他□</td></tr>
<tr><td rowspan="2">总经理</td><td rowspan="2"></td><td rowspan="2">财务部门</td><td>经理</td><td></td><td rowspan="2">业务部门</td><td>经理</td><td></td></tr>
<tr><td>出纳</td><td></td><td>经办人</td><td></td></tr>
</table>

附件 6-3-8

中国工商银行 INDUSTRIAL AND COMMERCIAL BANK OF CHINA　　**业务委托书**

委托日期　　年　　月　　日　　**02985467**

<table>
<tr><td>银行打印</td><td colspan="8">略...</td></tr>
<tr><td rowspan="10">客户填写</td><td colspan="8">业务类型 □电汇 □信汇 □汇票申请书 □本票申请书 □其他　　汇款方式 □普通 □加急</td></tr>
<tr><td rowspan="4">委托人</td><td>全称</td><td colspan="2"></td><td rowspan="4">收款人</td><td>全称</td><td colspan="2"></td></tr>
<tr><td>账号或地址</td><td colspan="2"></td><td>账号或地址</td><td colspan="2"></td></tr>
<tr><td>开户行名称</td><td colspan="2"></td><td>开户行名称</td><td colspan="2"></td></tr>
<tr><td>开户银行</td><td colspan="2">省　　市</td><td>开户银行</td><td colspan="2">省　　市</td></tr>
<tr><td>金额</td><td>人民币（大写）</td><td colspan="4"></td><td colspan="2">亿 千 百 十 万 千 百 十 元 角 分</td></tr>
<tr><td colspan="2">支付密码</td><td colspan="2">******</td><td colspan="4" rowspan="4">上列款项及相关费用请从我账户内支付：

委托人签章</td></tr>
<tr><td colspan="2">加急汇款签字</td><td colspan="2"></td></tr>
<tr><td colspan="2">用途</td><td colspan="2"></td></tr>
<tr><td colspan="4">附加信息及用途：</td></tr>
</table>

第一联 记账联

事后监督：　　会计主管：　　复核：　　记账：

附件 6-3-9

国家知识产权局专利收费收据

NO207286542

2016 年 12 月 11 日

缴款单位	浙江阳光服饰有限责任公司
项目	专利权申请费用
金额	人民币贰万伍仟元整（¥25 000.00）
付款方式	□现金　□支票　□邮局　☑银行
备注	1. 申请号　ZL167652 2. 交费日期　2016 年 12 月 11 日

（印章：国家知识产权局杭州市商标局 财务收费专用章）

收款人：贾玲芳　　　　盖章：

附件 6-3-10

无形资产价值明细表

项目名称：西服生产线升级新技术　　2016年12月15日　　单位：元

序号	费用项目	金额
1	开发支出——工资费用	41 000.00
2	开发支出——材料费用	30 860.00
3	开发支出——技术咨询费用	58 000.00
4	开发支出——专利注册费	25 000.00
合计		154 860.00

审核：黄莹莹　　制表：曹珊珊

附件 6-3-11

中国工商银行　进账单（收账通知） 3

2016年12月21日

出票人	全　称	绍兴红梅服饰公司	收款人	全　称	浙江阳光服饰有限责任公司
	账　号	1502537621259251887		账　号	1202021518090325917
	开户银行	中国银行绍兴市平水支行		开户银行	中国工商银行杭州市钱江支行

金额	人民币（大写）	千	百	十	万	千	百	十	元	角	分
	肆拾贰万肆仟元整		¥	4	2	4	0	0	0	0	0

票据种类	转账支票	票据张数	1
票据号码	略		

复核　王丽　　记账　刘伟

中国工商银行
杭州钱江支行
2016.12.21
业务清讫（2）

收款人开户银行盖章

此联是收款人开户银行交给收款人的收账通知

附件 6-3-12

无形资产处置单

2016年12月21日

项目	女式衬衫商标权	购买方信息	
价值明细	金额（元）	名称	绍兴红梅服饰公司
无形资产原值	500 000.00	纳税识别号	351235381178965117
累计摊销	220 000.00	地址/电话	绍兴平水路82号/0575-83548901
减值准备	—	开户行	中国银行绍兴市平水支行
无形资产价值	280 000.00	账号	1502537621259251887

审核：黄莹莹　　制表：曹珊珊

附件 6-3-13

浙江省增值税专用发票

№ 41252222

4502073210　　此联不作报销、扣税凭证使用　　开票日期：

购买方	名　称： 纳税人识别号： 地址、电话： 开户行及账号：	密码区	67/*+3*0/611*++0/+0*/*+3+ 2/9*11*+666666**066611*+ 66666*1**+216***6000*261* 2*4/*547203994 + 42* 64151*6915361/3*	加密版本：01 4502073210 41252222

货物或应税劳务、服务名称	规格型号	单位	数量	单价	金额	税率	税额
合计							
价税合计（大写）	⊗				（小写）		

销售方	名　称： 纳税人识别号： 地址、电话： 开户行及账号：	备注	

收款人：　　复核：　　开票人：　　销售方（章）

第一联：记账联　销售方记账凭证

附件 6-3-14

无形资产处置单

2016年12月26日

项目	棉布染色专利	购买方信息	
价值明细	金额（元）	名称	湖州达昌服饰公司
无形资产原值	300 000.00	纳税识别号	331281353896511915
累计摊销	160 000.00	地址/电话	湖州鸿丰路112号/0572-2081190
减值准备	10 000.00	开户行	交通银行湖州市鸿丰支行
无形资产价值	130 000.00	账号	1203621512536325921

审核：黄莹莹　　制表：曾珊珊

附件 6-3-15

浙江省增值税专用发票

№ 41252223

4502073210　　此联不作报销、扣税凭证使用　　开票日期：

购买方	名　称： 纳税人识别号： 地址、电话： 开户行及账号：	密码区	67/*+3*0/611*++0/+0*/*+3+ 2/9*11*+666666**066611*+ 66666*1**+216***6000*261* 2*4/*547203994+42*64151* 6915361/3*	加密版本：01 4502073210 41252223

货物或应税劳务、服务名称	规格型号	单位	数量	单价	金额	税率	税额
合计							
价税合计（大写）	⊗				（小写）		

销售方	名　称： 纳税人识别号： 地址、电话： 开户行及账号：	备注	

收款人：　　复核：　　开票人：　　销售方（章）

第一联：记账联　销售方记账凭证

附件6-3-16

无形资产摊销表

编制单位：浙江阳光服饰有限责任公司　　2016年12月31日　　单位：元

项目	会计科目	原值	摊销期限	本月摊销额	累计摊销额
西服生产线技术专利权	管理费用	154 860.00	2016年12月至2026年11月	1 290.50	1 290.50

审核：黄莹莹　　制表：曹珊珊

附件6-3-17

无形资产减值准备计提表

单位：元

编制单位：浙江阳光服饰有限责任公司　　2016年12月31日　　项目：专利技术

减值原因	“无形资产”账面价值	“无形资产”可收回金额
生产线贬值	2 136 000.00	2 106 000.00
应确认减值损失	“无形资产减值准备”累计余额	本期应计提减值准备
30 000.00	0	30 000.00

审核：黄莹莹　　制表：曹珊珊

附件6-4-1

董事会决议

公司因1#办公楼交付使用，经董事会协商决议，将办公场所整体搬迁至新建楼房（1#），原2#办公楼停止使用，并将其对外出租。

附：出租办公楼（2#）的账面价值明细表

出租办公楼（2#）账面价值明细表　　复印件与原件核对无误　　金额单位：元

类别：办公楼　　制单日期：2016年12月10日　　资产名称：2#办公楼

使用日期	年限	净残值率	单价	数量
2015-01-01	20	4%	1 195 000	1
原值	年折旧率	月折旧额	累计折旧	期末净值
1 195 000	4.80%	4 780	109 940	1 085 060

浙江阳光服饰有限责任公司

董事：李振华　张宏光　黄晓敏

法人代表：冯勇

2016年12月10日

附件 6-4-2

办公楼出租合同

出租人（甲方）：浙江阳光服饰有限责任公司

承租方（乙方）：杭州光明会计咨询服务公司

甲方决定将2#办公楼出租给乙方使用，经甲乙双方协商签订合同如下：

一、租赁期限

2#办公楼租赁期限为1年，自2016年12月10日起至2017年12月10日止，租赁期届满时，双方如有意修改或续签合同，至少应当在期限届满前90日提出协商，并在期满前60日签订新的租赁合同。双方如在本合同租赁期或租赁延长期满前60日内未就争议达成一致或签订新的租赁合同，本合同到期即行终止。

复印件与原件核对无误

二、租金及支付方式

乙方于每月支付甲方月租金捌仟元整。

乙方月租金的支付期限为每月25日以前，支付方式为银行转账，增值税税率为11%。

……

十一、合同争议的解决方式

本合同在履行过程中发生的争议，由甲乙双方协商解决；协商不成的，依法向人民法院提起诉讼。

十二、本合同未尽事宜双方另行协商解决

本合同经双方签字盖章后生效，一式四份，甲乙双方各执两份。

浙江阳光服饰有限责任公司　　杭州光明会计咨询服务公司

出租人：浙江阳光服饰有限责任公司　　承租方：杭州光明会计咨询服务公司

法定代表人：冯勇　　法定代表人：夏磊

日期：2016年12月10日　　日期：2016年12月10日

附件 6-4-3

中国工商银行　进账单（收账通知）　3

2016年12月15日

出票人	全　称	杭州光大租赁有限公司	收款人	全　称	浙江阳光服饰有限责任公司
	账　号	120302151654456735		账　号	1202021518090325917
	开户银行	中国农业银行杭州市西溪支行		开户银行	中国工商银行杭州市钱江支行
金额	人民币（大写）	壹佰陆拾陆万伍仟元整		千百十万千百十元角分	¥ 1 6 6 5 0 0 0 0 0
票据种类	转账支票	票据张数	1		
票据号码	3516082				
	复核 杨爽　记账 郑晓文			收款人开户银行盖章	中国工商银行 杭州钱江支行 2016.12.15 业务清讫（2）

此联是收款人开户银行交给收款人的收账通知

附件 6-4-4

浙江省增值税专用发票

№ 41252224

4502073210　　此联不作报销、扣税凭证使用　　开票日期：

购买方	名　　称： 纳税人识别号： 地 址 、 电 话： 开户行及账号：	密码区	67/*+3*0/611*++0/+0*/*+3+2/加密版本：01 9*11* + 666666**066611* +4502073210 66666*1** + 216***6000*261* 2*4/*547203994 + 42*64151*41252224 6915361/3*

货物或应税劳务、服务名称	规格型号	单位	数量	单价	金额	税率	税额
合计							
价税合计（大写）	⊗				（小写）		

销售方	名　　称： 纳税人识别号： 地 址 、 电 话： 开户行及账号：	备注	

收款人：　　复核：　　开票人：　　销售方（章）

第一联：记账联　销售方记账凭证

附件6-4-5

投资性房地产处置损益计算表

2016年12月15日　　　　　　　　单位：元

项目	仓库	处置原因	盘活长期资产
投资性房地产处置支出内容	金额	投资性房地产收入内容	金额
投资性房地产原值	1 400 000.00	出售投资性房地产价款	1 500 000.00
减：累计折旧	201 600.00		
投资性房地产净值	1 198 400.00		
投资性房地产处置	☑处置净收益　金额：301 600.00元 ☐处置净损失　金额：　　　　元		
客户信息	名　　称：杭州光大租赁有限公司 纳税人识别号：206500675589572847 地址/电话：浙江省杭州市西溪路35号 0571-85676678 开户行/账号：农业银行杭州市西溪支行 120302151654456735		

审核：黄莹莹　　　　　　　　制表：曹珊珊

附件6-4-6

浙江省增值税专用发票

№ 41252225

4502073210　　此联不作报销、扣税凭证使用　　开票日期：

(印章：全国统一发票监制章 浙江省 国家税务总局监制)

购买方	名称： 纳税人识别号： 地址、电话： 开户行及账号：				密码区	67/*+3*0/611*++0/+0*/*+3+ 加密版本：01 2/9*11* + 666666**066611* + 4502073210 66666*1** + 216***6000*261* 2*4/*547203994+42*64151* 41252225 6915361/3*		
货物或应税劳务、服务名称	规格型号	单位	数量	单价	金额	税率	税额	
合计								
价税合计（大写）	⊗				（小写）			
销售方	名称： 纳税人识别号： 地址、电话： 开户行及账号：				备注			

第一联：记账联　销售方记账凭证

收款人：　　复核：　　开票人：　　销售方（章）

附件6-4-7

中国工商银行　进账单（收账通知）　3

2016年12月25日

出票人	全称	杭州光明会计咨询服务公司	收款人	全称	浙江阳光服饰有限责任公司
	账号	1206437965981720215		账号	1202021518090325917
	开户银行	中国农业银行杭州市西溪支行		开户银行	中国工商银行杭州市钱江支行
金额	人民币（大写）	捌仟捌佰捌拾元整		千百十万千百十元角分	¥888000
票据种类	转账支票	票据张数	1		
票据号码	2096642				
复核 刘涛　记账 李军				收款人开户银行盖章	

(印章：中国工商银行 杭州钱江支行 2016.12.25 业务清讫（2）)

此联是收款人开户银行交给收款人的收账通知

附件 6-4-8

投资性房地产折旧计算表

编制单位：浙江阳光服饰有限责任公司　　2016年12月31日　　金额单位：元

项目	会计科目	原值	年折旧率	本月摊销额
2#办公楼	其他业务成本	1 195 000.00	4.80%	4 780.00

审核：黄莹莹　　制表：曹珊珊

附件 6-4-9

投资性房地产减值准备计提表

单位：元

编制单位：浙江阳光服饰有限责任公司　　2016年12月31日　　项目：厂房（3#）

减值原因	“投资性房地产”账面价值	“投资性房地产”可收回金额
技术贬值	2 100 000.00	2 075 000.00
应确认减值损失	“投资性房地产减值准备”累计余额	本期应计提减值准备
25 000.00	0	25 000.00

审核：黄莹莹　　制表：曹珊珊

附件 7-1-1

银行承兑汇票

2　CA/01　00000000

出票日期（大写）　贰零壹陆年壹拾贰月零壹日

出票人全称	浙江英泰服饰有限公司	收款人	全　称	浙江阳光服饰有限责任公司
出票人账号	1202032591715180603		账　号	1202021518090325917
付款行全称	工商银行杭州市春晖支行		开户银行	工商银行杭州市钱江支行
出票金额	人民币（大写）贰拾叁万肆仟元整		亿千百十万千百十元角分	¥ 2 3 4 0 0 0 0 0
汇票到期日（大写）	贰零壹柒年零叁月零壹日	付款行	行号	14529
承兑协议编号	YH1256489		地址	杭州滨江区春晖路66号

本汇票请你行承兑，到期无条件付款。

出票人签章

（印章：浙江英泰服饰有限公司 财务专用章；马子涵印）

本汇票已经承兑，到期由本行付款汇款

承兑行签章

（印章：中国工商银行 124511223445 汇票专用章；敏章印）

承兑日期：2016年12月1日

备注：　　复核　　记账

复印件与原件核对无误

此联收款人开户行随托收凭证寄付款行作借方凭证附件

被背书人	被背书人	被背书人
背书人签章 年　月　日	背书人签章 年　月　日	背书人签章 年　月　日

粘贴处

持票人向银行提示付款签章：

身份证件名称：

号　　码：

发证机关：

附件 7-1-2

ICBC 中国工商银行 托收凭证（受理回单） 1

委托日期　　年　　月　　日

业务类型	委托收款（□邮划、□电划）			托收承付（□邮划、□电划）			
付款人	全称			收款人	全称		
	账号				账号		
	地址	省　市县	开户行		地址	省　市县	开户行
金额	人民币（大写）			亿 千 百 十 万 千 百 十 元 角 分			
款项内容		托收凭据名称		附寄单证张数			
商品发运情况				合同名称号码			
备注： 复核　　记账		款项收妥日期 年　月　日		付款人开户银行签章： 年　月　日			

175×100mm 浙工1008 杭州新达票证印制

此联作收款人开户银行给收款人的受理回单

附件 7-1-3

商业承兑汇票

2 AB 01 00354729

出票日期（大写）贰零壹陆 年零玖 月零伍 日

付款人	全称	上海三元服饰集团	收款人	全称	浙江阳光服饰有限责任公司
	账号	1202021518090321906		账号	1202021518090325917
	开户银行	中国工商银行上海浦东支行		开户银行	中国工商银行杭州市钱江支行
出票金额	人民币（大写）	壹拾柒万伍仟伍佰元整	亿 千 百 十 万 千 百 十 元 角 分		¥ 1 7 5 5 0 0 0 0
汇票到期日（大写）		贰零壹陆年壹拾贰月零伍日	付款行	行号	201566
交易合同号码		购销合同20160907		地址	上海浦东新区
本汇票已经承兑，到期无条件支付票款 承兑人签章： 承兑日期：2016 年09 月05 日			本汇票请予以承兑，并于到期日汇款 出票人签章：		

（印章：上海三元服饰集团 财务专用章）（印章：李东印）

此联收款人开户行随托收凭证寄付款行作借方凭证附件

注意事项
一、本票在指定的城市范围使用。
二、本票经背书可以转让。

被背书人	被背书人	被背书人
背书人签章 年　月　日	背书人签章 年　月　日	背书人签章 年　月　日

附件 7-1-4

贴现凭证（收账通知） 5

填写日期：2016 年 12 月 10 日　　　　第 5 号

贴现汇票	种类	银行承兑汇票	号码	YH232164	申请人	全称	浙江阳光服饰有限责任公司
	出票日	2016 年 10 月 10 日				账号	1202021518090325917
	到期日	2017 年 1 月 10 日				开户银行	工商银行杭州市钱江支行
汇票承兑人（或银行）	名称	上海利达服饰集团	账号	201516	开户银行	工行上海浦东支行	

汇票金额	人民币（大写）贰拾万元整	千	百	十	万	千	百	十	元	角	分
			¥	2	0	0	0	0	0	0	0

贴现率	10%	贴现利息	千	百	十	万	千	百	十	元	角	分
						¥	1	6	6	6	6	7

实付贴现金额	千	百	十	万	千	百	十	元	角	分
		¥	1	9	8	3	3	3	3	3

上述款项已入你单位账户

此致

银行盖章

2016 年 12 月 10 日

备注：

中国工商银行
上海浦东支行
2016.12.10
业务清讫（1）

复核：黄阳　　　　记账：陈达达

此联银行给贴现申请人的收账通知

附件 7-1-5

中国工商银行 进账单（收账通知） 3

2016 年 12 月 12 日

出票人	全称	浙江英泰服饰有限公司	收款人	全称	浙江阳光服饰有限责任公司
	账号	1202032591715180603		账号	1202021518090325917
	开户银行	中国工商银行杭州市春晖支行		开户银行	中国工商银行杭州市钱江支行

金额	人民币（大写）伍万壹仟元整	千	百	十	万	千	百	十	元	角	分
				¥	5	1	0	0	0	0	0

票据种类	转账支票	票据张数	1
票据号码	23991002		

复核 李项阳　　记账 王艳

中国工商银行
杭州钱江支行
2016.12.12
业务清讫（1）

收款人开户银行盖章

此联是收款人开户银行交给收款人的收账通知

附件 7-1-6

付款申请书

年　月　日

用途	金额											收款单位（个人）：
	亿	千	百	十	万	千	百	十	元	角	分	账号：
												开户行：
金额（大写）合计						电汇☐ 信汇☐ 汇票☐ 转账☐ 其他☐						

总经理		财务部门	经理		业务部门	经理	
			出纳			经办人	

附件 7-1-7

中国工商银行
转账支票存根
10203310
22343507

附加信息

出票日期　　年　月　日

收款人：

金　额：

用　途：

单位主管　　会计

中国工商银行　转账支票　　10203310
22343507

付款期限自出票之日起十天

出票日期（大写）　　年　　月　　日　　付款行名称：

收款人：　　出票人账号：

人民币（大写）	亿	千	百	十	万	千	百	十	元	角	分

用途　　密码

上列款项请从　　行号

我账户内支付

出票人签章　　复核　　记账

⑈84316 ⑆571022123⑆ 21209900077422⑈ 01

附加信息：	被背书人	被背书人	贴粘单处
	背书人签章 年　月　日	背书人签章 年　月　日	

根据《中华人民共和国票据法》等法律法规的规定，签发空头支票由中国人民银行处以票面金额5%但不低于1 000元的罚款。

附件 7-1-8

借　款　单

2016年12月15日

部门	销售部	借款人：	张云
借款理由	出差预借差旅费		
金额	大写：人民币肆仟元整	小写：￥4 000.00	
领导批示：同意。　冯勇		财务主管：同意。　徐敏	
部门主管：任星星	出纳：张晓霞	领款人签收：张云	

浙江阳光服饰有限责任公司
财务专用章

附件 7-1-9

差旅费报销单

事由：出差　　2016年12月21日　　单据张数：3张

部门：销售部　　姓名：张云　　职务：销售员　　预借款：4 000元

起止时间				起止地点	车船费	办公邮电费	住宿费	税金	市内交通	伙食补贴		合计
月	日	月	日							天数	金额	
12	16	12	16	杭州—北京	580.00							580.00
12	16	12	20	北京			2 540.00	152.40				2 692.40
12	21	12	21	北京—杭州	580.00							580.00
合计					1 160.00		2 540.00	152.40				3 852.40
人民币（大写）叁仟捌佰伍拾贰元肆角整　　应退（补）：147.60元												

现金收讫

部门主管：任星星　　财务主管：徐敏　　会计：陈瑞刚　　出纳：张晓霞　　领款人：张云

附件 7-1-10

北京市增值税专用发票

№ 32210136

1211131415

（全国统一发票监制章 国家税务总局监制 北京市）发票联

开票日期：2016年12月21日

购买方	
名　　　称：	浙江阳光服饰有限责任公司
纳税人识别号：	92110019651283321H
地 址 、电 话：	浙江省杭州市钱塘路118号 0571-86736598
开户行及账号：	工商银行杭州市钱江支行 1202021518090325917

密码区：
67/*+3*0/611*++0/+0*/*+3+ 加密版本：01
2/9*11* + 666666**066611* + 1211131415
66666*1** + 216***6000*261* 32210136
2*4/*547203994 + 42*64151*
6915361/3*

货物或应税劳务、服务名称	规格型号	单位	数量	单价	金额	税率	税额
住宿费		天	5	508.00	2 540.00	6%	152.40
合　计					￥2 540.00		￥152.40

价税合计（大写）　⊗贰仟陆佰玖拾贰元肆角整　　（小写）￥2 692.40

销售方	
名　　　称：	北京永和宾馆
纳税人识别号：	914562558582323123
地 址 、电 话：	北京市朝阳区昌平路28号 010-52541568
开户行及账号：	中国工商银行北京朝阳支行 1402021518090325917

备注：（北京永和宾馆 914562558582323123 发票专用章）

收款人：王勤　　复核：张利　　开票人：王勤　　销售方（章）

第三联：发票联　购买方记账凭证

附件 7-1-11

Y0632123　　检票口18

杭　州站　T701→　北　京站

Hangzhou　　Beijing

2016年12月16日09:45开　14车25号

￥580.00元　网　二等座

限乘当日当次车

3102121980****9110 张云

买票请到12306 发货请到95306

中国铁路祝你旅途愉快

10010000820825C007496 杭州售

附件 7-1-12

Y0632423　　检票口18

北　京站　T603→　杭　州站

Beijing　　Hangzhou

2016年12月21日11:45开　16车15号

￥580.00元　网　二等座

限乘当日当次车

3102121980****9110 张云

买票请到12306 发货请到95306

中国铁路祝你旅途愉快

10010000820825C007324 北京售

附件 7-1-13

收款收据

No

年　月　日

今收到 ________________________________

____

金额（大写）　佰　拾　万　仟　佰　拾　元　角　分

￥：　　　　（单位盖章）

核准　　会计　　记账　　出纳　　经手人

存根（白）　记账（黄）

附件 7-1-14

坏账损失报告单

2016年12月26日

客户名称	款项内容	账面金额	发生时间
浙江长虹有限责任公司	货款	35 000.00元	2013年5月25日
申请核销原因	客户公司破产，资不抵债，账款无法收回。		
领导审批条件	同意转作坏账损失核销。 冯勇 2016.12.26		

附件 7-1-15

托收凭证（收款通知） 4

委托日期：2016 年 12 月 5 日

业务类型	委托收款（☐ 邮划、 ☐ 电划）			托收承付（☐ 邮划、 ☐ 电划）		
付款人 全称	上海三元服饰集团			收款人 全称	浙江阳光服饰有限责任公司	
付款人 账号	1202021518090321906			收款人 账号	1202021518090325917	
付款人 地址	省上海 市/县	开户行	工商银行上海浦东支行	收款人 地址	浙江 省杭州 市/县	开户行 工行杭州钱江支行
金额 人民币（大写）	壹拾柒万伍仟伍佰元整			千百十万千百十元角分	¥ 1 7 5 5 0 0 0 0	
款项内容	货款	托收凭据名称	商业承兑汇票	附寄单证张数	1	
商品发运情况	已发运			合同名称号码	201619267810	
备注： 复核 记账		款项收妥日期 2016 年 12 月 28 日		收款人开户银行签章 2016 年 12 月 28 日		

中国工商银行 杭州钱江支行 2016.12.28 业务清讫（1）

此联付款人开户行凭以汇款或收款人开户行作收账通知

附件 7-1-16

坏账准备计提表

编制单位：浙江阳光服饰有限责任公司　　2016年12月31日　　单位：元

期初“坏账准备”余额	本期“坏账准备”发生额	坏账准备余额（计提损失前）
34 320.00	-35 000.00	-680.00
应收账款余额	计提比例	期末应计提“坏账准备”金额
129 000.00	4%	5 160.00
应补坏账准备	5 840.00	

审核：黄莹莹　　制表：曾珊珊

附件 7-2-4

银行承兑汇票协议

编号：0689035

收款人全称：江苏正和服装面料公司

开户银行：中国工商银行江苏市唐西支行

账号：120202154980903261

付款人全称：浙江阳光服饰有限责任公司

开户银行：中国工商银行杭州市钱江支行

账号：1202021518090325917

银行承兑汇票号码：08777207　　汇票金额（大写）：人民币柒万捌仟伍佰贰拾元整

签发日期：2016年12月7日　　到期日期：2017年5月7日

以上汇票经承兑银行承兑，承兑申请人（下称申请人）愿遵守《支付结算办法》的规定及下列条款：

1.申请人于到期日期将应付票据足额交存承兑银行。

2.承兑手续费按票面金额万分之（五）计算，在银行承兑时一次付清。

3.承兑汇票如发生任何交易纠纷，均由收付双方自行处理。票款于到期前仍按第一条办理不误。

4.承兑汇票到期日，承兑银行凭票无条件支付票款。如到期日之前申请人不能足额交付票款时，承兑银行对不足支付部分的票款转作承兑申请人逾期贷款，并按照有关规定计收罚息。

5.承兑汇票付清后，本协议自动失效。本协议第一、二联分别由承兑银行信贷部门和承兑申请人存执，协议副本由银行会计部门存查。

复印件与原件核对无误

中国工商银行杭州钱江支行

承兑银行（公章）：

法定代表人（或授权代理人）：马晨杰印

浙江阳光服饰有限责任公司

承兑申请人（公章）：

法定代表人（或授权代理人）：冯勇印

签订日期：2016年12月7日

附件 7-2-5

中国工商银行（钱江支行）付款通知书

日期：2016年12月7日

机构号：103100061423　　交易代码：773345

单位名称：浙江阳光服饰有限责任公司	
账号：1202021518090325917	
摘要 手续费：39.26 金额合计：￥39.26	中国工商银行 杭州钱江支行 2016.12.7 业务清讫（1）
金额合计（大写）	人民币叁拾玖元贰角陆分

第二联 回单

注：付款通知单加盖我行业务公章方有效。

流水号：1227007006　　经办：01

附件 7-2-6

浙江省增值税专用发票

发票联

№ 32136782

4502073210

开票日期：2016年12月11日

购买方	名 称：浙江阳光服饰有限责任公司 纳税人识别号：92110019651283321H 地址、电话：浙江省杭州市钱塘路118号 0571-86736598 开户行及账号：工商银行杭州市钱江支行 1202021518090325917	密码区	67/*+3*0/611*++0/+0*/*+3+ 加密版本：01 2/9*11* + 666666**066611* + 4502073210 66666*1** + 216***6000*261* 32136782 2*4/*547203994+42*64151* 6915361/3*

货物或应税劳务、服务名称	规格型号	单位	数量	单价	金额	税率	税额
电费		度	2 000	5.00	10 000.00	17%	1 700.00
合计					¥10 000.00		¥1 700.00
价税合计（大写）	⊗壹万壹仟柒佰元整				（小写）¥11 700.00		

销售方	名 称：浙江电网公司杭州供电局 纳税人识别号：911127856122580585 地址、电话：浙江省和平路218号 0571-85254193 开户行及账号：工商银行杭州秋涛支行 1211630220424124066	备注	（印章：浙江电网公司杭州供电局 911127856122580585 发票专用章）

收款人：王勤　　复核：张利　　开票人：王勤　　销售方（章）

第三联：发票联 购买方记账凭证

附件 7-2-7

托收凭证（付款通知）　　5

委托日期：2016 年12 月11 日

业务类型	委托收款（□ 邮划、☑ 电划）			托收承付（□ 邮划、□ 电划）			
付款人	全称	浙江阳光服饰有限责任公司		收款人	全称	浙江电网公司杭州供电局	
	账号	1202021518090325917			账号	1211630220424124066	
	地址	浙江 省杭州 市县	开户行 工行钱江支行		地址	浙江 省杭州 市县	开户行 工行秋涛支行
金额	人民币（大写）	壹万壹仟柒佰元整			千百十万千百十元角分	¥1170000	
款项内容	电费	托收凭据名称	增值税专用发票		附寄单证张数	1	
商品发运情况	已发送		合同名称号码		2865026		
备注： 复核　　记账		款项收妥日期 年　月　日			收款人开户银行签章 （印章：中国工商银行 杭州秋涛支行 2016.12.11 业务清讫（1）） 2016 年12 月11 日		

此联付款人开户银行给付款人按期付款的通知

附件7-2-8

付款申请书

年　月　日

用途	金额											收款单位（个人）：
	亿	千	百	十	万	千	百	十	元	角	分	账号：
												开户行：
金额（大写）合计						电汇□　信汇□　汇票□　转账□　其他□						
总经理		财务部门	经理		业务部门	经理						
			出纳			经办人						

附件7-2-9

中国工商银行
转账支票存根
10203310
22343508
附加信息
出票日期　年　月　日
收款人：
金　额：
用　途：
单位主管　会计

中国工商银行　转账支票　10203310　22343508

付款期限自出票之日起十天

出票日期（大写）　年　月　日　付款行名称：
收款人：　出票人账号：

人民币（大写）	亿	千	百	十	万	千	百	十	元	角	分

用途　密码
上列款项请从　行号
我账户内支付
出票人签章　复核　记账

84316 571022123 2120990007422 01

附加信息：	被背书人	被背书人
	背书人签章 年 月 日	背书人签章 年 月 日

贴粘单处

根据《中华人民共和国票据法》等法律法规的规定，签发空头支票由中国人民银行处以票面金额5%但不低于1 000元的罚款。

附件7-2-10

中国工商银行　进账单（收账通知）　3

2016年12月18日

出票人	全　称	江苏方辉服饰公司	收款人	全　称	浙江阳光服饰有限责任公司
	账　号	1032209591720215180		账　号	1202021518090325917
	开户银行	中国工商银行南京市解放支行		开户银行	工商银行杭州市钱江支行

金额	人民币（大写）壹万伍仟元整	千	百	十	万	千	百	十	元	角	分
				¥	1	5	0	0	0	0	0

票据种类	转账支票	票据张数	1	
票据号码	略			中国工商银行 杭州钱江支行 2016.12.18 业务清讫（2）
	复核　冯晓明　　记账　江韵苑			收款人开户银行盖章

此联是收款人开户银行交给收款人的收账通知

附件 7-2-11

付款申请书

年　月　日

用途	金额											收款单位(个人)：
	亿	千	百	十	万	千	百	十	元	角	分	账号：
												开户行：
金额(大写)合计												电汇□　信汇□　汇票□　转账□　其他□

总经理		财务部门	经理		业务部门	经理	
			出纳			经办人	

附件 7-2-12

中国工商银行　网上银行电子回单

回单号码：30911164161517

付款人	户名	浙江阳光服饰有限责任公司	收款人	户名	江苏方辉服饰公司
	账号	1202021518090325917		账号	1032209591720215180
	开户银行	中国工商银行杭州市钱江支行		开户银行	中国工商银行南京市解放支行
金额		人民币叁仟元整　　¥3 000.00			
摘要		退回多余预付款	业务（产品）种类		汇划发报
用途		货款结算			
交易流水号		2803117146	时间戳		2016-12-27　15:25
		备注：略			
		验证码：908748231611UKP			
记账网点	工商银行杭州市钱江支行	记账柜员	8	记账日期	2016年12月27日

中国工商银行 电子回单专用章

打印日期：2016年12月27日

重要提示：

1. 如果您是收款方，请到工行网站www.icbc.com.cn电子回单验证处进行回单验证。
2. 本回单不作为收款方发货依据，并请勿重复记账。
3. 您可以选择发送邮件，将此电子回单发送给指定的接收人。

附件 7-2-13

付款申请书

年　月　日

用途	金额											收款单位(个人)：
	亿	千	百	十	万	千	百	十	元	角	分	账号：
												开户行：
金额(大写)合计												电汇□　信汇□　汇票□　转账□　其他□

总经理		财务部门	经理		业务部门	经理	
			出纳			经办人	

附件 7-2-14

中国工商银行
转账支票存根
10203310
22343509

附加信息

出票日期　　年　　月　　日

收款人:	
金　额:	
用　途:	

单位主管　　会计

中国工商银行　转账支票　10203310　22343509

出票日期（大写）　　年　　月　　日　　付款行名称:

收款人:　　出票人账号:

付款期限自出票之日起十天

人民币（大写）	亿	千	百	十	万	千	百	十	元	角	分

用途　　密码

上列款项请从　　行号

我账户内支付

出票人签章　　复核　　记账

⑈84316 ⑆571022123⑆ 212099000774220⑈ 01

附加信息:	被背书人	被背书人
	背书人签章 年　月　日	背书人签章 年　月　日

贴粘单处

根据《中华人民共和国票据法》等法律法规的规定，签发空头支票由中国人民银行处以票面金额5%但不低于1 000元的罚款。

附件 7-2-15

浙江省增值税专用发票　　№ 12881902

发票联

4502073210　　开票日期：2016年12月29日

购买方	名称：浙江阳光服饰有限责任公司 纳税人识别号：92110019651283321H 地址、电话：浙江省杭州市钱塘路118号 0571-86736598 开户行及账号：工商银行杭州市钱江支行 1202021518090325917	密码区	67/*+3*0/611*++0/+0*/*+3+ 加密版本：01 2/9*11*+666666**066611*+ 4502073210 66666*1**+216***6000*261* 12881902 2*4/*547203994+42*64151* 6915361/3*

货物或应税劳务、服务名称	规格型号	单位	数量	单价	金额	税率	税额
租入办公设备		台	1	1 000.00	1 000.00	17%	170.00
合计					￥1 000.00		￥170.00
价税合计（大写）	⊗壹仟壹佰柒拾元整				（小写）￥1 170.00		

销售方	名称：浙江梅恒服饰器械租赁公司 纳税人识别号：91229651283331711A 地址、电话：浙江省杭州市采荷路17号 0571-86754398 开户行及账号：工商银行杭州市采荷支行 1202023268415180907	备注	浙江梅恒服饰器械租赁公司 91229651283331711A 发票专用章

收款人：李瑞　　复核：王珊　　开票人：邱刚　　销售方（章）

第三联：发票联　购买方记账凭证

附件 7-3-1

工商银行杭州市钱江支行批量代付清单

机构代码：4512　　入账日期：2016年12月3日

账号：1202021518090325917　　机构名称：中国工商银行杭州市钱江支行

账号	姓名	金额（元）
6222024100018696306	黄梦达	3 988.00
6227001935260700504	陈丽华	3 715.00
6222024100018696793	宋刚	3 130.00
⋮	⋮	⋮
6222024100018385082	王亚芬	3 206.60
合计		88 983.04

附件 7-3-2

付款申请书

年　月　日

用途	金额											收款单位(个人)：
	亿	千	百	十	万	千	百	十	元	角	分	账号：
												开户行：
金额(大写)合计							电汇☐　信汇☐　汇票☐　转账☐　其他☐					
总经理		财务部门	经理				业务部门	经理				
			出纳					经办人				

附件 7-3-3

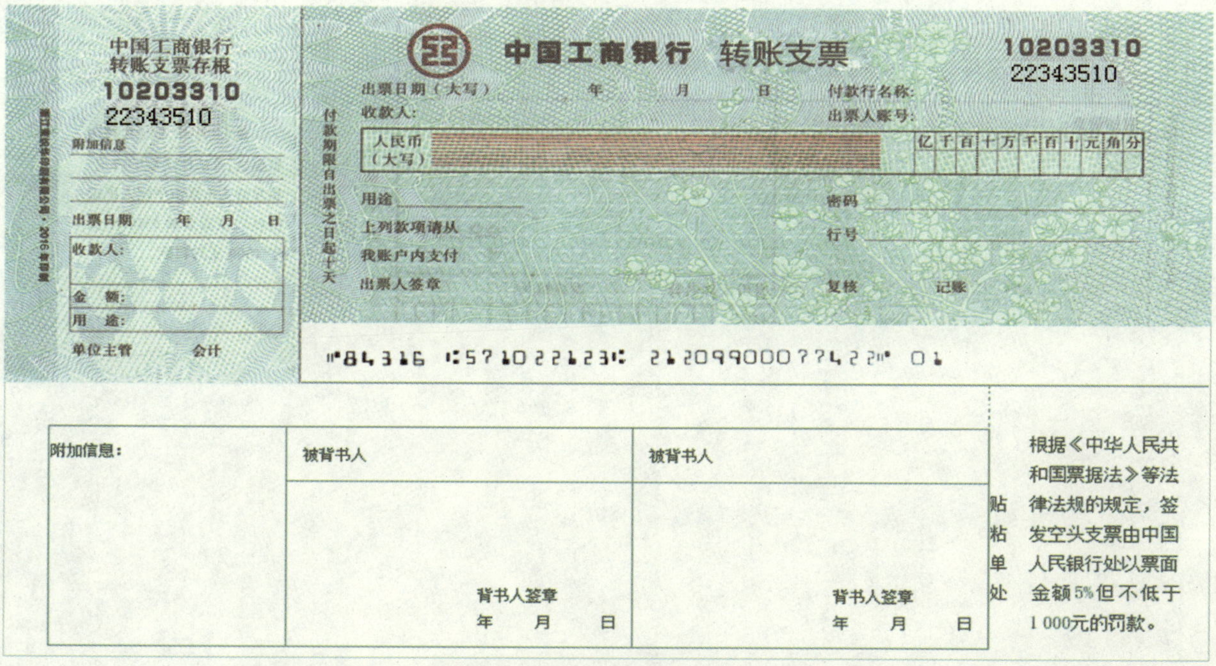
中国工商银行
转账支票存根
10203310
22343510
附加信息
出票日期　年　月　日
收款人：
金　额：
用　途：
单位主管　会计

中国工商银行　转账支票　10203310　22343510
出票日期（大写）　年　月　日　付款行名称：
收款人：　出票人账号：
付款期限自出票之日起十天
人民币（大写）　亿 千 百 十 万 千 百 十 元 角 分
用途　密码
上列款项请从　行号
我账户内支付
出票人签章　复核　记账
84316 571022123 21209900077422 01

附加信息：	被背书人	被背书人
	背书人签章 年　月　日	背书人签章 年　月　日

贴粘单处

根据《中华人民共和国票据法》等法律法规的规定，签发空头支票由中国人民银行处以票面金额5%但不低于1 000元的罚款。

附件 7-3-4

付款申请书

年　月　日

用途	金额											收款单位(个人)：
	亿	千	百	十	万	千	百	十	元	角	分	账号：
												开户行：
金额(大写)合计							电汇☐　信汇☐　汇票☐　转账☐　其他☐					
总经理		财务部门	经理				业务部门	经理				
			出纳					经办人				

附件 7-3-5

中国工商银行
转账支票存根
10203310
22343511

附加信息

出票日期　年　月　日

收款人：

金　额：

用　途：

单位主管　会计

中国工商银行　转账支票　10203310 22343511

出票日期（大写）　年　月　日　付款行名称：

收款人：　出票人账号：

付款期限自出票之日起十天

人民币（大写）	亿	千	百	十	万	千	百	十	元	角	分

用途　密码

上列款项请从　行号

我账户内支付

出票人签章　复核　记账

⑈84316 ⑆571022123⑆ 21209900077422⑈ 01

附加信息：	被背书人	被背书人
	背书人签章 年　月　日	背书人签章 年　月　日

贴粘单处

根据《中华人民共和国票据法》等法律法规的规定，签发空头支票由中国人民银行处以票面金额5%但不低于1 000元的罚款。

附件 7-3-6

浙江增值税专用发票

№ 12881902

4502073210

发票联

开票日期：2016年12月5日

购买方	名　　称：浙江阳光服饰有限责任公司 纳税人识别号：92110019651283321H 地 址、电 话：浙江省杭州市钱塘路118号 0571-86736598 开户行及账号：工商银行杭州市钱江支行 1202021518090325917	密码区	67/*+3*0/611*++0/+0*/*+3+ 加密版本：01 2/9*11* + 666666**066611* + 4502073210 66666*1** + 216***6000*261* 12881902 2*4/*547203994+42*64151* 6915361/3*

货物或应税劳务、服务名称	规格型号	单位	数量	单价	金额	税率	税额
租入房屋租金		套	1	3 000.00	3 000.00	11%	330.00
合　计					￥3 000.00		￥330.00
价税合计（大写）	⊗叁仟叁佰叁拾元整				（小写）￥3 330.00		

销售方	名　　称：杭州华丰房屋租赁公司 纳税人识别号：912296171100331512 地 址、电 话：浙江省杭州市双林路17号 0571-867581112 开户行及账号：工商银行杭州市双林支行 1241518090020232681	备注	

收款人：董玲　复核：姜红英　开票人：袁青青　销售方（章）

第三联：发票联 购买方记账凭证

附件 7-3-7

付款申请书

年　月　日

用途	金额											收款单位(个人)：
	亿	千	百	十	万	千	百	十	元	角	分	账号：
												开户行：
金额(大写)合计												电汇☐　信汇☐　汇票☐　转账☐　其他☐

总经理		财务部门	经理		业务部门	经理	
			出纳			经办人	

附件 7-3-11

社会保险费缴费申报表

地税编码：1127853566　　税款所属日期：2016 年 11 月 1 日至 2016 年 11 月 30 日　　金额单位：元（列至角分）

缴费单位名称	浙江阳光服饰有限责任公司	单位地址	浙江省杭州市钱塘路118号	联系电话	0571—86736598
缴费银行	中国工商银行杭州市钱江支行	缴费账号	1202021518090325917	登记注册类型	有限责任公司

费种	征收品目	缴费基数	费率	应缴税额	抵缴税额	本期应交税额	缴费人数
1	2	3	4	5=3*4	6	7=5-6	8
社会保险费	养老保险费	113 300.00	16%	18 128.00	0	18 128.00	23
合计	—	—	—	18 128.00		18 128.00	
销售（营业）收入		本期实发工资额		88 983.04	职工人数		23

缴费人申明	授权人申明	代理人申明
本单位（公司、个人）所申报的社会保险费款真实、准确，如有虚假内容，愿承担法律责任。 法人代表（业主）签名：冯勇 2016 年 12 月 11 日	我（单位）现授权 为本缴费人的代理申报人，任何与申报有关的往来文件，都可寄此代理机构。 委托代理合同号： 授权人： 年 月 日	本申报表是按照社会保险费有关规定填报，我确认其真实、合法。 代理人（签章）： 经办人： 年 月 日
税务机关受理人：	受理日期： 年 月 日	备注：

填表人签名：张晓霞　　填表日期：2016-12-11　　打印鉴证码：29378NGB11202

附件 7-3-12

电子银行转账凭证（付款）

2016 年 12 月 11 日

付款人名称	浙江阳光服饰有限责任公司	收款人名称	杭州人力资源与社会保障局
付款人账号	1202021518090325917	收款人账号	120202611917215[illegible]809
付款行名	工商银行杭州市钱江支行	收款行名	工商银行杭州市秋涛支行
人民币	壹万捌仟壹佰贰拾捌元整		¥18 128.00
用途	支付养老保险金	业务类型	代理业务
备注			

中国工商银行 电子回单专用章

已打印001次　　打印时间：2016-12-11

附件 7-3-13

付款申请书

年 月 日

用途	金额											收款单位（个人）：
	亿	千	百	十	万	千	百	十	元	角	分	账号：
												开户行：
金额（大写）合计								电汇☐ 信汇☐ 汇票☐ 转账☐ 其他☐				

总经理		财务部门	经理		业务部门	经理	
			出纳			经办人	

附件 7-3-14

社会保险费缴费申报表

地税编码：2127566853　　税款所属日期：2016 年 11 月 1 日至 2016 年 11 月 30 日　　金额单位：元（列至角分）

缴费单位名称	浙江阳光服饰有限责任公司	单位地址	浙江省杭州市钱塘路118号		联系电话	0571-86736598	
缴费银行	中国工商银行杭州市钱江支行	缴费账号	1202021518090325917		登记注册类型	有限责任公司	
费种	征收品目	缴费基数	费率	应缴税额	抵缴税额	本期应交税额	缴费人数
1	2	3	4	5=3*4	6	7=5-6	8
社会保险	医疗保险费	113 300.00	8.3%	9 403.90	0	9 403.90	23
合计	—	—	—	9 403.90		9 403.90	
销售（营业）收入		本期实发工资额		88 983.04	职工人数	23	
缴费人申明	本单位（公司、个人）所申报的社会保险费款真实、准确，如有虚假内容，愿承担法律责任。 法人代表（业主）签名：冯勇 2016 年12 月11 日	授权人申明	我（单位）现授权 为本缴费人的代理申报人，任何与申报有关的往来文件，都可寄此代理机构。 委托代理合同号： 授权人： 年 月 日		代理人申明	本申报表是按照社会保险费有关规定填报，我确认其真实、合法。 代理人（签章）： 经办人： 年 月 日	
税务机关受理人：		受理日期： 年 月 日			备注：		

填表人签名：张晓薇　　填表日期：2016-12-11　　打印鉴证码：374189HSMN112

附件 7-3-15

电子银行转账凭证（付款）

2016 年 12 月 11 日

付款人名称	浙江阳光服饰有限责任公司	收款人名称	杭州人力资源与社会保障局
付款人账号	1202021518090325917	收款人账号	1202026119172151009
付款行名	工商银行杭州市钱江支行	收款行名	工商银行杭州市秋涛支行
人民币	玖仟肆佰零叁元玖角整		¥9 403.90
用途	支付医疗保险金	业务类型	代理业务
备注			

中国工商银行 电子回单专用章

已打印001次　　打印时间：2016-12-11

附件 7-3-16

付款申请书

年 月 日

用途	金额											收款单位（个人）：
	亿	千	百	十	万	千	百	十	元	角	分	账号：
												开户行：
金额（大写）合计						电汇□ 信汇□ 汇票□ 转账□ 其他□						

总经理		财务部门	经理		业务部门	经理	
			出纳			经办人	

附件 7-3-17

社会保险费缴费申报表

地税编码：3785359167　　税款所属日期：2016 年 11 月 1 日至 2016 年 11 月 30 日　　金额单位：元（列至角分）

缴费单位名称	浙江阳光服饰有限责任公司		单位地址	浙江省杭州市钱塘路118号		联系电话	0571-86736598
缴费银行	中国工商银行杭州市钱江支行		缴费账号	1202021518090325917		登记注册类型	有限责任公司
费种	征收品目	缴费基数	费率	应缴税额	抵缴税额	本期应交税额	缴费人数
1	2	3	4	5=3*4	6	7=5-6	8
社会保险费	失业保险费	113 300.00	1.5%	1 699.50	0	1 699.50	23
合计	—	—	—	1 699.50		1 699.50	
销售（营业）收入		本期实发工资额		88 983.04	职工人数	23	
缴费人申明	本单位（公司、个人）所申报的社会保险费款真实、准确，如有虚假内容，愿承担法律责任。 法人代表（业主）签名：冯勇 2016 年 12 月 11 日	授权人申明	我（单位）现授权　　为本缴费人的代理申报人，任何与申报有关的往来文件，都可寄此代理机构。 委托代理合同号： 授权人： 年 月 日		代理人申明	本申报表是按照社会保险费有关规定填报，我确认其真实、合法。 代理人（签章）： 经办人： 年 月 日	
税务机关受理人：		受理日期：　年　月　日			备注：		

填表人签名：张晓霞　　填表日期：2016-12-11　　打印鉴证码：126543AVC981

附件 7-3-18

电子银行转账凭证（付款）

2016 年 12 月 11 日

付款人名称	浙江阳光服饰有限责任公司	收款人名称	杭州人力资源与社会保障局
付款人账号	1202021518090325917	收款人账号	1202026119172151[illegible]09
付款行名	工商银行杭州市钱江支行	收款行名	工商银行杭州市[illegible]支行
人民币	壹仟陆佰玖拾玖元伍角整		¥1 699.50
用途	支付失业保险金	业务类型	代理业务
备注			

中国工商银行 电子回单专用章

已打印001次　　打印时间：2016-12-11

附件 7-3-19

付款申请书

年 月 日

用途	金额											收款单位（个人）：		
	亿	千	百	十	万	千	百	十	元	角	分	账号：		
												开户行：		
金额（大写）合计							电汇☐ 信汇☐ 汇票☐ 转账☐ 其他☐							
总经理		财务部门	经理					业务部门	经理					
			出纳						经办人					

附件7-3-20

行政拨交工会经费缴款书

缴款单位电话0571-86736598　　缴款日期2016年12月13日　　字第4号

所属月份	11	职工人数	23	本月工资总额	113 300.00	按2%计应拨交经费	2 266.00

收入基层工会工作费户		上解上级工会工作费户		缴款单位	
户名	浙江阳光服饰有限责任公司	户名	杭州市工会委员会	户名	浙江阳光服饰有限责任公司
账号	1202022377525917362	账号	1202331518090326866	账号	1202021518090325917
开户行	中国工商银行杭州市钱江支行	开户行	中国工商银行杭州市武林支行	开户行	中国工商银行杭州市钱江支行

比例	万	千	百	十	元	角	分	比例	万	千	百	十	元	角	分	合计	十	万	千	百	十	元	角	分
60%	¥	1	3	5	9	6	0	40%		¥	9	0	6	4	0				¥	2	2	6	6	0	0

合计金额人民币（大写）贰仟贰佰陆拾陆元整		上列款项已划转有关工会账户
缴款单位盖章： 浙江阳光服饰有限责任公司 财务专用章 冯勇印 2016年12月13日	工会委员会盖章： 杭州市工会委员会 2016年12月13日	银行盖章 中国工商银行 杭州钱江支行 2016.12.13 业务清讫（3）

第一联由银行退缴款单位作回单

附件7-3-21

付款申请书

年　月　日

用途	金额											收款单位（个人）：
	亿	千	百	十	万	千	百	十	元	角	分	账号：
												开户行：

金额（大写）合计		电汇□　信汇□　汇票□　转账□　其他□			
总经理		财务部门	经理	业务部门	经理
			出纳		经办人

附件7-3-22

中国工商银行　电子缴税付款凭证

转账日期：2016-12-15　　凭证字号：26521739

纳税人全称及纳税人识别号：浙江阳光服饰有限责任公司92110019651283321H

付款人全称：浙江阳光服饰有限责任公司

付款人账号：1202021518090325917　　征收机关名称：杭州市地方税务局江干分局

付款人开户银行：中国工商银行杭州市钱江支行　　收款国库（银行）名称：国家金库杭州市江干区支库

小写（合计金额）：¥24 316.96　　缴款书交易流水号：2016121508763314632 8

大写（合计金额）：贰万肆仟叁佰壹拾陆元玖角陆分　　税票号码：3509292185

税、费 税号：92110019651283321H

税款属期：2016-11-01至2016-11-30

税（费）种名称	实缴金额
个人所得税	24 316.96

中国工商银行 杭州钱江支行 2016.12.25 业务清讫（1）

第1　　次打印　　打印日期：2016-12-15

附件 7-3-23

业务报销单

填报日期：2016年12月25日　　　　附件共1张

<table>
<tr><td>姓名</td><td>曹珊珊</td><td>所属部门</td><td>财务部</td><td>报销形式</td><td>现金</td></tr>
<tr><td></td><td></td><td></td><td></td><td>支票号码</td><td>—</td></tr>
<tr><td colspan="2">报销项目</td><td colspan="2">摘要</td><td>金额</td><td>备注</td></tr>
<tr><td colspan="2">职工教育培训</td><td colspan="2">员工培训</td><td>848.00</td><td>增值税48元</td></tr>
<tr><td colspan="2"></td><td colspan="2"></td><td></td><td></td></tr>
<tr><td colspan="2"></td><td colspan="2"></td><td></td><td></td></tr>
<tr><td colspan="2"></td><td colspan="2"></td><td></td><td></td></tr>
<tr><td colspan="4">合计</td><td>￥848.00</td><td></td></tr>
<tr><td colspan="3">金额大写：拾　万⊗仟捌佰肆拾捌元零角零分</td><td colspan="2">原借款：　/　元</td><td>应借款：　　元
应补款：￥848.00元</td></tr>
</table>

现金付讫

总经理：冯勇　财务经理：徐敏　部门经理：徐敏　会计：陈瑞刚　出纳：张晓霞　领款人：曹珊珊

附件 7-3-24

浙江省增值税专用发票

No 33091125

4502073210　　开票日期：2016年12月25日

发票联

<table>
<tr><td rowspan="4">购买方</td><td colspan="4">名　称：浙江阳光服饰有限责任公司</td><td rowspan="4">密码区</td><td colspan="3">67/*+3*0/611*++0/+0*/*+3+ 加密版本：01
2/9*11*+666666**066611*+ 4502073210
66666*1**+216***6000*261*
2*4/*547203994+42*64151* 33091125
6915361/3*</td></tr>
<tr><td colspan="4">纳税人识别号：92110019651283321H</td><td colspan="3"></td></tr>
<tr><td colspan="4">地 址、电 话：浙江省杭州市钱塘路118号 0571-86736598</td><td colspan="3"></td></tr>
<tr><td colspan="4">开户行及账号：工商银行杭州市钱江支行 1202021518090325917</td><td colspan="3"></td></tr>
<tr><td colspan="2">货物或应税劳务、服务名称</td><td>规格型号</td><td>单位</td><td>数量</td><td>单　价</td><td>金　额</td><td>税率</td><td>税　额</td></tr>
<tr><td colspan="2">培训费</td><td></td><td></td><td></td><td></td><td>800.00</td><td>6%</td><td>48.00</td></tr>
<tr><td colspan="2">合　计</td><td></td><td></td><td></td><td></td><td>￥800.00</td><td></td><td>￥48.00</td></tr>
<tr><td colspan="2">价税合计（大写）</td><td colspan="5">⊗捌佰肆拾捌元整</td><td colspan="2">（小写）￥848.00</td></tr>
<tr><td rowspan="4">销售方</td><td colspan="5">名　称：杭州新星教育培训机构</td><td rowspan="4">备注</td><td colspan="2" rowspan="4">杭州新星教育培训机构
919211001995028332
发票专用章</td></tr>
<tr><td colspan="5">纳税人识别号：919211001995028332</td></tr>
<tr><td colspan="5">地 址、电 话：杭州滨江区春晓路12号 0571-86542290</td></tr>
<tr><td colspan="5">开户行及账号：工商银行杭州市滨江支行 1202021518090191026</td></tr>
</table>

第三联：发票联　购买方记账凭证

收款人：邱晨　复核：李东　开票人：周奕　销售方（章）

附件 7-3-25

优秀工作者奖金发放表

单位：浙江阳光服饰有限责任公司

姓名	部门	补助金额	领款人签字
黄莹莹	财务部	1 000.00	黄莹莹
王洪亮	采购部	1 000.00	王洪亮
宋刚	生产部	1 000.00	宋刚
合计		3 000.00	

现金付讫

审核：冯勇　复核：徐敏　出纳：张晓霞　制单：梁悦

附件8-1-1

中国工商银行 进账单（收账通知） 3

2016年12月1日

出票人	全　　称	正信证券股份有限公司	收款人	全　　称	浙江阳光服饰有限责任公司
	账　　号	1202021518090330222		账　　号	1202021518090325917
	开户银行	中国建设银行杭州市下沙支行		开户银行	中国工商银行杭州市钱江支行

金额	千	百	十	万	千	百	十	元	角	分
人民币（大写）壹拾万肆仟叁佰贰拾柒元整		¥	1	0	4	3	2	7	0	0

票据种类	转账支票	票据张数	1
票据号码	略		
复核 巩强　　记账 陈静瑶			

中国工商银行
杭州钱江支行
2016.12.1
业务清讫（2）

收款人开户银行盖章

此联是收款人开户银行交给收款人的收账通知

附件8-1-2

企业发行债券项目明细表

委托发行代售公司	正信证券股份有限公司		
票面发行总额	债券票面利率	实际到款金额	债券市场利率
100 000.00	6%	104 327.00	5%
发行日期	2016-11-01至2016-12-01	发行期限	5年
还本付息方式	一次还本，分期付息，每月月末支付		
其他事项	款项用于新建车间工程项目		

附件8-1-3

中国工商银行 进账单（收账通知） 3

2016年12月1日

出票人	全　　称	华阳证券股份有限公司	收款人	全　　称	浙江阳光服饰有限责任公司
	账　　号	1202037057672151809		账　　号	1202021518090325917
	开户银行	中国建设银行杭州市武林支行		开户银行	中国工商银行杭州市钱江支行

金额	千	百	十	万	千	百	十	元	角	分
人民币（大写）壹拾壹万贰仟零肆拾柒元整		¥	1	1	2	0	4	7	0	0

票据种类	转账支票	票据张数	1
票据号码	略		
复核 李颖　　记账 孙晓波			

中国工商银行
杭州钱江支行
2016.12.1
业务清讫（2）

收款人开户银行盖章

此联是收款人开户银行交给收款人的收账通知

附件 8-1-4

企业发行债券项目明细表

委托发行代售公司	华阳证券股份有限公司			
票面发行总额	债券票面利率	实际到款金额		债券市场利率
120 000.00	6%	112 047.00		8%
发行日期	2016-11-01 至 2016-12-01		发行期限	4年
还本付息方式	一次还本，分期付息，每月月末支付			
其他事项	款项用于新建生产线工程项目			

附件 8-1-5

中国工商银行 进账单（收账通知） 3

2016年12月1日

出票人	全称	星河证券股份有限公司	收款人	全称	浙江阳光服饰有限责任公司
	账号	1202615182141705762		账号	1202021518090325917
	开户银行	中国农业银行杭州市双林支行		开户银行	中国工商银行杭州市钱江支行
金额	人民币（大写）贰拾万元整		千百十万千百十元角分		¥20000000
票据种类	转账支票	票据张数	1		
票据号码	略				
	复核 张亮 记账 明和兴			收款人开户银行盖章	中国工商银行杭州钱江支行 2016.12.1 业务清讫（2）

此联是收款人开户银行交给收款人的收账通知

附件 8-1-6

企业发行债券项目明细表

委托发行代售公司	星河证券股份有限公司			
票面发行总额	债券票面利率	实际到款金额		债券市场利率
200 000.00	6%	200 000.00		6%
发行日期	2016-11-01 至 2016-12-01		发行期限	3年
还本付息方式	一次还本付息			
其他事项	款项用于支付新购的专利技术项目			

附件 8-1-11

付款申请书

年 月 日

<table>
<tr><td>用途</td><td colspan="11">金额</td><td colspan="4">收款单位（个人）：</td></tr>
<tr><td rowspan="2"></td><td>亿</td><td>千</td><td>百</td><td>十</td><td>万</td><td>千</td><td>百</td><td>十</td><td>元</td><td>角</td><td>分</td><td colspan="4">账号：</td></tr>
<tr><td></td><td></td><td></td><td></td><td></td><td></td><td></td><td></td><td></td><td></td><td></td><td colspan="4">开户行：</td></tr>
<tr><td colspan="2">金额（大写）合计</td><td colspan="8"></td><td colspan="6">电汇□ 信汇□ 汇票□ 转账□ 其他□</td></tr>
<tr><td rowspan="2">总经理</td><td rowspan="2" colspan="3"></td><td rowspan="2" colspan="3">财务部门</td><td colspan="2">经理</td><td colspan="3"></td><td rowspan="2">业务部门</td><td>经理</td><td colspan="2"></td></tr>
<tr><td colspan="2">出纳</td><td colspan="3"></td><td>经办人</td><td colspan="2"></td></tr>
</table>

附件 8-1-12

贷款还款凭证

交易日期：2016 年 12 月 6 日　　序号：3864752

客户名称：浙江阳光服饰有限责任公司

贷款账号：1202025917218156231

还款金额：CNY30 108.00

还本金额：CNY30 000.00

还息金额：CNY108.00

还款账号：1203815623128259172

附言：

打印时间：2016/12/6

核准：94126　　经办：94081　　交易流水号：058537096　　机构号：03508

中国工商银行
杭州武林支行
2016.12.6
业务清讫（2）

附件 8-1-13

付款申请书

年 月 日

<table>
<tr><td>用途</td><td colspan="11">金额</td><td colspan="4">收款单位（个人）：</td></tr>
<tr><td rowspan="2"></td><td>亿</td><td>千</td><td>百</td><td>十</td><td>万</td><td>千</td><td>百</td><td>十</td><td>元</td><td>角</td><td>分</td><td colspan="4">账号：</td></tr>
<tr><td></td><td></td><td></td><td></td><td></td><td></td><td></td><td></td><td></td><td></td><td></td><td colspan="4">开户行：</td></tr>
<tr><td colspan="2">金额（大写）合计</td><td colspan="8"></td><td colspan="6">电汇□ 信汇□ 汇票□ 转账□ 其他□</td></tr>
<tr><td rowspan="2">总经理</td><td rowspan="2" colspan="3"></td><td rowspan="2" colspan="3">财务部门</td><td colspan="2">经理</td><td colspan="3"></td><td rowspan="2">业务部门</td><td>经理</td><td colspan="2"></td></tr>
<tr><td colspan="2">出纳</td><td colspan="3"></td><td>经办人</td><td colspan="2"></td></tr>
</table>

附件 8-1-14

贷款还款凭证

交易日期：2016 年 12 月 8 日　　序号：12864167

客户名称：浙江阳光服饰有限责任公司

贷款账号：1202028156238602618

还款金额：CNY301 187.50

还本金额：CNY300 000.00

还息金额：CNY1 187.50

还款账号：1273861120280562619

附言：

打印时间：2016/12/8

核准：34130　　经办：219071　　交易流水号：370915589　　机构号：08026

中国建设银行
杭州南山支行
2016.12.8
业务清讫（2）

附件 8-1-15

付款申请书

年　月　日

用途	金额											收款单位（个人）：
	亿	千	百	十	万	千	百	十	元	角	分	账号：
												开户行：
金额（大写）合计												电汇☐　信汇☐　汇票☐　转账☐　其他☐

总经理		财务部门	经理		业务部门	经理	
			出纳			经办人	

附件 8-1-16

贷款还款凭证

交易日期：2016年12月9日　　序号：512864

客户名称：浙江阳光服饰有限责任公司

贷款账号：12020238117618937 32

还款金额：CNY219 000.00

还本金额：CNY200 000.00

还息金额：CNY19 000.00

还款账号：1215610212393732819

附言：

打印时间：2016/12/9

核准：26752　　经办：28992　　交易流水号：517637093　　机构号：05116

中国银行
杭州新塘支行
2016.12.9
业务清讫（2）

附件 8-1-17

付款申请书

年　月　日

用途	金额											收款单位（个人）：
	亿	千	百	十	万	千	百	十	元	角	分	账号：
												开户行：
金额（大写）合计												电汇☐　信汇☐　汇票☐　转账☐　其他☐

总经理		财务部门	经理		业务部门	经理	
			出纳			经办人	

附件 8-1-18

电子银行转账凭证（付款）

2016年12月22日

付款人名称	浙江阳光服饰有限责任公司	收款人名称	正信证券股份有限公司
付款人账号	1202021518090325917	收款人账号	1202021518090330222
付款行名	工商银行杭州市钱江支行	收款行名	建设银行杭州市下沙支行
人民币	叁拾叁万陆仟元整		¥ 336 000.00
用途	企业债券到期还本付息	业务类型	跨行发报
备注			

已打印001次　　打印时间：2016-12-22

中国工商银行
电子回单
专用章

附件 8-1-19

借款借据

贷款合同编号：201610176812

借款人名称	浙江阳光服饰有限责任公司	借款用途	购买设备
开户银行	杭州银行杭州市北山支行	借款种类	长期
账号	1202598090320212526		

借款金额	人民币（大写）伍拾万元	小写	千	百	十	万	千	百	十	元	角	分
				¥	5	0	0	0	0	0	0	0

起息日	2016年12月25日	到期日	2019年12月25日	利率	4.75%（年）

借款单位（人）印章：　　　　债权人签名（或印章）：

借款人签名（或印章）：

浙江阳光服饰有限责任公司

冯勇印

杭州银行杭州市北山支行

偿还记录	年	月	日	偿还金额	余额	备注

附件 8-1-20

贷款凭证（3）（收账通知）

2016年12月25日

贷款单位	浙江阳光服饰有限责任公司	种类	长期	贷款户账号	1202598090320212526
				存款户账号	1202097593415180906

金额	人民币（大写）伍拾万元整	千	百	十	万	千	百	十	元	角	分
			¥	5	0	0	0	0	0	0	0

用途	购买设备	单位申请期限	自2016年12月25日起至2019年12月25日
		银行核定	自2016年12月25日起至2019年12月25日

上述贷款已核准发放，并已列入你单位账号

年利率4.75%

银行盖章　　2016年12月25日

杭州银行
杭州北山支行
2016.12.25
业务清讫（2）

单位会计分录

收入

付出

复核　　记账

主管　　会计

附件 8-1-21

长期借款利息计算明细表

2016年12月26日　　金额单位：元

借款种类	借款本金	月利率	月利息额	季利息额
长期借款	300 000.00	0.42%	1 260.00	3 780.00
合计	—	—	1 260.00	3 780.00

审核：黄莹莹　　制表：曹珊珊

附件 8-1-22

贷款还息凭证

打印日期2016年　12　月　26　日

客户号：　20118348　　机构代码　258265

借款单位：　浙江阳光服饰有限责任公司

产生利息账号	还息金额	现有余额	备注
1298313218702167385	3 780.00	11 340.00	

金额合计　（大写）　人民币叁仟柒佰捌拾元整

（小写）　¥3 780.00

付款账号：　1232187023831146738

合同编号：　20191637876

交易业务号：　102097321

中国工商银行
杭州钱江支行
2016.12.26
业务清讫（2）

开票　李毅　　记账　王丹艳　　复核　何伟丽　　盖章

附件8-1-23　债券溢价摊销表（实际利率法）

委托发行公司：正信证券股份有限公司　　　　单位：元

计息日	应付利息	实际利息费用	利息调整摊销额	债券摊余成本
2016年12月1日				104 327.00
2016年12月31日	500.00	434.70	65.30	104 261.70
合计	500.00	434.70	65.30	104 261.70

审核：黄莹莹　　　　制表：曾珊珊

附件8-1-24　债券折价摊销表（实际利率法）

委托发行公司：华阳证券股份有限公司　　　　单位：元

计息日	应付利息	实际利息费用	利息调整摊销额	债券摊余成本
2016年12月1日				112 047.00
2016年12月31日	600.00	746.98	146.98	112 193.98
合计	600.00	746.98	146.98	112 193.98

审核：黄莹莹　　　　制表：曾珊珊

附件8-1-25　应付债券（面值）利息计算明细表

2016年12月31日

借款种类	借款本金	年利率	年利息额	月利息额
企业债券	200 000.00	6%	12 000.00	1 000.00
合计	—	—	12 000.00	1 000.00

审核：黄莹莹　　　　制表：曾珊珊

附件8-2-1　国债交易记录（记账式国债）

买卖类别：买入　　　　成交日期：2016.12.1

账户代码：12263546725　　　　户名：浙江阳光服饰有限责任公司

资金账号：1201617826354672126　　　　合同号码：57199025

债券名称：国债（010107）　　　　委托日期：2016.12.1

成交号码：0655678　　　　成交时间：2016.12.1

成交数量：10 000　　　　本次余额：30 000.00

成交价格：10.00　　　　成交金额：100 000.00

手续费：0.00　　　　印花税：0.00

过户费：0.00　　　　其他收费：0.00

收付金额：100 000.00　　　　上次余额：450 000.00

本次余额：350 000.00

备注：报价单位：人民币元/每10元面额

中信证券交易所下沙营业部 业务公章

附件 8-2-2

交割单

营业部名：兴业证券交易所庆春营业部

股东姓名：浙江阳光服饰有限责任公司

资金账户：1202015169171512275

当前币种：人民币

成交日期	交易类别	证券名称	成交价格	成交数量	成交金额	结算价	实收佣金	印花税	应付金额
2016-12-05	股票购入	万达股份	5.00	2 000	10 000.00	10 000.00	490.00	10.00	10 500.00

（印章：兴业证券交易所庆春营业部 业务公章）

附件 8-2-3

交割单

营业部名：兴业证券交易所庆春营业部

股东姓名：浙江阳光服饰有限责任公司

资金账户：1202015169171512275

当前币种：人民币

成交日期	交易类别	证券名称	成交价格	成交数量	成交金额	结算价	实收佣金	印花税	应付金额
2016-12-10	股票购入	明锐股份	5.00	10 000	50 000.00	50 000.00	2 950.00	50.00	53 000.00

（印章：兴业证券交易所庆春营业部 业务公章）

附件 8-2-4

付款申请书

年 月 日

<table>
<tr><td>用途</td><td colspan="11">金额</td><td colspan="2">收款单位（个人）：</td></tr>
<tr><td rowspan="2"></td><td>亿</td><td>千</td><td>百</td><td>十</td><td>万</td><td>千</td><td>百</td><td>十</td><td>元</td><td>角</td><td>分</td><td colspan="2">账号：</td></tr>
<tr><td></td><td></td><td></td><td></td><td></td><td></td><td></td><td></td><td></td><td></td><td></td><td colspan="2">开户行：</td></tr>
<tr><td colspan="2">金额（大写）合计</td><td colspan="8"></td><td colspan="4">电汇☐ 信汇☐ 汇票☐ 转账☐ 其他☐</td></tr>
<tr><td rowspan="2">总经理</td><td rowspan="2" colspan="2"></td><td rowspan="2" colspan="2">财务部门</td><td colspan="2">经理</td><td colspan="2"></td><td rowspan="2" colspan="2">业务部门</td><td>经理</td><td colspan="2"></td></tr>
<tr><td colspan="2">出纳</td><td colspan="2"></td><td>经办人</td><td colspan="2"></td></tr>
</table>

附件 8-2-5

中国工商银行
转账支票存根
10203310
22343512

附加信息

出票日期 年 月 日

收款人：

金 额：

用 途：

单位主管 会计

中国工商银行 转账支票 10203310 22343512

出票日期（大写） 年 月 日 付款行名称：

收款人： 出票人账号：

付款期限自出票之日起十天

人民币（大写）	亿	千	百	十	万	千	百	十	元	角	分

用途 密码

上列款项请从 行号

我账户内支付

出票人签章 复核 记账

附加信息：	被背书人	被背书人	贴粘单处
	背书人签章 年 月 日	背书人签章 年 月 日	

根据《中华人民共和国票据法》等法律法规的规定，签发空头支票由中国人民银行处以票面金额5%但不低于1 000元的罚款。

附件 8-2-6

中国工商银行　进账单

年　月　日

出票人	全　称	
	账　号	
	开户银行	
金额	人民币（小写）	亿 千 百 十 万 千 百 十 元 角 分
收款人	全　称	
	账　号	
	开户银行	
票据种类		票据张数
票据号码		

深圳光华印刷有限公司印刷　中国人民银行杭州中心支行监制

中国工商银行　进账单（回　单）　1

年　月　日

出票人	全　称		收款人	全　称	
	账　号			账　号	
	开户银行			开户银行	
金额	人民币（大写）				亿 千 百 十 万 千 百 十 元 角 分
票据种类		票据张数			
票据号码					
复核：　　记账：			受理银行签章		

此联是受理银行交给持（出）票人的回单

注意：本回单不作进账提货的证明，不作账务处理的依据，仅供查询用。

附件 8-2-7

付款申请书

年　月　日

用途	金额											收款单位（个人）：
	亿	千	百	十	万	千	百	十	元	角	分	账号：
												开户行：
金额（大写）合计							电汇□　信汇□　汇票□　转账□　其他□					
总经理		财务部门	经理		业务部门	经理						
			出纳			经办人						

附件 8-2-8

中国工商银行　网上银行电子回单

回单号码：12661127811627

付款人	户名	浙江阳光服饰有限责任公司	收款人	户名	金华远东股份有限公司
	账号	1202021518090325917		账号	1202740215823518383
	开户银行	中国工商银行杭州市钱江支行		开户银行	浦发银行杭州市秋涛支行
金额		人民币叁佰壹拾万元整　　¥3 100 000.00			
摘要		支付投资款	业务（产品）种类		跨行发报
用途		投资款结算			
交易流水号		1125386753	时间戳		2016-12-15　14:45
		备注：略			
		验证码：53173WR2123H106			
记账网点	工商银行杭州市钱江支行		记账柜员	4	记账日期　2016年12月15日

中国工商银行　电子回单专用章

打印日期：2016年12月15日

重要提示：

1. 如果您是收款方，请到工行网站www.icbc.com.cn电子回单验证处进行回单验证。
2. 本回单不作为收款方发货依据，并请勿重复记账。
3. 您可以选择发送邮件，将此电子回单发送给指定的接收人。

附件 8-2-9

交割单

营业部名：兴业证券交易所庆春营业部

股东姓名：浙江阳光服饰有限责任公司

资金账户：1202015169171512275

当前币种：人民币

成交日期	交易类别	证券名称	成交价格	成交数量	成交金额	结算价	实收佣金	印花税	应收金额
2016-12-31	股票出售	渤海股份	3.00	3 500	10 500.00	10 500.00	489.50	10.50	10 000.00

兴业证券交易所庆春营业部 业务公章

附件 8-2-10

公允价值变动计算表

2016年12月31日　　单位：元

证券名称	账面价值	公允价值	公允价值变动
万达股份	10 000.00	9 000.00	1 000.00

审核：黄莹莹　　制表：曾珊珊

附件 8-2-11

持有至到期投资利息费用计算表

2016年12月31日　　单位：元

日期	期初摊余成本	实际利息收入	现金流入	利息调整金额	期末摊余成本
2016.12.01	100 000.00	500.00	500.00	0	100 000.00
2016.12.31	100 000.00	500.00	500.00	0	100 000.00

审核：黄莹莹　　制表：曾珊珊

附件 8-2-12

国债交易记录（记账式国债）

买卖类别：卖出　　成交日期：2016.12.31

账户代码：12263546725　　户名：浙江阳光服饰有限责任公司

资金账号：1201617826354672126　　合同号码：57191091

债券名称：国债（012015）　　委托日期：2016.12.31

成交号码：0659813　　成交时间：2016.12.31

成交数量：30 000　　本次余额：60 000.00

成交价格：5.00　　成交金额：150 000.00

手续费：0.00　　印花税：0.00

过户费：0.00　　其他收费：0.00

收付金额：150 000.00　　上次余额：650 000.00

本次余额：800 000.00

中信证券交易所下沙营业部 业务公章

备注：报价单位：人民币元/每5元面额

附件 8-2-13 公允价值变动计算表

2016年12月31日　　单位：元

证券名称	账面价值	公允价值	公允价值变动
明锐股份	53 000.00	56 000.00	3 000.00

审核：黄莹莹　　制表：曹珊珊

附件 8-2-14 交割单

营业部名：兴业证券交易所庆春营业部

股东姓名：浙江阳光服饰有限责任公司

资金账户：1202015169171512275

当前币种：人民币

成交日期	交易类别	证券名称	成交价格	成交数量	成交金额	结算价	实收佣金	印花税	应收金额
2016-12-31	股票出售	光明股份	2.05	30 000	61 500.00	61 500.00	1 438.50	61.50	60 000.00

兴业证券交易所庆春营业部 业务公章

附件 8-2-15 交割单

营业部名：兴业证券交易所庆春营业部

股东姓名：浙江阳光服饰有限责任公司

资金账户：1202015169171512275

当前币种：人民币

成交日期	交易类别	证券名称	成交价格	成交数量	成交金额	结算价	实收佣金	印花税	应收金额
2016-12-31	股票出售	海华股份	10.00	50 000.00	500 000.00	500 000.00	1 500.00	500.00	498 000.00

兴业证券交易所庆春营业部 业务公章

附件 8-2-16 长期股权投资（成本法）投资收益计算表

2016年12月31日　　单位：元

被投资公司	被投资单位分配现金股利	投资比率	确认投资收益金额
金华远东股份有限公司	24 000.00	75%	18 000.00
合计	—	—	18 000.00

审核：黄莹莹　　制表：曹珊珊

附件 8-2-17 长期股权投资（权益法）投资收益计算表

2016年12月31日　　单位：元

被投资公司	被投资单位实现净利润	投资比率	确认投资收益金额
宁波华伟股份有限公司	2 800 000.00	25%	700 000.00
合计	—	—	700 000.00

审核：黄莹莹　　制表：曹珊珊

附件 8-2-18

长期股权投资减值准备计提表

编制单位：浙江阳光服饰有限责任公司

被投资单位：温州京华股份有限公司　　2016年12月31日　　单位：元

减值原因	"长期股权投资"账面价值	"长期股权投资"可收回金额
经营不善导致股价大幅度下跌，且短期内亏损无法弥补	3 540 000.00	2 890 000.00
应确认减值损失	"长期股权投资减值准备"累计余额	本期应计提减值准备
650 000.00	150 000.00	500 000.00

审核：黄莹莹　　制表：曾珊珊

附件 8-3-1

电子银行转账凭证（收款）

2016年12月15日

付款人名称	李振华	收款人名称	浙江阳光服饰有限责任公司
付款人账号	6282330082726518	收款人账号	1202021518090325917
付款行名	工商银行杭州市凤起支行	收款行名	工商银行杭州市钱江支行
人民币	叁拾万元整		¥300 000.00
用途	投资款	业务类型	汇划收报
备注			

已打印001次　　银行签章：中国工商银行 电子回单专用章

附件 8-3-2

电子银行转账凭证（收款）

2016年12月15日

付款人名称	张宏光	收款人名称	浙江阳光服饰有限责任公司
付款人账号	6282511223300825	收款人账号	1202021518090325917
付款行名	工商银行杭州市清泰支行	收款行名	工商银行杭州市钱江支行
人民币	肆拾伍万元整		¥450 000.00
用途	投资款	业务类型	汇划收报
备注			

已打印001次　　银行签章：中国工商银行 电子回单专用章

附件 8-3-3

电子银行转账凭证（收款）

2016年12月15日

付款人名称	黄晓敏	收款人名称	浙江阳光服饰有限责任公司
付款人账号	6282516754008256	收款人账号	1202021518090325917
付款行名	工商银行杭州市新塘支行	收款行名	工商银行杭州市钱江支行
人民币	贰拾伍万元整		¥250 000.00
用途	投资款	业务类型	汇划收报
备注			

已打印001次　　银行签章：中国工商银行 电子回单专用章

附件8-3-4

资本公积转增资本明细表

2016年12月31日

单位：元

投资者	金额
李振华	60 000.00
张宏光	90 000.00
黄晓敏	50 000.00
合 计	200 000.00

审核：黄莹莹　　　　制表：曾珊珊

附件8-3-5

盈余公积转增资本明细表

2016年12月31日

单位：元

投资者	金额
李振华	150 000.00
张宏光	225 000.00
黄晓敏	125 000.00
合 计	500 000.00

审核：黄莹莹　　　　制表：曾珊珊

附件8-3-6

法定盈余公积计提表

2016年12月31日

单位：元

项目	金额
计提基数	542 151.00
法定盈余公积提取比率	10%
提取法定盈余公积金额	54 215.10

审核：黄莹莹　　　　制表：曾珊珊

附件8-3-7

任意盈余公积计提表

2016年12月31日

单位：元

项目	金额
计提基数	542 151.00
任意盈余公积提取比率	5%
提取任意盈余公积金额	27 107.55

审核：黄莹莹　　　　制表：曾珊珊

附件 9-1-1

销售单

购货单位：上海三元服饰集团　　单据编号：111120

地址和电话：上海浦东区文一路25号021-86424168

纳税识别号：231100196512811910

开户行及账号：中国工商银行上海浦东支行1202021518090321906

制单日期：2016年12月1日

编码	产品名称	规格	单位	单价	数量	售价	税金	合计
FZ001	男式高级西服		件	1 200.00	200	240 000.00	40 800.00	280 800.00
合计	人民币（大写）：贰拾捌万零捌佰元整					¥280 800.00		

总经理：冯勇　　销售经理：任星星　　会计：陈瑞刚　　经手人：张云

附件 9-1-2

中国工商银行　进账单（收账通知）3

2016年12月1日

出票人	全称	上海三元服饰集团	收款人	全称	浙江阳光服饰有限责任公司
	账号	1202021518090321906		账号	1202021518090325917
	开户银行	中国工商银行上海浦东支行		开户银行	中国工商银行杭州市钱江支行
金额	人民币（大写）	贰拾捌万零捌佰元整		千百十万千百十元角分	¥ 2 8 0 8 0 0 0 0
票据种类	转账支票	票据张数	1		
票据号码	103587789				
	复核 章明　记账 杨一展			收款人开户银行盖章	

此联是收款人开户银行交给收款人的收账通知

中国工商银行 杭州钱江支行 2016.12.1 业务清讫（1）

附件 9-1-3

浙江省增值税专用发票

№ 41252226

4502073210　　此联不作报销、扣税凭证使用　　开票日期：

购买方	名称： 纳税人识别号： 地址、电话： 开户行及账号：			密码区	67/*+3*0/611*++0/+0*/*+3+ 2/9*11*+666666**066611*+ 66666*1**+216***6000*261* 2*4/*547203994+42*64151* 6915361/3*	加密版本：01 4502073210 41252226	
货物或应税劳务、服务名称	规格型号	单位	数量	单价	金额	税率	税额
合计							
价税合计（大写）	⊗				（小写）		
销售方	名称： 纳税人识别号： 地址、电话： 开户行及账号：			备注			

收款人：　　复核：　　开票人：　　销售方（章）

第一联：记账联　销售方记账凭证

附件 9-1-4

销售单

购货单位：浙江英春服饰有限公司　　　　单据编号：111123

地址和电话：杭州市滨江区春晖路66号0571-86659112

纳税识别号：621128110096533217

开户行及账号：中国工商银行杭州市春晖支行1202032591715180603

制单日期：2016年12月3日

编码	产品名称	规格	单位	单价	数量	售价	税金	合计
FZ002	女式高级西服		件	1 100.00	80	88 000.00	14 960.00	102 960.00
合计	人民币（大写）：壹拾万贰仟玖佰陆拾元整					￥102 960.00		

总经理：冯勇　　销售经理：任星星　　会计：陈瑞刚　　经手人：张云

附件 9-1-5

浙江省增值税专用发票

№ 41252227

4502073210　　此联不作报销、扣税凭证使用　　开票日期：

购买方	名称： 纳税人识别号： 地址、电话： 开户行及账号：	密码区	67/*+3*0/611*++0/+0*/*+3+ 加密版本：01 2/9*11* + 666666**066611* + 4502073210 66666*1** + 216***6000*261* 2*4/*547203994+42*64151* 41252227 6915361/3*

货物或应税劳务、服务名称	规格型号	单位	数量	单价	金额	税率	税额
合计							
价款合计（大写）	⊗				（小写）		

销售方	名称： 纳税人识别号： 地址、电话： 开户行及账号：	备注	

收款人：　　复核：　　开票人：　　销售方（章）

第一联：记账联 销售方记账凭证

附件 9-1-6

出库单

No 10217

仓库部门　成品仓库　　2016年12月5日

编号	名称	规格	单位	出库数量	单价	金额	备注
1	男式高级西服		件	80	520.00	41 600.00	
合计						41 600.00	

生产车间或部门：陈丽华　　仓库管理员：左明明

第二联 交财务部

附件 9-1-7

销售单

购 货 单 位：苏州红袖服饰有限公司　　　　单据编号：111127

地 址 和 电 话：苏州市吴中区人民路102号0521-89936523

纳 税 识 别 号：312844512526833355

开户行及账号：中国工商银行苏州市吴中支行1258514618026784625

制 单 日 期：2016年12月7日

编码	产品名称	规格	单位	单价	数量	售价	税金	合计
FZ002	女式高级西服		件	1 045.00	90	94 050.00	15 988.50	110 038.50
合计	人民币（大写）：壹拾壹万零叁拾捌元伍角整					￥110 038.50		

总经理：冯勇　　销售经理：任星星　　会计：陈瑞刚　　经手人：张云

附件 9-1-8

浙江省增值税专用发票

№ 41252228

4502073210　　此联不作报销、扣税凭证使用　　开票日期：

购买方	名　　称： 纳税人识别号： 地 址 、电 话： 开户行及账号：	密码区	67/*+3*0/611*++0/+0*/*+3+ 2/9*11* + 666666**066611* + 66666*1** + 216***6000*261* 2*4/*547203994+42*64151* 6915361/3*	加密版本：01 4502073210 41252228

货物或应税劳务、服务名称	规格型号	单位	数量	单　价	金　额	税率	税　额
合　计							
价税合计（大写）	⊗				（小写）		

销售方	名　　称： 纳税人识别号： 地 址 、电 话： 开户行及账号：	备注	

第一联：记账联　销售方记账凭证

收款人：　　复核：　　开票人：　　销售方（章）

附件 9-1-9

销售折让单

购 货 单 位：上海三元服饰集团　　　　单据编号：11278

地 址 和 电 话：上海浦东区文一路25号021-86424168

纳 税 识 别 号：231100196512811910

开户行及账号：中国工商银行上海浦东支行1202021518090321906

制 单 日 期：2016年12月9日

编码	产品名称	规格	单位	折让单价	折让数量	折让售价	折让税金	合计
FZ001	男式高级西服		件	60.00	200	12 000.00	2 040.00	14 040.00
合计	人民币（大写）：壹万肆仟零肆拾元整					￥14 040.00		

总经理：冯勇　　销售经理：任星星　　会计：陈瑞刚　　经手人：张云

附件 9-1-10

浙江省增值税专用发票

№ 41252229

4502073210　　此联不作报销、扣税凭证使用　　开票日期：

购买方	名　　称： 纳税人识别号： 地 址 、 电 话： 开户行及账号：				密码区	67/*+3*0/611*++0/+0*/*+3+ 2/9*11* + 666666**066611* + 66666*1** + 216***6000*261* 2*4/*547203994+42*64151* 6915361/3*	加密版本：01 4502073210 41252228
货物或应税劳务、服务名称	规格型号	单位	数量	单　价	金　额	税率	税　额
合　计							
价税合计（大写）	⊗				（小写）		
销售方	名　　称： 纳税人识别号： 地 址 、 电 话： 开户行及账号：				备注		

第一联：记账联　销售方记账凭证

收款人：　　复核：　　开票人：　　销售方（章）

附件 9-1-11

付款申请书

年　月　日

用途	金额											收款单位（个人）：
	亿	千	百	十	万	千	百	十	元	角	分	账号：
												开户行：
金额（大写）合计							电汇☐　信汇☐　汇票☐　转账☐　其他☐					

总经理		财务部门	经理		业务部门	经理	
			出纳			经办人	

附件 9-1-12

中国工商银行　网上银行电子回单

回单号码：301641615129163

付款人	户名	浙江阳光服饰有限责任公司	收款人	户名	上海三元服饰集团
	账号	1202021518090325917		账号	1202021518090321906
	开户银行	中国工商银行杭州市钱江支行		开户银行	中国工商银行上海浦东支行
金额		人民币壹万肆仟零肆拾元整　¥14 040.00			
摘要		销售折让退款	业务（产品）种类		汇划发报
用途		货款结算			
交易流水号		9303171465	时间戳		2016-12-9　11:25
		备注：略 验证码：87190AMB4823778			

记账网点	工商银行杭州市钱江支行	记账柜员	6	记账日期	2016年12月9日

打印日期：2016年12月9日

重要提示：

1. 如果您是收款方，请到工行网站www.icbc.com.cn电子回单验证处进行回单验证。
2. 本回单不作为收款方发货依据，并请勿重复记账。
3. 您可以选择发送邮件，将此电子回单发送给指定的接收人。

附件 9-1-13

退货单

NO：120015

2016年12月11日

购货单位：浙江英泰服饰有限公司
地址和电话：杭州市滨江区春晖路66号0571-86659112
纳税识别号：621128110096533217
开户行及账号：中国工商银行杭州市春晖支行1202032591715180603

编码	产品名称	规格	单位	单价	退货数量	退货金额	退货税金	合计
FZ002	女式高级西服		件	1 100.00	10	11 000.00	1 870.00	12 870.00
合计	人民币（大写）：壹万贰仟捌佰柒拾元整					￥12 870.00		

总经理：冯勇　销售经理：任星星　会计：陈瑞刚　经手人：张云

附件 9-1-14

浙江省增值税专用发票

№ 41252230

4502073210

此联不作报销、扣税凭证使用

开票日期：

购买方	名称： 纳税人识别号： 地址、电话： 开户行及账号：	密码区	67/*+3*0/611*++0/+0*/*+3+ 加密版本：01 2/9*11* + 666666**066611* + 4502073210 66666*1** + 216***6000*261* 41252230 2*4/*547203994+42*64151* 6915361/3*

货物或应税劳务、服务名称	规格型号	单位	数量	单价	金额	税率	税额
合计							
价税合计（大写）	⊗				（小写）		

销售方	名称： 纳税人识别号： 地址、电话： 开户行及账号：	备注	

收款人：　复核：　开票人：　销售方（章）

第一联：记账联　销售方记账凭证

附件 9-1-15

销售合同

供方（以下简称甲方）：浙江阳光服饰有限责任公司
需方（以下简称乙方）：上海星辰公司

甲乙双方经过友好协商，就甲方向乙方销售商品等相关事项，达成如下协议，以资信守：

1.本合同依据《中华人民共和国民法通则》、《中华人民共和国合同法》及其他相关法律、法规的规定，由买卖双方在平等、自愿协商一致的基础上共同订立。

2.合同标的物基本情况：乙方向甲方购买男式高级西服20件。

3.计价方式和收款方式。

双方协定采用预收款方式，销售单价为1 200元，销售额24 000元，增值税税额4 080元，共计28 080元。款项采取分期支付的方式，第一次付款时间为协议签订日（2016年12月15日），按照预付销售额60%（即人民币14 400元）予以支付；第二次付款时间为货物发出日（2017年1月7日），按照剩余款项（即人民币13 680元）予以支付。

……

8.本合同一式二份，甲乙双方各执一份。

复印件与原件核对无误

甲方（盖章）　乙方（盖章）

法定代表人　法定代表人

签订日期2016年12月15日

附件 9-1-16

中国工商银行 进账单（收账通知） 3

2016年12月15日

出票人	全　　称	上海星辰公司	收款人	全　　称	浙江阳光服饰有限责任公司
	账　　号	6202021518090111425		账　　号	1202021518090325917
	开户银行	中国工商银行上海市浦东支行		开户银行	中国工商银行杭州市钱江支行

金额	人民币（大写）壹万肆仟肆佰元整	千	百	十	万	千	百	十	元	角	分
				¥	1	4	4	0	0	0	0

票据种类	转账支票	票据张数	1
票据号码	28892114		
复核　董晓曼　　记账　韩斌			

中国工商银行 杭州钱江支行 2016.12.15 业务清讫（1）

收款人开户银行盖章

此联是收款人开户银行交给收款人的收账通知

附件 9-1-17

商品代销清单

2016年12月18日

委托方：浙江阳光服饰有限责任公司　　受托方：江苏汉王服饰销售公司

受托方地址、电话：江苏省南通市解放路205号0512-84695273

受托方开户银行、账户：中国工商银行江苏南通支行3812021518090321 28

受托方纳税人识别号：654134014874872 1929

序号	产品名称	规格	单位	单价	数量	售价	税金	合计
1	女式高级西服		件	1 100.00	60	66 000.00	11 220.00	77 220.00
合计	人民币（大写）：柒万柒仟贰佰贰拾元整					¥77 220.00		

审核人：姜伟　　制单人：姚航明

附件 9-1-18

浙江省增值税专用发票

№ 41252231

4502073210　　此联不作报销、扣税凭证使用　　开票日期：

（全国统一发票监制章 浙江省 国家税务总局监制）

购买方	名　　称： 纳税人识别号： 地址、电话： 开户行及账号：	密码区	67/*+3*0/611*++0/+0*/*+3+ 加密版本：01 2/9*11* + 666666**066611* + 4502073210 66666*1** + 216***6000*261* 41252231 2*4/*547203994+42*64151* 6915361/3*

货物或应税劳务、服务名称	规格型号	单位	数量	单价	金额	税率	税额
合计							
价税合计（大写）	⊗				（小写）		

销售方	名　　称： 纳税人识别号： 地址、电话： 开户行及账号：	备注	

收款人：　　复核：　　开票人：　　销售方（章）

第一联：记账联　销售方记账凭证

附件 9-1-19

委托代销商品手续费清单

2016 年 12 月 18 日

委托方：浙江阳光服饰有限公司　　联系电话：0571-86736598

受托方：江苏汉王服饰销售公司　　联系电话：0512-84695273

序号	品名	单位	数量	销售金额	比率	手续费金额（元）
1	女式高级西服	件	60	66 000.00	12%	7 920.00
金额合计（人民币大写）：柒仟玖佰贰拾元整				￥7 920.00		

审核人：任星星　　制单人：张云

附件 9-1-20

销售单

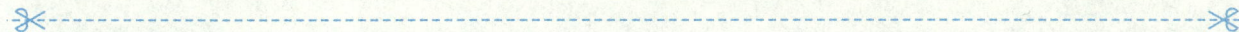

购货单位：上海民生服饰公司　　单据编号：113136

地址和电话：上海市松江区向南路 315 号 021-85273659

纳税识别号：662340148748721875

开户行及账号：中国工商银行松江支行 25340215180903 21246

制单日期：2016 年 12 月 20 日

编码	产品名称	规格	单位	单价	数量	售价	税金	合计
FZ001	男式高级西服		件	1 200.00	150	180 000.00	30 600.00	210 600.00
合计	人民币（大写）：贰拾壹万零陆佰元整					￥210 600.00		

总经理：冯勇　　销售经理：任星星　　会计：陈瑞刚　　经手人：张云

附件 9-1-21

浙江省增值税专用发票

№ 41252232

4502073210　　此联不作报销、扣税凭证使用　　开票日期：

购买方	名称： 纳税人识别号： 地址、电话： 开户行及账号：				密码区	67/*+3*0/611*++0/+0*/*+3+ 2/9*11* + 666666**066611* + 66666*1** + 216***6000*261* 2*4/*547203994+42*64151* 6915361/3*	加密版本：01 4502073210 41252232
货物或应税劳务、服务名称	规格型号	单位	数量	单价	金额	税率	税额
合计							
价税合计（大写）	⊗				（小写）		
销售方	名称： 纳税人识别号： 地址、电话： 开户行及账号：				备注		

收款人：　　复核：　　开票人：　　销售方（章）

第一联：记账联　销售方记账凭证

附件9-1-22

销售单

购货单位：上海三元服饰集团　　单据编号：141139

地址和电话：上海市浦东区文一路25号021-86424168

纳税识别号：231100196512811910

开户行及账号：工商银行上海浦东支行1202021518090321906

制单日期：2016年12月21日

编码	产品名称	规格	单位	单价	数量	售价	税金	合计
FZ003	男式西服面料		米	45.00	50	2 250.00	382.50	2 632.50
合计	人民币（大写）：贰仟陆佰叁拾贰元伍角整					￥2 632.50		

总经理：冯勇　销售经理：任星星　经手人：张云　会计：陈瑞刚　签收人：左明明

附件9-1-23

浙江省增值税专用发票

№ 41252233

4502073210　　此联不作报销、扣税凭证使用　　开票日期：

购买方	名称： 纳税人识别号： 地址、电话： 开户行及账号：	密码区	67/*+3*0/611*++0/+0*/*+3+ 2/9*11*+666666**066611*+ 66666*1**+216***6000*261* 2*4/*547203994+42*64151* 6915361/3*	加密版本：01 4502073210 41252233

货物或应税劳务、服务名称	规格型号	单位	数量	单价	金额	税率	税额
合计							
价税合计（大写）	⊗				（小写）		

销售方	名称： 纳税人识别号： 地址、电话： 开户行及账号：	备注	

收款人：　复核：　开票人：　销售方（章）

第一联：记账联　销售方记账凭证

附件9-1-24

电子银行转账凭证（收款）

2016年12月21日

付款人名称	上海三元服饰集团	收款人名称	浙江阳光服饰有限责任公司
付款人账号	1202021518090321906	收款人账号	1202021518090325917
付款行名	工商银行上海浦东支行	收款行名	工商银行杭州市钱江支行
人民币	贰仟陆佰叁拾贰元伍角整		￥2 632.50
用途	支付销售款	业务类型	汇划收报
备注			

已打印001次　　银行签章：

附件 9-1-28

中国工商银行 进账单（收账通知） 3

2016 年 12 月 25 日

出票人	全　称	上海民生服饰公司	收款人	全　称	浙江阳光服饰有限责任公司
	账　号	25340215809O321246		账　号	1202021518090325917
	开户银行	中国工商银行松江支行		开户银行	中国工商银行杭州市钱江支行
金额	人民币（大写）	贰仟壹佰贰拾元整		千百十万千百十元角分	￥212000
票据种类	转账支票	票据张数	1		
票据号码	53256139				
	复核 刘明　记账 杨文			收款人开户银行盖章	

中国工商银行
杭州钱江支行
2016.12.25
业务清讫（3）

此联是收款人开户银行交给收款人的收账通知

附件 9-2-1

费用报销单

报销日期：2016 年 12 月 6 日

费用项目	类别	金额	负责人（签章）	冯勇
公司经费	办公费	468.00		
			审查意见	同意报销。任星星
			报销人	张云
报销金额合计		￥468.00	支付方式	现金
核实金额（大写）：肆佰陆拾捌元整				
借款数：/	应退数：/	应补金额：/		

现金付讫

审核人：徐敏　　复核人：陈瑞刚　　出纳：张晓霞

附件 9-2-2

浙江省增值税专用发票

№ 29063517

4502073210

发票联

开票日期：2016 年 12 月 6 日

购买方	名称：浙江阳光服饰有限责任公司 纳税人识别号：92110019651283321H 地址、电话：浙江省杭州市钱塘路 118 号 0571-86736598 开户行及账号：工商银行杭州市钱江支行 1202021518090325917			密码区	67/*+3*0/611*++0/+0*/*+3+2/ 加密版本：01 6*11 + *66666**066611* 4502073210 66668*1** + 216***6000*261* 29063517 2*4/*574203994+-42*64151* 6915361/5*		
货物或应税劳务、服务名称	规格型号	单位	数量	单价	金额	税率	税额
计算器		个	5	60.00	300.00	17%	51.00
文件夹		个	6	10.00	60.00	17%	10.20
笔记本		本	8	5.00	40.00	17%	6.80
合　计					￥400.00		￥68.00
价税合计（大写）	⊗肆佰陆拾捌元整					（小写）	￥468.00
销售方	名称：杭州红星文具公司 纳税人识别号：91330192481126321A 地址、电话：杭州市武林路 28 号 0571-86026715 开户行及账号：工商银行杭州市武林支行 1290426234901327123			备注			

杭州红星文具公司
91330192481126321A
发票专用章

收款人：谢彩霞　　复核：温珊珊　　开票人：谢彩霞　　销售方（章）

第三联：发票联 购买方记账凭证

附件 9-2-3

付款申请书

年　月　日

用途	金额											收款单位（个人）：
	亿	千	百	十	万	千	百	十	元	角	分	账号：
												开户行：
金额（大写）合计							电汇□　信汇□　汇票□　转账□　其他□					

总经理		财务部门	经理		业务部门	经理	
			出纳			经办人	

附件 9-2-4

中国工商银行
转账支票存根
10203310
22343513

附加信息

出票日期　年　月　日

收款人：

金　额：

用　途：

单位主管　会计

中国工商银行　转账支票　10203310　22343513

出票日期（大写）　年　月　日　付款行名称：

收款人：　出票人账号：

付款期限自出票之日起十天

人民币（大写）	亿	千	百	十	万	千	百	十	元	角	分

用途　密码

上列款项请从　行号

我账户内支付

出票人签章　复核　记账

⑈84316 ⑆571022123⑆ 21209900077422⑈ 01

附加信息：	被背书人	被背书人	贴粘单处	根据《中华人民共和国票据法》等法律法规的规定，签发空头支票由中国人民银行处以票面金额5%但不低于1 000元的罚款。
	背书人签章 年　月　日	背书人签章 年　月　日		

附件 9-2-5

浙江省增值税专用发票

№ 21083217

4502073210　开票日期：2016年12月12日

购买方	名　称：浙江阳光服饰有限责任公司 纳税人识别号：92110019651283321H 地址、电话：浙江省杭州市钱塘路118号 0571-86736598 开户行及账号：工商银行杭州市钱江支行 1202021518090325917	密码区	67/*+3*0/611*++0/+0*/*+3+2/ 6*11　+　*66666**066611* 66668*1** + 216***6000*261* 2*4/*574203994+-42*64151* 6915361/5*	加密版本：01 4502073210 21083217

货物或应税劳务、服务名称	规格型号	单位	数量	单价	金额	税率	税额
广告费					48 000.00	6%	2 880.00
合　计					￥48 000.00		￥2 880.00
价税合计（大写）	⊗伍万零捌佰捌拾元整					（小写）￥50 880.00	

销售方	名　称：杭州闪讯广告公司 纳税人识别号：91330176724811231A 地址、电话：杭州市西溪路13号 0571-86969966 开户行及账号：工商银行杭州市西溪支行 1202349010411632412	备注	杭州闪讯广告公司 91330176724811231A 发票专用章

收款人：江燕　复核：张鑫　开票人：江燕　销售方（章）

第三联：发票联　购买方记账凭证

全国统一发票监制章　浙江省　国家税务总局监制

附件 9-2-6

费用报销单

报销日期：2016 年 12 月 16 日

费用项目	类别	金额		
公司经费	业务招待费	1 759.60	负责人（签章）	冯勇
			审查意见	同意报销。 张一山
			报销人	张丹
报销金额合计		￥1 759.60	支付方式	现金
核实金额（大写）：壹仟柒佰伍拾玖元陆角整				
借款数：/	应退数：/	应补金额：/		

现金付讫

审核人：徐敏　　复核人：陈瑞刚　　出纳：张晓霞

附件 9-2-7

浙江省增值税普通发票

№ 25077869

4502073210

全国统一发票监制章
浙江省
国家税务总局监制

发 票 联

开票日期：2016 年 12 月 16 日

购买方	名称：浙江阳光服饰有限责任公司 纳税人识别号：92110019651283321H 地址、电话：浙江省杭州市钱塘路 118 号 0571-86736598 开户行及账号：工商银行杭州市钱江支行 1202021518090325917				密码区	67/*+3*0/611*++0/+0*/*+3+2/ 6*11 + *66666**066611* 66668*1** + 216***6000*261* 2*4/*574203994+-42*64151* 6915361/5*	加密版本：01 4502073210 25077869
货物或应税劳务、服务名称	规格型号	单位	数量	单价	金额	税率	税额
餐费			1	1 660.00	1 660.00	6%	99.60
合计					￥1 660.00		￥99.60
价税合计（大写）	⊗壹仟柒佰伍拾玖元陆角整					（小写）	￥1 759.60
销售方	名称：杭州大红鹰餐饮集团 纳税人识别号：91330192563225687A 地址、电话：杭州市平海路 31 号 0571-88762245 开户行及账号：建设银行杭州市平海支行 128813275239042629 2				备注	杭州大红鹰餐饮集团 91330192563225687A 发票专用章	

收款人：江宏　　复核：王明军　　开票人：江宏　　销售方（章）

第二联：发票联　购买方记账凭证

附件 9-2-8

付款申请书

年　月　日

用途	金额											收款单位（个人）：
	亿	千	百	十	万	千	百	十	元	角	分	账号：
												开户行：
金额（大写）合计									电汇☐　信汇☐　汇票☐　转账☐　其他☐			

总经理		财务部门	经理		业务部门	经理	
			出纳			经办人	

附件 9-2-9

电子银行转账凭证（付款）

2016 年 12 月 22 日

付款人名称	浙江阳光服饰有限责任公司	收款人名称	王一博
付款人账号	1202021518090325917	收款人账号	1230605180902611918
付款行名	工商银行杭州市钱江支行	收款行名	工商银行杭州市秋涛支行
人民币	贰仟伍佰陆拾元整		¥2 560.00
用途	支付咨询费	业务类型	汇划发报
备注			

已打印 001 次　　　　打印时间：2016-12-22

中国工商银行 电子回单专用章

附件 9-2-10

劳务费清单

2016 年 12 月 22 日

纳税人姓名	纳税人单位	身份证号码	应领金额	个人所得税	实领金额	领款人签字
王一博	杭州正信律师事务所	330107197802237865	3 000.00	440.00	2 560.00	王一博

审核人：徐敏　　　　复核人：陈瑞刚　　　　出纳：张晓霞

附件 9-2-11

付款申请书

年　月　日

用途	金额											收款单位（个人）：
	亿	千	百	十	万	千	百	十	元	角	分	账号：
												开户行：
金额（大写）合计						电汇☐ 信汇☐ 汇票☐ 转账☐ 其他☐						
总经理		财务部门	经理			业务部门	经理					
			出纳				经办人					

附件 9-2-12

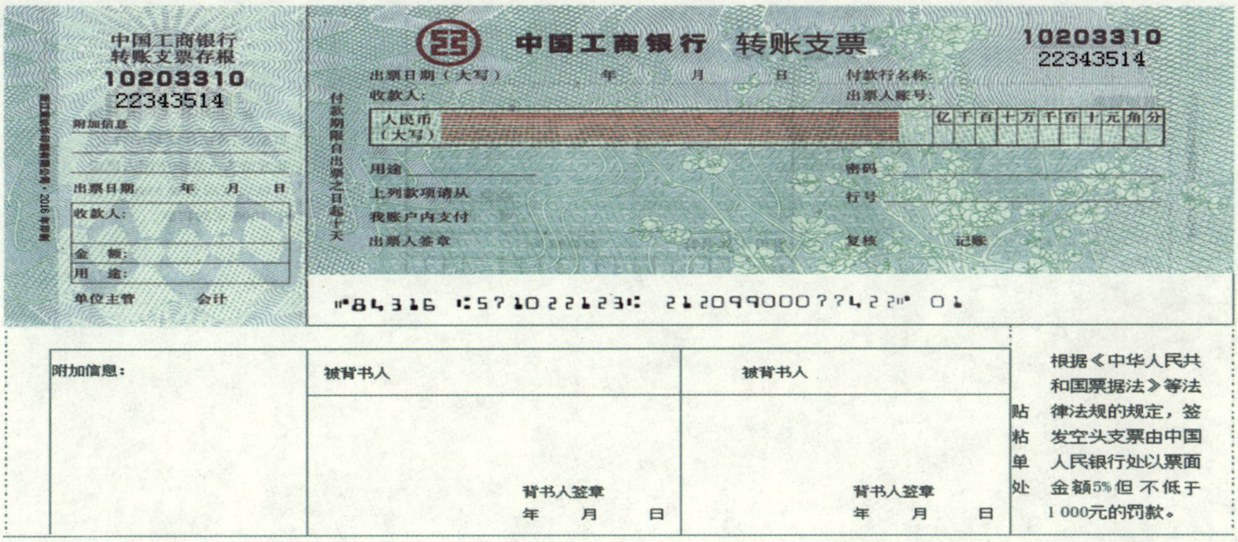
中国工商银行
转账支票存根
10203310
22343514
附加信息
出票日期　年　月　日
收款人：
金　额：
用　途：
单位主管　会计

中国工商银行　转账支票　10203310 22343514
出票日期（大写）　年　月　日　付款行名称：
收款人：　出票人账号：
付款期限自出票之日起十天
人民币（大写）　亿 千 百 十 万 千 百 十 元 角 分
用途　密码
上列款项请从　行号
我账户内支付
出票人签章　复核　记账

附加信息：
被背书人　背书人签章　年　月　日
被背书人　背书人签章　年　月　日
粘单处
根据《中华人民共和国票据法》等法律法规的规定，签发空头支票由中国人民银行处以票面金额5%但不低于1 000元的罚款。

附件 9-2-13

发出材料汇总表

编制单位：　　　　2016 年 12 月 31 日　　　　金额单位：元

材料品名	计量单位	计划单价	生产耗用				产品共同耗用		车间一般耗用		合计
			男式高级西服		女士高级西服						
			数量	金额	数量	金额	数量	金额	数量	金额	金额
男式西服面料	米	30									
女式西服面料	米	25									
拉链	米	4.5									
纽扣	个	5									
里料缝纫线	千克	30									
面料缝纫线	千克	110									
辅料	捆	20									
合计											

审核：　　　　制单：

附件 9-2-14

领料单

仓库：材料仓库　　　　2016年12月5日

编号	类别	材料名称	规格	单位	数量		实际价格	
					请领	实发	单价	金额
01	原材料	男式西服面料		米	1 350	1 350		
合计								
用途	生产男式西服		领料部门		发料部门		财务部门	
			负责人	领料人	核准人	发料人	审核	会计
			黄梦达	陈丽华	姜红	左明明	黄莹莹	曾珊珊

会计记账联

附件 9-2-15

领料单

仓库：材料仓库　　　　2016年12月15日

编号	类别	材料名称	规格	单位	数量		实际价格	
					请领	实发	单价	金额
02	原材料	女式西服面料		米	900	900		
合计								
用途	生产女式西服		领料部门		发料部门		财务部门	
			负责人	领料人	核准人	发料人	审核	会计
			黄梦达	陈丽华	姜红	左明明	黄莹莹	曾珊珊

会计记账联

附件 9-2-16

领料单

仓库：材料仓库　　　　2016年12月15日

编号	类别	材料名称	规格	单位	数量		实际价格	
					请领	实发	单价	金额
03	原材料	拉链		米	5 500	5 500		
04	原材料	纽扣		个	5 500	5 500		
合计								
用途	生产车间共同耗用		领料部门		发料部门		财务部门	
			负责人	领料人	核准人	发料人	审核	会计
			黄梦达	陈丽华	姜红	左明明	黄莹莹	曾珊珊

会计记账联

附件 9-2-17

领料单

仓库：材料仓库　　　　2016年12月15日

编号	类别	材料名称	规格	单位	数量		实际价格	
					请领	实发	单价	金额
05	原材料	里料缝纫线		千克	100	100		
06	原材料	面料缝纫线		千克	100	100		
合计								
用途	生产车间共同耗用		领料部门		发料部门		财务部门	
			负责人	领料人	核准人	发料人	审核	会计
			黄梦达	陈丽华	姜红	左明明	黄莹莹	曹珊珊

会计记账联

附件 9-2-18

领料单

仓库：材料仓库　　　　2016年12月15日

编号	类别	材料名称	规格	单位	数量		实际价格	
					请领	实发	单价	金额
07	原材料	辅料		捆	50	50		
合计								
用途	生产车间一般耗用		领料部门		发料部门		财务部门	
			负责人	领料人	核准人	发料人	审核	会计
			黄梦达	陈丽华	姜红	左明明	黄莹莹	曹珊珊

会计记账联

附件 9-2-19

产品材料费用分配表

产品名称	本期投产量	拉链			纽扣			里料缝纫线			面料缝纫线			直接计入	材料费用合计
		单位消耗定额	分配率	分配额	单位消耗定额	分配率	分配额	单位消耗定额	分配率	分配额	单位消耗定额	分配率	分配额		
男式高级西服	330	10			10			3			0.2				
女式高级西服	220	10			10			3			0.2				
车间一般耗用															
合计	550														

审核：　　　　　　　　制单：

附件 9-2-20

材料成本差异率计算表

2016年12月31日

材料成本差异		原材料计划成本		材料成本差异率（%）
期初结存	本期增加	期初结存	本期增加	
-3 600.00	10 625.00	18 650.00	150 750.00	

审核：　　　　　　　　制单：

附件 9-2-21

发出材料成本差异分配表

2016年12月31日　　单位：元

车间名称	产品名称	计划成本	材料成本差异率	材料成本差异额
生产车间	男式高级西服			
	女式高级西服			
小计				
车间一般耗用				
合计				

审核：　　制单：

附件 9-2-22

发出周转材料汇总表

领用部门：生产车间　　2016年12月31日　　计量单位：个

用　　途：包装产品　　金额单位：元

品名	包装盒			
	数量		单位成本	金额
	请领	实发		
男式高级西服	330		10.00	
女式高级西服	220		10.00	
合计				

审核：　　制单：

附件 9-2-23

领料单

仓库：材料仓库　　2016年12月25日

编号	类别	材料名称	规格	单位	数量		实际价格	
					请领	实发	单价	金额
08	周转材料	包装盒		个	330	330	10.00	3 300.00
合计								
用途	生产男式高级西服		领料部门		发料部门		财务部门	
			负责人	领料人	核准人	发料人	审核	会计
			黄梦达	陈丽华	姜红	左明明	黄莹莹	曾珊珊

会计记账联

附件 9-2-24

领料单

仓库：材料仓库　　2016年12月25日

编号	类别	材料名称	规格	单位	数量		实际价格	
					请领	实发	单价	金额
08	周转材料	包装盒		个	220	220	10.00	2 200.00
合计								
用途	生产女式高级西服		领料部门		发料部门		财务部门	
			负责人	领料人	核准人	发料人	审核	会计
			黄梦达	陈丽华	姜红	左明明	黄莹莹	曾珊珊

会计记账联

附件9-2-25 外购水费分配表

供应单位：杭州市自来水公司　　2016年12月31日　　金额单位：元

受益对象	耗用量（吨）	分配率	分配金额
生产车间	300		
公司管理部门	75		
合计	375		

审核：　　制单：

附件9-2-26 水费使用清单

供应单位：杭州水务控股集团有限公司　　2016年12月31日　　金额单位：元

月份	耗用量（吨）	总额	备注
12	375	2 100.00	不含税
合计	375	2 100.00	

审核：黄莹莹　　制单：曹珊珊

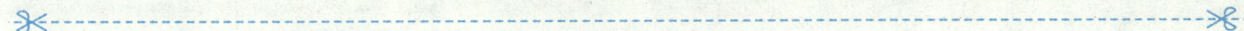

附件9-2-27 外购电费分配表

供应单位：浙江电网公司杭州供电局　　2016年12月31日　　金额单位：元

受益对象	耗用量（千瓦时）	分配率	分配金额
生产车间	3 200		
公司管理部门	1 200		
合计	4 400		

审核：　　制单：

附件9-2-28 电费使用清单

供应单位：浙江电网公司杭州供电局　　2016年12月31日　　金额单位：元

月份	耗用量（千瓦时）	总额	备注
12	4 400	4 400.00	不含税
合计	4 400	4 400.00	

审核：黄莹莹　　制单：曹珊珊

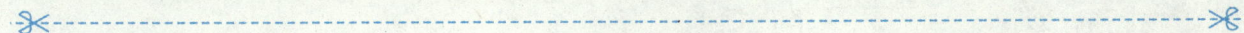

附件9-2-29 职工薪酬分配表

2016年12月31日　　金额单位：元

受益对象	产品名称	分配标准（工时）	分配率	分配金额
生产车间	男式高级西服	3 000		
	女式高级西服	2 000		
	小计	5 000		
车间管理人员				
公司管理人员				
公司销售人员				
合计				

审核：　　制单：

附件9-2-30

职工薪酬汇总表

2016年12月31日　　单位：元

部门		应发工资	社会保险费	住房公积金	工会经费	职工教育经费	金额合计
生产车间	生产工人	70 563.08	18 205.27	7 056.31	1 411.26	1 764.08	99 000.00
	管理人员	8 856.80	2 285.05	885.68	177.14	221.42	12 426.09
管理部门		25 600.00	6 604.80	2 560.00	512.00	640.00	35 916.80
销售部门		9 200.00	2 373.60	920.00	184.00	230.00	12 907.60
金额合计		114 219.88	29 468.72	11 421.99	2 284.40	2 855.50	160 250.49

审核：石明明　　制单：梁悦

附件9-2-31

职工福利费分配表

2016年12月31日　　金额单位：元

受益对象	分配标准（生产工人数量）		分配率	分配金额
生产车间	男式高级西服	18		
	女式高级西服	12		
	小计	30		
车间管理人员				
公司管理人员				
公司销售人员				
金额合计				

审核：　　制单：

附件9-2-32

职工福利费汇总表

2016年12月31日　　单位：元

部门		本月发生福利费支出
生产车间	生产工人	5 400.00
	管理人员	360.00
管理部门		1 620.00
销售部门		360.00
金额合计		7 740.00

审核：黄莹莹　　制单：曹珊珊

附件 9-2-33

固定资产折旧计算表

2016年12月31日　　金额单位：元

使用单位和固定资产类别		月初原值	固定资产月折旧率	本月应提折旧额
生产车间	厂房	860 000.00	0.40%	
	生产设备	353 280.00	0.80%	
	小计	1 213 280.00		
管理部门	办公楼	968 000.00	0.40%	
	管理设备	187 200.00	1.60%	
	运输设备	223 000.00	2.00%	
	本月出售设备	155 000.00	1.60%	
	小计	1 533 200.00		
已出租生产设备		800 000.00	0.80%	
补提生产车间上月折旧额		113 350.00	0.80%	
合计		3 546 480.00		

审核：　　制单：

附件 9-2-34

制造费用分配表

编制单位：　　年　月　日　　金额单位：元

名称	分配标准（工时）	分配率	分配金额
男式高级西服	3 000		
女式高级西服	2 000		
合计	5 000		

审核：　　制单：

附件 9-2-35

产品成本计算单

产品：男式高级西服　　2016年12月31日　　单位：元

成本项目	月初在产品成本	本月发生费用	生产费用合计	期末在产品约当产量	完工产品产量	完工产品总成本	单位成本	期末在产品成本
直接材料	19 359.60			50				
直接人工	6 585.00							
制造费用	1 609.20							
金额合计	27 553.80							

审核：　　制单：

附件 9-2-36

产品成本计算单

产品：女式高级西服　　2016年12月31日　　单位：元

成本项目	月初在产品成本	本月发生费用	生产费用合计	期末在产品约当产量	完工产品产量	完工产品总成本	单位成本	期末在产品成本
直接材料	7 641.52			20				
直接人工	2 688.00							
制造费用	663.67							
金额合计	10 993.19							

审核：　　制单：

附件 9-2-37

产品入库单

2016年12月10日

产品编号	产品名称	计量单位	实收数量	单位成本	总成本	备注
1	男式高级西服	件	70			
2	女式高级西服	件	30			

主管：姜红　　保管：左明明　　交库：陈丽华　　会计：曹珊珊

附件 9-2-38

产品入库单

2016年12月16日

产品编号	产品名称	计量单位	实收数量	单位成本	总成本	备注
1	男式高级西服	件	150			

主管：姜红　　保管：左明明　　交库：陈丽华　　会计：曹珊珊

附件 9-2-39

产品入库单

2016年12月18日

产品编号	产品名称	计量单位	实收数量	单位成本	总成本	备注
2	女式高级西服	件	150			

主管：姜红　　保管：左明明　　交库：陈丽华　　会计：曹珊珊

附件 9-2-40

产品入库单

2016年12月26日

产品编号	产品名称	计量单位	实收数量	单位成本	总成本	备注
1	男式高级西服	件	130			
2	女式高级西服	件	50			

主管：姜红　　保管：左明明　　交库：陈丽华　　会计：曹珊珊

附件 9-2-41

产品成本汇总表

编制单位：　　2016年12月31日　　单位：元

项目	男式高级西服	女式高级西服	合计
期初在产品成本	27 533.80	10 993.19	38 546.99
本期生产费用			
生产费用合计			
期末完工产品成本			
期末在产品成本			

审核：　　制单：

附件 9-2-42

销售成本计算表

2016 年 12 月 31 日　　　　金额单位：元

产品	期初结存数量	本期完工产量	本期销售数量	期末结存数量	期初结存成本	完工产品成本	单位成本（加权）	期末存货成本	销售产品成本
男式高级西服	80				41 650				
女式高级西服	50				24 906				
合计					66 556				

审核：黄莹莹　　　　制单：曹珊珊

附件 9-2-43

出 库 单

No 10218

仓库部门　成品仓库　　2016 年 12 月 16 日

编号	名称	规格	单位	出库数量	单价	金额	备注
1	男式高级西服		件	100			
合　计							

第二联　交财务部

生产车间或部门：陈丽华　　　　仓库管理员：左明明

附件 9-2-44

出 库 单

No 10219

仓库部门　成品仓库　　2016 年 12 月 18 日

编号	名称	规格	单位	出库数量	单价	金额	备注
1	男式高级西服		件	200			
2	女式高级西服		件	200			
合　计							

第二联　交财务部

生产车间或部门：陈丽华　　　　仓库管理员：左明明

附件 9-2-45

出 库 单

No 10220

仓库部门　成品仓库　　2016 年 12 月 20 日

编号	名称	规格	单位	出库数量	单价	金额	备注
1	男式高级西服		件	50			
2	女式高级西服		件	20			
合　计							

第二联　交财务部

生产车间或部门：陈丽华　　　　仓库管理员：左明明

附件 9-2-46

出库单

No 10235

仓库部门 材料仓库 2016年12月21日

编号	名称	规格	单位	出库数量	单价	金额	备注
1	男式西服面料		米	50	30.00	1 500.00	
合 计						1 500.00	

第二联 交财务部

生产车间或部门：陈丽华 仓库管理员：左明明

附件 9-2-47

劳务清单

2016 年 12 月 31 日

<table>
<tr><td colspan="2">劳务名称</td><td colspan="2">缩水处理</td><td>委托单位</td><td>浙江英泰服饰有限公司</td></tr>
<tr><td>序号</td><td>姓名</td><td colspan="2">工资标准（元/小时）</td><td>工作量（小时）</td><td>工资总额（元）</td></tr>
<tr><td>1</td><td>宋刚</td><td colspan="2">200.00</td><td>6</td><td>1 200.00</td></tr>
<tr><td>2</td><td>王亚芬</td><td colspan="2">400.00</td><td>2</td><td>800.00</td></tr>
<tr><td colspan="5">合 计</td><td>2 000.00</td></tr>
</table>

审核：石明明 制单：梁悦

附件 9-2-48

专利权摊销明细表

2016 年 12 月 31 日 单位：元

项目	原值	残值	使用年限	年摊销额	月摊销额
专利权	72 000	0	5	14 400	1 200
合计	—	—	—	14 400	1 200

审核：黄莹莹 制单：曹珊珊

附件 9-2-49

付款申请书

年 月 日

<table>
<tr><td>用途</td><td colspan="11">金额</td><td>收款单位（个人）：</td></tr>
<tr><td rowspan="2"></td><td>亿</td><td>千</td><td>百</td><td>十</td><td>万</td><td>千</td><td>百</td><td>十</td><td>元</td><td>角</td><td>分</td><td>账号：</td></tr>
<tr><td></td><td></td><td></td><td></td><td></td><td></td><td></td><td></td><td></td><td></td><td></td><td>开户行：</td></tr>
</table>

<table>
<tr><td colspan="2">金额（大写）合计</td><td colspan="3"></td><td colspan="4">电汇□ 信汇□ 汇票□ 转账□ 其他□</td></tr>
<tr><td rowspan="2">总经理</td><td rowspan="2"></td><td rowspan="2">财务部门</td><td>经理</td><td></td><td rowspan="2">业务部门</td><td>经理</td><td></td></tr>
<tr><td>出纳</td><td></td><td>经办人</td><td></td></tr>
</table>

附件9-2-50

中华人民共和国

企业所得税月（季）度预缴纳税申报表（A类）

税款所属时间：2016年12月1日至2016年12月31日

纳税人识别号：92110019651283321H

纳税人名称：浙江阳光服饰有限责任公司　　　　金额单位：人民币元（列至角分）

<table>
<tr><th>行次</th><th colspan="2">项目</th><th>本期金额</th><th>累计金额</th></tr>
<tr><td>1</td><td colspan="2">一、据实预缴</td><td></td><td></td></tr>
<tr><td>2</td><td colspan="2">营业收入</td><td>8 154 000.00</td><td></td></tr>
<tr><td>3</td><td colspan="2">营业成本</td><td>7 431 132.00</td><td></td></tr>
<tr><td>4</td><td colspan="2">利润总额</td><td>722 868.00</td><td></td></tr>
<tr><td>5</td><td colspan="2">税率(25%)</td><td>25%</td><td></td></tr>
<tr><td>6</td><td colspan="2">应纳所得税额(4行×5行)</td><td>180 717.00</td><td></td></tr>
<tr><td>7</td><td colspan="2">减免所得税额</td><td></td><td></td></tr>
<tr><td>8</td><td colspan="2">实际已缴所得税额</td><td></td><td></td></tr>
<tr><td>9</td><td colspan="2">应补(退)的所得税额(6行-7行-8行)</td><td></td><td></td></tr>
<tr><td>10</td><td colspan="2">二、按照上一纳税年度应纳税所得额的平均额预缴</td><td></td><td></td></tr>
<tr><td>11</td><td colspan="2">上一纳税年度应纳税所得额</td><td></td><td></td></tr>
<tr><td>12</td><td colspan="2">本月(季)应纳税所得额(11行÷12行或11行÷4)</td><td></td><td></td></tr>
<tr><td>13</td><td colspan="2">税率(25%)</td><td></td><td></td></tr>
<tr><td>14</td><td colspan="2">本月(季)应纳所得税额(12行×13行)</td><td></td><td></td></tr>
<tr><td>15</td><td colspan="2">三、按照税务机关确定的其他方法预缴</td><td></td><td></td></tr>
<tr><td>16</td><td colspan="2">本月(季)确定预缴的所得税额</td><td></td><td></td></tr>
<tr><td>17</td><td colspan="2">总分机构纳税人</td><td></td><td></td></tr>
<tr><td>18</td><td rowspan="3">总机构</td><td>总机构应分摊的所得税额(9行或14行或16行×25%)</td><td></td><td></td></tr>
<tr><td>19</td><td>中央财政集中分配的所得税额(9行或14行或16行×25%)</td><td></td><td></td></tr>
<tr><td>20</td><td>分支机构分摊的所得税额(9行或14行或16行×50%)</td><td></td><td></td></tr>
<tr><td>21</td><td rowspan="2">分支机构</td><td>分配比例</td><td></td><td></td></tr>
<tr><td>22</td><td>分配的所得税额(20行×21行)</td><td></td><td></td></tr>
<tr><td colspan="5">谨声明：此纳税申报表是根据《中华人民共和国企业所得税法》、《中华人民共和国企业所得税法实施条例》和国家有关税收规定填报的，是真实的、可靠的、完整的。
法定代表人(签字)：冯勇　　　　2016年12月31日</td></tr>
</table>

<table>
<tr><td>纳税人公章：浙江阳光服饰有限责任公司</td><td>代理申报中介机构公章：</td><td>主管税务机关受理专用章：</td></tr>
<tr><td>会计主管：黄雯雯</td><td>经办人：
经办人执业证件号码：</td><td>受理人：林斌</td></tr>
<tr><td>填表日期：2016年12月31日</td><td>代理申报日期：　年　月　日</td><td>受理日期：2016年12月31日</td></tr>
</table>

附件 9-2-51

电子银行转账凭证（付款）

2016 年 12 月 31 日

付款人名称	浙江阳光服饰有限责任公司	收款人名称	杭州市国家税务局江干分局
付款人账号	1202021518090325917	收款人账号	1203037180903259178
付款行名	工商银行杭州市钱江支行	收款行名	工商银行杭州市杭海支行
人民币	壹拾捌万零柒佰壹拾柒元整		￥180 717.00
用途	预交企业所得税	业务类型	代理业务
备注			

中国工商银行 电子回单 专用章

已打印 001 次　　　　打印时间：2016-12-31

附件 9-3-1

损益类科目汇总表

会计科目	金　额	余额方向
主营业务收入	4 944 000.00	贷
其他业务收入	2 150 000.00	贷
公允价值变动损益	30 000.00	贷
投资收益	1 020 000.00	贷
营业外收入	10 000.00	贷
主营业务成本	3 266 132.00	借
其他业务成本	1 589 000.00	借
税金及附加	11 000.00	借
销售费用	700 000.00	借
管理费用	600 000.00	借
财务费用	500 000.00	借
资产减值损失	750 000.00	借
营业外支出	15 000.00	借
所得税费用	180 717.00	借

附件 9-3-2

会计期末处理工作明细表

序　号	工作项目	完成情况
1	损益结转	□已完成　□未完成
2	期末对账	□已完成　□未完成
3	期末结账	□已完成　□未完成

附件 10-1-1

资产负债表

会企 01 表

编制单位：浙江阳光服饰有限责任公司　　2016 年 12 月 31 日　　单位：元

资产	期末余额	负债和所有者权益（或股东权益）	期末余额
流动资产：		流动负债：	
货币资金	14 063 000.00	短期借款	3 000 000.00
以公允价值计量且其变动计入当期损益的金融资产	150 000.00	以公允价值计量且其变动计入当期损益的金融负债	
应收票据	2 460 000.00	应付票据	2 000 000.00
应收账款	3 991 000.00	应付账款	9 548 000.00
预付款项	1 000 000.00	预收款项	100 000.00
应收利息	20 000.00	应付职工薪酬	1 100 000.00
应收股利	230 000.00	应交税费	366 000.00
其他应收款	3 050 000.00	应付利息	20 000.00
存货	25 800 000.00	应付股利	120 000.00
一年内到期的非流动资产		其他应付款	500 000.00
其他流动资产		一年内到期的非流动负债	
流动资产合计	50 764 000.00	其他流动负债	10 000 000.00
非流动资产：		流动负债合计	26 754 000.00
可供出售金融资产	100 000.00	非流动负债：	
持有至到期投资	260 000.00	长期借款	6 000 000.00
长期应收款		应付债券	960 000.00
长期股权投资	4 500 000.00	长期应付款	
投资性房地产	390 000.00	专项应付款	
固定资产	8 000 000.00	预计负债	
在建工程	15 000 000.00	递延收益	
工程物资		递延所得税负债	
固定资产清理		其他非流动负债	
生产性生物资产		非流动负债合计	6 960 000.00
油气资产		负债合计	33 714 000.00
无形资产	6 000 000.00	所有者权益（或股东权益）：	
开发支出		实收资本（或股本）	50 000 000.00
商誉		资本公积	
长期待摊费用		减：库存股	
递延所得税资产		其他综合收益	1 800 000.00
其他非流动资产	2 000 000.00	盈余公积	1 000 000.00
非流动资产合计	36 250 000.00	未分配利润	500 000.00
		所有者权益（或股东权益）合计	53 300 000.00
资产总计	87 014 000.00	负债和所有者权益（或股东权益）总计	87 014 000.00

注：2016 年 12 月 31 日“应收账款”科目的期末余额为 4 000 000 元，“坏账准备”科目的期末余额为 9 000 元。年初余额略。

附件10-1-2

本期会计科目发生额汇总表

会计科目	本期发生额	
	借　方	贷　方
合　计		

附件10-1-3

资产负债表

会企01表

编制单位：　　　　　　　　　　　　年　月　日　　　　　　　　　　　　单位：元

资　产	期末余额	年初余额	负债和所有者权益（或股东权益）	期末余额	年初余额
流动资产：			流动负债：		
货币资金			短期借款		
以公允价值计量且其变动计入当期损益的金融资产			以公允价值计量且其变动计入当期损益的金融负债		
应收票据			应付票据		
应收账款			应付账款		
预付款项			预收款项		
应收利息			应付职工薪酬		
应收股利			应交税费		
其他应收款			应付利息		
存货			应付股利		
一年内到期的非流动资产			其他应付款		
其他流动资产			一年内到期的非流动负债		
流动资产合计			其他流动负债		
非流动资产：			流动负债合计		
可供出售金融资产			非流动负债：		
持有至到期投资			长期借款		
长期应收款			应付债券		
长期股权投资			长期应付款		
投资性房地产			专项应付款		
固定资产			预计负债		
在建工程			递延收益		
工程物资			递延所得税负债		
固定资产清理			其他非流动负债		
生产性生物资产			非流动负债合计		
油气资产			负债合计		
无形资产			所有者权益（或股东权益）：		
开发支出			实收资本（或股本）		
商誉			资本公积		
长期待摊费用			减：库存股		
递延所得税资产			其他综合收益		
其他非流动资产			盈余公积		
非流动资产合计			未分配利润		
			所有者权益（或股东权益）合计		
资产总计			负债和所有者权益（或股东权益）总计		

附件 10-3-1

所有者权益项目明细表

2016 年 12 月 31 日

序　号	项　目	金额（元）
1	实收资本	50 000 000.00
2	其他综合收益	1 800 000.00
3	盈余公积	1 000 000.00
4	未分配利润	500 000.00
合　计		53 300 000.00

注：不存在任何会计政策变更、前期差错更正的会计事项。

附件 10-3-2

所有者权益变动项目明细表

2017 年 1 月

序　号	项　目	金额（元）
1	增加综合收益总额	2 620 950.00
2	提取盈余公积	262 095.00

附件 10-3-3

所有者权益变动表

编制单位：　　　　　　　　年　月　　　　　　　　单位：元

项　目	本年金额							上年金额						
	实收资本（或股本）	资本公积	减：库存股	其他综合收益	盈余公积	未分配利润	所有者权益合计	实收资本（或股本）	资本公积	减：库存股	其他综合收益	盈余公积	未分配利润	所有者权益合计
一、上年年末余额														
加：会计政策变更														
前期差错更正														
二、本年年初余额														
三、本年增减变动金额（减少以“-”号填列）														
（一）综合收益总额														
（二）所有者投入和减少资本														
1.所有者投入资本														
2.股份支付计入所有者权益的金额														
3.其他														
（三）利润分配														
1.提取盈余公积														
2.对所有者（或股东）的分配														
3.其他														
（四）所有者权益内部结转														
1.资本公积转增资本（或股本）														
2.盈余公积转增资本（或股本）														
3.盈余公积弥补亏损														
4.其他														
四、本年年末余额														

附件10-4-1

本期现金流量分析明细表

业务序号	经营活动现金流量		投资活动现金流量		筹资活动现金流量		未涉及现金流量
	流　入	流　出	流　入	流　出	流　入	流　出	
1							
2							
3							
4							
5							
6							
7							
8							
9							
10							
11							
12							
13							
14							
15							
16							
17							
18							
19							
20							
21							
22							
23							
24							
25							
26							
27							
28							
29							
30							
31							
32							
33							
34							
35							
36							
37							
38							
39							
40							
41							
42							
43							
44							
45							
46							
47							
48							
49							
50							

附件10-4-2

现金流量表

编制单位：　　　　　　　　　　　　　年　月　　　　　　　　　　　　单位：元

项　目	本期金额	上期金额
一、经营活动产生的现金流量		
销售商品、提供劳务收到的现金		
收到的税费返还		
收到其他与经营活动有关的现金		
经营活动现金流入小计		
购买商品、接受劳务支付的现金		
支付给职工以及为职工支付的现金		
支付的各项税费		
支付其他与经营活动有关的现金		
经营活动现金流出小计		
经营活动产生的现金流量净额		
二、投资活动产生的现金流量		
收回投资收到的现金		
取得投资收益收到的现金		
处置固定资产、无形资产和其他长期资产收回的现金净额		
处置子公司及其他营业单位收到的现金净额		
收到其他与投资活动有关的现金		
投资活动现金流入小计		
购建固定资产、无形资产和其他长期资产支付的现金		
投资支付的现金		
取得子公司及其他营业单位支付的现金净额		
支付其他与投资活动有关的现金		
投资活动现金流出小计		
投资活动产生的现金流量净额		
三、筹资活动产生的现金流量		
吸收投资收到的现金		
取得借款收到的现金		
收到其他与筹资活动有关的现金		
筹资活动现金流入小计		
偿还债务支付的现金		
分配股利、利润或偿付利息支付的现金		
支付其他与筹资活动有关的现金		
筹资活动现金流出小计		
筹资活动产生的现金流量净额		
四、汇率变动对现金及现金等价物的影响		
五、现金及现金等价物净增加额		
加：期初现金及现金等价物净增加额		
六、期末现金及现金等价物余额		

附件 11-1-1

短期偿债能力分析表

评价指标	计算过程
营运资金	
流动比率	
速动比率	
现金比率	
评价结论：	

附件 11-1-2

长期偿债能力分析表

评价指标	计算过程
资产负债率	
产权比率	
权益乘数	
利息保障倍数	
评价结论：	

附件 11-2-1

流动资产营运能力分析表

评价指标	计算过程
应收账款周转率	
存货周转率	
流动资产周转率	
评价结论：	

附件 11-2-2

固定资产营运能力分析表

评价指标	计算过程
固定资产周转率	
评价结论：	

附件 11-2-3

总资产营运能力分析表

评价指标	计算过程
总资产周转率	
评价结论：	

附件 11-3-1

盈利能力分析表

评价指标	计算过程
销售毛利率	
销售净利率	
总资产净利率	
净资产收益率	
评价结论：	

附件 11-4-1

发展能力分析表

评价指标	计算过程
销售收入增长率	
总资产增长率	
营业利润增长率	
资本保值增值率	
资本积累率	
评价结论：	

附件 11-5-1

现金流量结构分析表

评价指标	计算过程
经营活动的流入流出量比率	
投资活动的流入流出量比率	
筹资活动的流入流出量比率	
评价结论：	

附件 11-5-2

获取现金能力分析表

评价指标	计算过程
销售现金比率	
每股营业现金净流量	
全部资产现金回收率	
评价结论：	

附件 12-1-1

增值税纳税申报表

（一般纳税人适用）

根据国家税收法律法规及增值税相关规定制定本表。纳税人不论有无销售额，均应按税务机关核定的纳税期限按期填报本表，并向当地税务机关申报。

税款所属时间：自　年　月　日至　年　月　日　填表日期：　年　月　日　　　　金额单位：元至角分

纳税人识别号			所属行业				
纳税人名称		法定代表人姓名		注册地址		生产经营地址	
开户银行及账号		登记注册类型			电话号码		

项　目		栏　次	一般项目		即征即退项目	
			本月数	本年累计	本月数	本年累计
销售额	（一）按适用税率征税销售额	1				
	其中：应税货物销售额	2				
	应税劳务销售额	3				
	纳税检查调整的销售额	4				
	（二）按简易征收办法征税销售额	5				
	其中：纳税检查调整的销售额	6				
	（三）免、抵、退办法出口销售额	7			—	—
	（四）免税销售额	8			—	—
	其中：免税货物销售额	9			—	—
	免税劳务销售额	10			—	—
税款计算	销项税额	11				
	进项税额	12				
	上期留抵税额	13				—
	进项税额转出	14				
	免、抵、退应退税额	15			—	—
	按适用税率计算的纳税检查应补缴税额	16			—	—
	应抵扣税额合计	17=12+13-14-15+16		—		—
	实际抵扣税额	18（如17<11，则为17，否则为11）				
	应纳税额	19=11-18				
	期末留抵税额	20=17-18				—
	简易征收办法计算的应纳税额	21				
	按简易征收办法计算的纳税检查应补缴税额	22			—	—
	应纳税额减征额	23				
	应纳税额合计	24=19+21-23				
税款缴纳	期初未缴税额（多缴为负数）	25				
	实收出口开具专用缴款书退税额	26			—	—
	本期已缴税额	27=28+29+30+31				
	①分次预缴税额	28		—		—
	②出口开具专用缴款书预缴税额	29		—	—	—
	③本期缴纳上期应纳税额	30				
	④本期缴纳欠缴税额	31				
	期末未缴税额（多缴为负数）	32=24+25+26-27				
	其中：欠缴税额（≥0）	33=25+26-27		—		—
	本期应补(退)税额	34=24-28-29		—		—
	即征即退实际退税额	35	—	—		
	期初未缴查补税额	36			—	—
	本期入库查补税额	37			—	—
	期末未缴查补税额	38=16+22+36-37			—	—

授权声明	如果你已委托代理人申报，请填写下列资料： 为代理一切税务事宜，现授权＿＿＿＿＿＿（地址）＿＿＿＿＿＿为本纳税人的代理申报人，任何与本申报表有关的往来文件，都可寄予此人。 授权人签字：	申报人声明	此纳税申报表是根据国家税收法律法规及相关规定填报的，我相信它是真实的、可靠的、完整的。 声明人签字：

以下由税务机关填写：

收到日期：　　　　　　　　接收人：　　　　　　　　主管税务机关盖章：

附件 12-1-2

增值税纳税申报表附列资料（一）

（本期销售情况明细）

纳税人名称：（公章）　　　　税款所属时间：　年　月　日至　年　月　日　　　　金额单位：元至角分

项目及栏次				开具税控增值税专用发票		开具其他发票		未开具发票		纳税检查调整		合　计			应税服务扣除项目本期实际扣除金额	扣除后	
				销售额	销项（应纳）税额	销售额	销项（应纳）税额	销售额	销项（应纳）税额	销售额	销项（应纳）税额	销售额	销项（应纳）税额	价税合计		含税（免税）销售额	销项（应纳）税额
				1	2	3	4	5	6	7	8	9=1+3+5+7	10=2+4+6+8	11=9+10	12	13=11−12	14=13÷（100%+税率或征收率）×税率或征收率
一、一般计税方法计税	全部征税项目	17%税率的货物及加工修理修配劳务	1											—	—	—	—
		17%税率的服务、不动产和无形资产	2														
		13%税率	3											—	—	—	—
		11%税率	4														
		6%税率	5														
	其中：即征即退项目	即征即退货物及加工修理修配劳务	6	—	—	—	—	—	—	—	—			—	—	—	—
		即征即退服务、不动产和无形资产	7	—	—	—	—	—	—	—	—						
二、简易计税方法计税	全部征税项目	6%征收率	8							—	—			—	—	—	—
		5%征收率的货物及加工修理修配劳务	9a							—	—			—	—	—	—
		5%征收率的服务、不动产和无形资产	9b							—	—						
		4%征收率	10							—	—			—	—	—	—
		3%征收率的货物及加工修理修配劳务	11							—	—			—	—	—	—
		3%征收率的服务、不动产和无形资产	12							—	—						
		预征率　%	13a							—	—						
		预征率　%	13b							—	—						
		预征率　%	13c							—	—						
	其中：即征即退项目	即征即退货物及加工修理修配劳务	14	—	—	—	—	—	—	—	—			—	—	—	—
		即征即退服务、不动产和无形资产	15	—	—	—	—	—	—	—	—						
三、免抵退税	货物及加工修理修配劳务		16	—	—		—		—	—	—		—	—	—	—	—
	服务、不动产和无形资产		17	—	—		—		—	—	—		—				—
四、免税	货物及加工修理修配劳务		18				—		—	—	—		—	—	—	—	—
	服务、不动产和无形资产		19	—	—		—		—	—	—		—				—

附件12-1-3

增值税纳税申报表附列资料（二）

（本期进项税额明细）

税款所属时间：　　年　月　日至　　年　月　日

纳税人名称：（公章）　　　　　　　　　　　　　　　　　　金额单位：元至角分

一、申报抵扣的进项税额				
项　目	栏　次	份　数	金　额	税　额
（一）认证相符的税控增值税专用发票	1=2+3			
其中：本期认证相符且本期申报抵扣	2			
前期认证相符且本期申报抵扣	3			
（二）其他扣税凭证	4=5+6+7+8			
其中：海关进口增值税专用缴款书	5			
农产品收购发票或者销售发票	6			
代扣代缴税收缴款凭证	7		—	
其他	8			
（三）本期用于购建不动产的扣税凭证	9	—	—	—
（四）本期不动产允许抵扣进项税额	10	—	—	—
（五）外贸企业进项税额抵扣证明	11	—	—	
当期申报抵扣进项税额合计	12=1+4+9+10+11			
二、进项税额转出额				
项　目	栏　次	税　额		
本期进项税转出额	13=14至23之和			
其中：免税项目用	14			
集体福利、个人消费	15			
非正常损失	16			
简易计税方法征税项目用	17			
免抵退税办法不得抵扣的进项税额	18			
纳税检查调减进项税额	19			
红字专用发票信息表注明的进项税额	20			
上期留抵税额抵减欠税	21			
上期留抵税额退税	22			
其他应作进项税额转出的情形	23			
三、待抵扣进项税额				
项　目	栏　次	份数	金额	税额
（一）认证相符的税控增值税专用发票	24	—	—	—
期初已认证相符但未申报抵扣	25			
本期认证相符且本期未申报抵扣	26			
期末已认证相符但未申报抵扣	27			
其中：按照税法规定不允许抵扣	28			
（二）其他扣税凭证	29=30至33之和			
其中：海关进口增值税专用缴款书	30			
农产品收购发票或者销售发票	31			
代扣代缴税收缴款凭证	32		—	
其他	33			
	34			
四、其他				
项目	栏次	份数	金额	税额
本期认证相符的税控增值税专用发票	35			
代扣代缴税额	36	—	—	

附件 12-1-4　　固定资产（不含不动产）进项税额抵扣情况表

纳税人识别号

纳税人名称：　　　　　填表日期：　年　月　日　　　　　金额单位：元（列至角分）

项　目	当期申报抵扣的固定资产进项税额	申报抵扣的固定资产进项税额累计
增值税专用发票		
海关进口增值税专用缴款书		
合　计		

附件 12-2-1　中华人民共和国企业所得税年度纳税申报表（A类）(A100000)

行　次	类　别	项　目	金　额
1	利润总额计算	一、营业收入（填写 A101010\101020\103000）	
2		减：营业成本（填写 A102010\102020\103000）	
3		税金及附加	
4		销售费用（填写 A104000）	
5		管理费用（填写 A104000）	
6		财务费用（填写 A104000）	
7		资产减值损失	
8		加：公允价值变动收益	
9		投资收益	
10		二、营业利润（1-2-3-4-5-6-7+8+9）	
11		加：营业外收入（填写 A101010\101020\103000）	
12		减：营业外支出（填写 A102010\102020\103000）	
13		三、利润总额（10+11-12）	
14	应纳税所得额计算	减：境外所得（填写 A108010）	
15		加：纳税调整增加额（填写 A105000）	
16		减：纳税调整减少额（填写 A105000）	
17		减：免税、减计收入及加计扣除（填写 A107010）	
18		加：境外应税所得抵减境内亏损（填写 A108000）	
19		四、纳税调整后所得（13-14+15-16-17+18）	
20		减：所得减免（填写 A107020）	
21		减：抵扣应纳税所得额（填写 A107030）	
22		减：弥补以前年度亏损（填写 A106000）	
23		五、应纳税所得额（19-20-21-22）	
24	应纳税额计算	税率（25%）	
25		六、应纳所得税额（23×24）	
26		减：减免所得税额（填写 A107040）	
27		减：抵免所得税额（填写 A107050）	
28		七、应纳税额（25-26-27）	
29		加：境外所得应纳所得税额（填写 A108000）	
30		减：境外所得抵免所得税额（填写 A108000）	
31		八、实际应纳所得税额（28+29-30）	
32		减：本年累计实际已预缴的所得税额	
33		九、本年应补（退）所得税额（31-32）	
34		其中：总机构分摊本年应补（退）所得税额（填写 A109000）	
35		财政集中分配本年应补（退）所得税额（填写 A109000）	
36		总机构主体生产经营部门分摊本年应补（退）所得税额（填写 A109000）	
37	附列资料	以前年度多缴的所得税额在本年抵减额	
38		以前年度应缴未缴在本年入库所得税额	

附件12-2-2

一般企业收入明细表(A101010)

行次	项目	金额
1	一、营业收入（2+9）	
2	（一）主营业务收入（3+5+6+7+8）	
3	1.销售商品收入	
4	其中：非货币性资产交换收入	
5	2.提供劳务收入	
6	3.建造合同收入	
7	4.让渡资产使用权收入	
8	5.其他	
9	（二）其他业务收入（10+12+13+14+15）	
10	1.销售材料收入	
11	其中：非货币性资产交换收入	
12	2.出租固定资产收入	
13	3.出租无形资产收入	
14	4.出租包装物和商品收入	
15	5.其他	
16	二、营业外收入（17+18+19+20+21+22+23+24+25+26）	
17	（一）非流动资产处置利得	
18	（二）非货币性资产交换利得	
19	（三）债务重组利得	
20	（四）政府补助利得	
21	（五）盘盈利得	
22	（六）捐赠利得	
23	（七）罚没利得	
24	（八）确实无法偿付的应付款项	
25	（九）汇兑收益	
26	（十）其他	

附件12-2-3

一般企业成本支出明细表（A102010）

行次	项目	金额
1	一、营业成本（2+9）	
2	（一）主营业务成本（3+5+6+7+8）	
3	1.销售商品成本	
4	其中：非货币性资产交换成本	
5	2.提供劳务成本	
6	3.建造合同成本	
7	4.让渡资产使用权成本	
8	5.其他	
9	（二）其他业务成本（10+12+13+14+15）	
10	1.材料销售成本	
11	其中：非货币性资产交换成本	
12	2.出租固定资产成本	
13	3.出租无形资产成本	
14	4.包装物出租成本	
15	5.其他	
16	二、营业外支出（17+18+19+20+21+22+23+24+25+26）	
17	（一）非流动资产处置损失	
18	（二）非货币性资产交换损失	
19	（三）债务重组损失	
20	（四）非常损失	
21	（五）捐赠支出	
22	（六）赞助支出	
23	（七）罚没支出	
24	（八）坏账损失	
25	（九）无法收回的债券股权投资损失	
26	（十）其他	

附件12-2-4

纳税调整项目明细表(A105000)

行次	项　目	账载金额	税收金额	调增金额	调减金额
		1	2	3	4
1	一、收入类调整项目（2+3+4+5+6+7+8+10+11）	*	*		
2	（一）视同销售收入（填写A105010）	*			*
3	（二）未按权责发生制原则确认的收入（填写A105020）				
4	（三）投资收益（填写A105030）				
5	（四）按权益法核算长期股权投资对初始投资成本调整确认收益	*	*	*	
6	（五）交易性金融资产初始投资调整	*	*		*
7	（六）公允价值变动净损益		*		
8	（七）不征税收入	*	*		
9	其中：专项用途财政性资金（填写A105040）	*	*		
10	（八）销售折扣、折让和退回				
11	（九）其他				
12	二、扣除类调整项目（13+14+15+16+17+18+19+20+21+22+23+24+26+27+28+29）	*	*		
13	（一）视同销售成本（填写A105010）	*		*	
14	（二）职工薪酬（填写A105050）				
15	（三）业务招待费支出				*
16	（四）广告费和业务宣传费支出（填写A105060）	*	*		
17	（五）捐赠支出（填写A105070）				*
18	（六）利息支出				
19	（七）罚金、罚款和被没收财物的损失		*		*
20	（八）税收滞纳金、加收利息		*		*
21	（九）赞助支出		*		*
22	（十）与未实现融资收益相关在当期确认的财务费用				
23	（十一）佣金和手续费支出				*
24	（十二）不征税收入用于支出所形成的费用	*	*		*
25	其中：专项用途财政性资金用于支出所形成的费用（填写A105040）	*	*		*
26	（十三）跨期扣除项目				
27	（十四）与取得收入无关的支出		*		*
28	（十五）境外所得分摊的共同支出	*	*		*
29	（十六）其他				
30	三、资产类调整项目（31+32+33+34）	*	*		
31	（一）资产折旧、摊销（填写A105080）				
32	（二）资产减值准备金		*		
33	（三）资产损失（填写A105090）				
34	（四）其他				
35	四、特殊事项调整项目（36+37+38+39+40）	*	*		
36	（一）企业重组（填写A105100）				
37	（二）政策性搬迁（填写A105110）	*	*		
38	（三）特殊行业准备金（填写A105120）				
39	（四）房地产开发企业特定业务计算的纳税调整额(填写A105010)	*			
40	（五）其他	*	*		
41	五、特别纳税调整应税所得	*	*		
42	六、其他	*	*		
43	合计（1+12+30+35+41+42）	*	*		

附件 12-2-5

期间费用明细表（A104000）

行次	项　目	销售费用	其中：境外支付	管理费用	其中：境外支付	财务费用	其中：境外支付
		1	2	3	4	5	6
1	一、职工薪酬		*		*	*	*
2	二、劳务费					*	*
3	三、咨询顾问费					*	*
4	四、业务招待费		*		*	*	*
5	五、广告费和业务宣传费		*		*	*	*
6	六、佣金和手续费						
7	七、资产折旧摊销费		*		*	*	*
8	八、财产损耗、盘亏及毁损损失		*		*	*	*
9	九、办公费		*		*	*	*
10	十、董事会费		*		*	*	*
11	十一、租赁费					*	*
12	十二、诉讼费		*		*	*	*
13	十三、差旅费		*		*	*	*
14	十四、保险费		*		*	*	*
15	十五、运输、仓储费					*	*
16	十六、修理费					*	*
17	十七、包装费		*		*	*	*
18	十八、技术转让费					*	*
19	十九、研究费用					*	*
20	二十、各项税费		*		*	*	*
21	二十一、利息收支	*	*	*	*		
22	二十二、汇兑差额	*	*	*	*		
23	二十三、现金折扣	*	*	*	*		*
24	二十四、其他						
25	合计(1+2+3+…＋24)						

附件 12-2-6

职工薪酬纳税调整明细表（A105050）

行次	项　目	账载金额	税收规定扣除率	以前年度累计结转扣除额	税收金额	纳税调整金额	累计结转以后年度扣除额
		1	2	3	4	5（1−4）	6（1+3−4）
1	一、工资薪金支出		*	*			*
2	其中：股权激励		*	*			*
3	二、职工福利费支出			*			*
4	三、职工教育经费支出		*				
5	其中：按税收规定比例扣除的职工教育经费						
6	按税收规定全额扣除的职工培训费用			*			*
7	四、工会经费支出			*			*
8	五、各类基本社会保障性缴款		*	*			*
9	六、住房公积金		*	*			*
10	七、补充养老保险			*			*
11	八、补充医疗保险			*			*
12	九、其他		*				
13	合计（1+3+4+7+8+9+10+11+12）		*				

附件 12-2-7

符合条件的居民企业之间的股息、红利等权益性投资收益优惠明细表（A107011）

行次	被投资企业	投资性质	投资成本	投资比例	被投资企业利润分配确认金额		被投资企业清算确认金额			撤回或减少投资确认金额						合计
					被投资企业做出利润分配或转股决定时间	依决定归属于本公司的股息、红利等权益性投资收益金额	分得的被投资企业清算剩余资产	被清算企业累计未分配利润和累计盈余公积应享有部分	应确认的股息所得	从被投资企业撤回或减少投资取得的资产	减少投资比例	收回初始投资成本	取得资产中超过收回初始投资成本部分	撤回或减少投资应享有被投资企业累计未分配利润和累计盈余公积	应确认的股息所得	
	1	2	3	4	5	6	7	8	9（7与8孰小）	10	11	12（3×11）	13（10-12）	14	15（13与14孰小）	16（6+9+15）
1																
2																
3																
4																
5																
6																
7																
8																
9																
10	合计	*	*	*	*		*	*		*	*	*	*	*		

附件12-2-8

研发费用加计扣除优惠明细表（A107014）

行次	研发项目	本年研发费用明细									减:作为不征税收入处理的财政性资金用于研发的部分	可加计扣除的研发费用合计	费用化部分		资本化部分				本年研发费用加计扣除额合计
		研发活动直接消耗的材料、燃料和动力费用	直接从事研发活动的本企业在职人员费用	专门用于研发活动的有关折旧费、租赁费、运行维护费	专门用于研发活动的有关无形资产摊销费	中间试验和产品试制的有关费用，样品、样机及一般测试手段购置费	研发成果论证、评审、验收、鉴定费用	勘探开发技术的现场试验费，新药研制的临床试验费	设计、制定、资料和翻译费用	年度研发费用合计			计入本年损益的金额	计入本年研发费用加计扣除额	本年形成无形资产的金额	本年形成无形资产加计摊销额	以前年度形成无形资产本年加计摊销额	无形资产本年加计摊销额	
	1	2	3	4	5	6	7	8	9	10（2+3+4+5+6+7+8+9）	11	12（10-11）	13	14（13×50%）	15	16	17	18（16+17）	19（14+18）
1																			
2																			
3																			
4																			
5																			
6																			
7																			
8																			
9																			
10	合计																		